EXAMEN CRITIQUE

DU

MILITAIRE FRANÇOIS.

Suivi

DES PRINCIPES QUI DOIVENT DÉTERMINER SA CONSTITUTION, SA DISCIPLINE ET SON INSTRUCTION.

Par M. le B. D. B.....

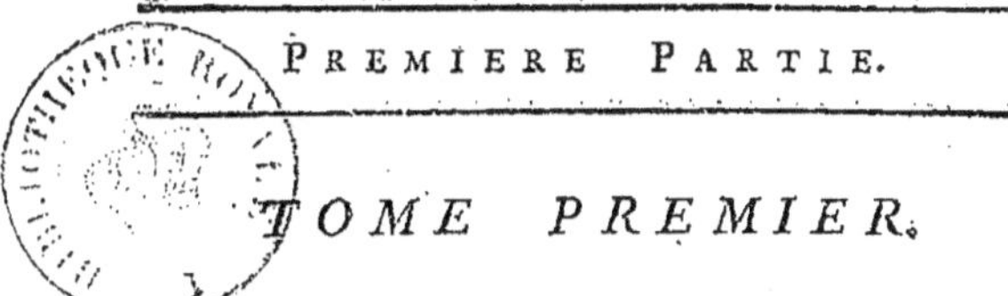

PREMIERE PARTIE.

TOME PREMIER.

Dans ces jours de Création
Où tant d'incroyables brochures
Offrent des plans de tout jargon ;
Des projets de toutes figures,
Et l'ennui par souscription ;
Dans ce bruyant torrent qui roule
Qu'importe que le tourbillon
Enveloppe, entraîne un chiffon
De plus ou de moins dans la foule.

GRESSET.

GENEVE.

1781.

CHAPITRE PRÉLIMINAIRE.

Sur l'objet & la division de cet Ouvrage.

Tout officier François que le defir de s'inftruire porte à l'étude de fon métier, fe trouve arrêté & trop fouvent découragé dès le premier pas qu'il veut faire dans cette pénible carriere. Le recueil des ordonnances n'eft pour lui qu'un cahos qu'il ne peut débrouiller ; & les différens ouvrages de nos moraliftes & de nos tacticiens qu'un amas de principes bons & mauvais, de critiques juftes & partiales, de fyftémes enfin tour-à-tour élevés par les uns & anéantis par les autres, fur lefquels il ne peut prononcer ni choifir. Où eft la loi précife & fuivie, où eft le fyftéme victorieux, où eft l'ouvrage didactique fait pour éclairer & fervir de guide à fon efprit ? Le défefpoir de feuilleter fans ceffe une immenfe collection, & de n'y pas trouver ce qu'il cherche, le porte néceffairement à abandonner un travail auffi ingrat.

S'il quitte fes livres pour voir nos régimens, fuivre nos pratiques & nos écoles, entrer dans nos maneges, courir nos champs de Mars & nos camps, c'eſt pis encore; car il ne lui eſt plus permis de réflechir, ſans être convaincu que nos incertitudes ſont la ſuite de notre ignorance ; il ne voit partout que l'ombre d'une *diſcipline* ſubalterne variée dans ſes principes comme dans ſes moyens; le mot *ſubordination* ne ſe préſente à ſon eſprit que comme un de ces mots vagues, dont le ſens n'eſt pas encore déterminé ; & tandis que les adeptes diſputent encore ſur la maniere de ranger les hommes, il voit de ruſtres inſtructeurs tourmenter & fatiguer le ſoldat, pour lui apprendre à marcher ; donner à ſon corps des diſpoſitions auſſi contraires à ſa ſtructure, qu'aux loix de la méchanique & du mouvement. Dans la Cavalerie, il ne rencontre pas deux Régimens, deux Officiers même, d'accord ſur les principes de cette arme; ſur les moyens de l'employer & ſur ſes propriétés. Comment donc ſe frayer une route au milieu de tant d'erreurs? Telle eſt pourtant la poſition critique de tout homme qui entre dans la profeſſion des armes. Que l'on y réfléchiſſe, & qu'on ne s'étonne plus de la légéreté, & peut-être de l'indifférence avec laquelle la plupart des jeunes militaires regardent les détails de leur métier.

Je ne me flatte point de déchirer le voile de l'ignorance, cette entreprise sans doute est au deſſus de mes forces ; mais la vérité ne peut naître que du choc des opinions, & ſi la critique de mes écrits peut produire quelque étincelle de lumiere, j'en aurai retiré tout le prix que j'ai pu m'en promettre.

L'on ſe dit ennuyé, & l'on a droit de l'être, de lire des livres militaires ; qu'y rencontre-t-on ? que nos inſtitutions ſont fauſſes ; que la ſcience de régir eſt abſolument inconnue de nos adminiſtrateurs ; que la corruption eſt au comble ; que l'édifice eſt tellement ébranlé, qu'il ſeroit dangereux d'y toucher. Si l'on rappelle les anciens, le réſultat de cette comparaiſon eſt toujours pour nous avilir & nous abaiſſer. Tout le monde enfin oſe parler des défauts de notre adminiſtration, & la prétention de les expoſer dans un plus grand jour ſemble être la tâche unique que ſe propoſe l'éloquence. Ce travail louable, ſans doute, quand il précéde les moyens de rémédier aux abus que l'on condamne, devient à mes yeux un travail inutile & révoltant, quand il n'eſt pas ſuivi de ces mêmes moyens : c'eſt un médecin barbare, qui, exagérant à ſes malades les funeſtes ſuites de leurs maux, leur refuſe

en même tems fes foins pour les prévenir.
Je fais qu'un auteur en donnant fes idées,
fes principes, un nouveau plan enfin à fubftituer à celui qu'il condamne, s'expofe à
devenir lui-même l'objet de la critique de
tous les écrivains de fon fieclè; je fais que
peu d'hommes fouhaitent affez fortement le
bien pour ofer courir les rifques d'ouvrir
une nouvelle carriere, & mettre leur amour-
propre au-deffus des juftes craintes que cette
entreprife infpire; je fais encore que plufieurs, ambitionnant de mettre un jour le
pied dans le fanctuaire, mettent aujourd'hui
infiniment d'art à dire peu de chofes, & à
montrer qu'ils en cachent beaucoup; ils donnent pour caufe de leur filence, l'inutilité
de montrer le bien, lorfqu'on ne peut l'opérer; ils ne veulent *porter le flambeau d'une*
main, qu'à condition qu'on armera l'autre
d'une maffue : c'eft l'expreffion d'un auteur,
pour les ouvrages duquel les philofophes &
les militaires ont une admiration faite pour
augmenter nos regrets, fur le nombre de fes
réticences (I).

Il eft pourtant quelques exceptions à cette
retenue générale, certains auteurs ont péné-

---

(1) L'auteur de l'Effai Général.

tré & approfondi quelques détails; mais nous nous plaindrons encore de ce qu'il n'y en a pas un feul qui les ait tous embraffés. L'un a parlé de la conftitution fans s'occuper de l'école; un autre s'eft appefanti fur l'école, fans s'embarraffer de la difcipline; un troifieme a parlé de la difcipline, fans en affurer les moyens, fans les chercher dans l'efprit, le caractere & les mœurs de la nation à conduire; & tous, fans exception que je connoiffe, ont paffé fous filence cette partie intéreffante dans l'organifation des armées, je veux dire la comptabilité & l'économie, qui fervent à les entretenir. Comment raffembler des parties ainfi difperfées, comment former un corps avec des membres qui n'ont point été faits pour s'unir? Cette infuffifance eft une des principales caufes du dégoût que nous éprouvons à la lecture des livres militaires, j'offre ici un plan fuivi & plus complet; fi je ne réuffis pas à montrer le mieux, j'aurai au moins établi un canevas didactique, fur lequel les critiques deviendront plus intéreffantes, parce que pour me fuivre il faudra lier fes remarques, montrer leurs rapports, & en former un enfemble, fans lequel on s'égareroit.

Avant de détailler ma table, je n'ai qu'un

mot à dire de moi, & j'en parlerai pour la derniere fois. Des observations suivies pendant plusieurs années dans des grades, des régimens, des garnisons & des camps où j'ai été à même de les faire, donnerent lieu à des notes, que j'ai long-tems conservé sans oser entreprendre de les réunir avec une espece d'ordre. Les révolutions continuelles arrivées dans le militaire depuis 12 ans, l'incertitude où l'on est encore sur notre constitution, la frêle existence qu'elle a en ce moment, & la prévoyance certaine que nous touchons encore à celui de la voir changer, voilà ce qui m'encourage & me détermine à faire imprimer un manuscrit inutile peut-être, mais plus sûrement inutile encore s'il restoit dans mon porte-feuille. Je n'ennuyerai point mon lecteur par ces lieux communs prodigués dans toutes les préfaces, ordinairement remplies de ces phrases que dicte une fausse modestie, mais dont un juge éclairé n'est jamais la dupe. De même dans le cours de cet ouvrage, dont le style est peu soigné, au lieu de parler toujours à la troisieme personne, j'ai parlé à la premiere, lorsque cela m'a paru plus simple, plus vrai & plus naturel. J'avoue même que plusieurs personnes, qui ont eu la complaisance de lire mes rêveries, m'ont quelquefois conseillé de rayer ce qu'ils trouvoient trop hafardé ou peu conforme à leurs penfées ; mais lorfqu'elles n'ont pu me ramener à leur avis, lorfque fans de fortes raifons on n'a pu me faire changer de fentiment, j'ai confervé le ton affirmatif, non pour en impofer à mes lecteurs, mais pour être *moi*, leur peindre mes idées & non celles d'autrui.

La vafte fcience, qu'on appelle *Art de la guerre*, fe divife évidemment en deux parties ; l'une élémentaire & bornée, foumife aux loix de la raifon & aux calculs mathématiques ; l'autre immenfe & fublime, connoiffant peu de regles, que l'expérience feule doit enfeigner, & que le génie feul peut apprendre. J'en appelle aux meilleurs ouvrages qui ont traité cette derniere partie, nous en avons quelques-uns qui nous montrent la forme dont ils font fufceptibles.

Feuquiere, connoiffant la difficulté de donner des loix générales & inftructives fur la guerre, fe fert d'exemples, rapproche les circonftances, differte & conclut. C'eft ainfi que Fréderic inftruit fes généraux, il les frappe de l'exemple de fes propres fautes, & leur montre les moyens meilleurs par lefquels il auroit pu les éviter. Voilà la mar-

che des grands maîtres. Puiségur, par une
fuppofition ingénieufe, offre une méthode,
qui, en fe rapprochant de celles que je
viens de citer, peut exercer l'efprit de celui,
qui, fe fentant le germe du talent, cherche
tous les moyens de s'inftruire (1). Un lecteur, pourvû de connoiffances antérieures,
peut encore trouver des leçons utiles dans
les élémens de tactique qui ont paru depuis
quelques années ; ils ont prefque tous appuyé
leur théorie par l'exemple & la réfolution
de quelques problêmes de ftratégique. Mais
avant de fe livrer à l'étude de cette fcience,
qui eft proprement celle des généraux, dans
combien d'autres connoiffances un officier
n'eft-il pas obligé de s'initier ? Deftiné à
obéir avant de commander, il doit s'inftruire
de tous les devoirs fubalternes, & ils paroiffent immenfes à celui qui veut les bien remplir. Exécuter une miffion avec intelligence,
rendre un compte exact, conduire des hommes, favoir en tirer tout le parti qu'on peut
en attendre, par conféquent les inftruire,
les former pour la guerre, en faire d'excellens foldats, perfectionner enfin l'inftrument

----

(1) M. le Maréchal de Puiségur a fuppofé deux
armées manœuvrant l'une contre l'autre entre la Seine
& la Loire,

dont le Général doit fe fervir; voilà les
devoirs de tout officier. Que de détails j'ap-
perçois dans la maffe des connoiffances qu'il
doit avoir ! Ils forment la premiere partie,
la partie élémentaire de l'art de la guerre.
C'eft à celle - là que j'ai borné mon travail & mes réflexions. J'ai à parler conftitution, difcipline & inftructions. Je mar-
querai nos fautes, je citerai les abus qui
régnent depuis long - tems, & ceux qui fe
font nouvellement établis. Mes lecteurs ne
trouveront ici que le fidele tableau de ceux
dont ils auront été les organes ou les victimes. Je ferai fur ces objets la comparaifon
du fyftême fuivi avec celui que je propofe;
fcrupuleux examinateur des opinions généralement reçues, le nombre de ceux qui les
adoptent ne m'en impofera point, j'en ferai
un examen févere, & je les combattrai, lorfque, fans être démontrées vraies, elles n'auront pour tout mérite que leur ufage & leur
antiquité. Le fyftême Pruffien ne me féduira
point, j'en refpecte l'auteur, & je conviens
qu'il nous donne fouvent de bons exemples,
mais je crois que nous l'avons trop fervile-
ment copié quelques fois, & que toutes les
loix Pruffiennes ne peuvent convenir aux
François. Confultant les qualités, les défauts

& les préjugés de ma nation, j'applaudirai
aux loix qui favent en tirer un parti utile,
mais je rejetterai comme indigenes celles
dont la contrariété ne produit jamais qu'un
choc dangereux, ou celles qui manquent
leur but, en faifant trop pour l'atteindre.
J'oferai dire, par exemple, que la crainte
des peines n'eft pas toujours un frein capable de retenir l'homme; le François fur-tout
met quelquefois une grandeur d'ame à les
méprifer (I). Quand la force de la loi ne
peut éteindre le préjugé qui conduit au
crime, toute l'attention du légiflateur doit
fe porter fur les moyens de le prévénir. Que
de fang la France n'eut-elle pas épargné, fi,
au lieu de la peine de mort prononcée contre
les déferteurs, on fe fût occupé plutôt d'alléger les chaînes du foldat, & d'améliorer
fon fort; mais, au lieu de chercher dans
nos inftitutions vicieufes la premiere caufe
des maux dont nous ne ceffons de nous

---

(1) Dans des milliers d'exemples qui offrent la
preuve de ce que je dis, je citerai cette réponfe fiere,
qu'un foldat duellifte fit à un de nos Rois qui lui re-
prochoit d'être contrevenu à fes ordres. *Eh! comment
m'y ferois-je foumis, lui dit-il, tu ne punis que de
mort ceux qui violent ta loi & tu punis d'infamie
ceux qui obéiffent; apprends que je crains moins la
mort que le mépris.*

plaindre, nous aimons mieux accufer le caractere national, & répéter par habitude ce
que nous avons entendu dire fans réflexion:
que le François inconftant ne peut être fixé que
par la force & par la crainte. Ce faux raifonnement produit de terribles conféquences; il favorife la dureté, le defpotifme &
la pareffe des chefs qui n'ont ni la volonté
ni le tems d'étudier l'immenfité de leurs devoirs. Si le François eft léger, c'eft qu'il eft
plus fenfible qu'un autre, de grands hommes tirerent autrefois un grand parti de cette
délicateffe, imitons-les d'abord, & après ob-
tenons, de plus, fi nous le pouvons, une
inftruction plus perfectionnée que celle de
nos anciens, & devenue aujourd'hui plus
néceffaire.

Pour juftifier le ton déclamatoire dont on
pourroit m'accufer, que l'on jette un œil im-
partial fur le fruit de vingt années de réformes & d'écoles; ce ne fera pas fans étonne-
ment que l'on nous verra fi près encore du
point d'où nous fommes partis. L'on fera
fans doute obligé de convenir que nos changemens & notre zele ont été mal entendus,
& nos principes faux, puifque, pour fi peu
de progrès, nous avons fait dans l'infanterie
& la cavalerie une fi grande confommation

d'hommes & de chevaux, tant de victimes des loix & tant de mécontens. *Un bon gouvernement peut quelques fois faire des mécontens*, dit un philosophe, *mais quand on fait beaucoup de malheureux, c'est alors que le gouvernement est vicieux de sa nature.*

Depuis quelques années je vois un esprit dangereux s'élever au milieu de nous. Des étrangers, qu'une ambition outrée a fait abandonner leur patrie, & qu'une facilité condamnable dans nos ministres, a sur-le-champ élevés aux premiers grades de notre militaire, font les chefs d'une secte adroite qui fait tous les jours des prosélytes (I). C'est l'espoir de se distinguer, en abandonnant les idées & les principes les plus universellement reconnus analogues à l'esprit de notre nation, qui porte nos jeunes gens à devenir des disciples Allemands & Prussiens. Cette fureur a porté un de nos plus

---

(1) Il n'y a sûrement aucune nation sur la terre qui ait autant que la France d'Officiers étrangers à son service. Qu'un Lieutenant déserte la Prusse, il est reçu chez nous comme un oracle. Nous avons vu il y a quelques années tous nos Généraux arborer leurs uniformes, se rassembler & s'enfermer au champ de Mars pour apprendre l'exercice que M. le Baron de P. a bien voulu leur montrer. Me reprochera-t-on, après cet exemple dont j'ai été témoin, d'avoir chargé le tableau de notre enthousiasme.

illuftres écrivains à fe rétracter maintes fois fur des principes qui lui avoient acquis la réputation de connoître nos troupes, & d'être digne de les commander. On lit dans le premier de fes ouvrages, à l'article de la difcipline françoife : *elle doit avoir pour bafe l'honneur & le patriotifme......*

Il falloit veiller à ce que nos connoiffances ne fe portaffent que fur les objets utiles, à ce qu'elles n'attaquaffent point les préjugés néceffaires ; il falloit foutenir ces préjugés par toutes les reffources de la législation. En vain, nos vices euffent tenté de détruire les vertus nationales ; les cris de la vérité, l'amour-propre, les récompenfes, l'honneur, la honte, les peines, & fur-tout l'amour qu'infpire un bon gouvernement, l'auroient hautement emporté fur eux........ En parlant de la tactique, on lit dans le même ouvrage : *menez le François à l'attaque, c'eft fa maniere de faire la guerre, c'eft celle des fuccès......* Convenez-en, dirai-je à l'auteur judicieux, qui a fi fortement écrit ce que l'on vient de lire, *c'eft l'agitation d'une ame fatiguée de fon inaction, c'eft les élans d'une ambition que vous ne défavouez pas,* qui vous a fait abandonner des principes trop vrais & trop reconnus, pour en offrir de plus ignorés & de plus extraordinaires. L'on vous compte aujourd'hui au nombre de ceux qui veulent métamorphoser les François en Prussiens. Permettez-nous de vous citer à ce sujet ce que j'ai entendu dire à un officier-général, qui a certainement été à même de juger les deux nations à la guerre. M. de Lukner, froid témoin du camp de Vaussieux, où tout le monde, comme vous le savez très-bien, disputoit discipline & tactique, dit: *ils font tout ce qu'ils peuvent pour faire de cette nation des Prussiens, mais heureusement pour vous, ils n'y réussiront pas.* Je crois plus, à la vérité, qu'à la politesse de ce compliment, convaincu qu'il nous est aussi impossible d'atteindre l'immobilité, le flegme, & peut-être la fermeté Allemande, qu'aux Allemands d'atteindre à l'impétuosité de nos charges. Cessons donc de donner à l'Europe le ridicule spectacle de nos inconséquences; laissons aux peuples barbares, sans loix, sans principes & sans expérience, le triste espoir d'imiter, & ne perdons point, à être apprentifs, un tems que nous devons employer à nous rendre maîtres. Tout peuple qui devient le disciple d'un autre, & le regarde comme son maître dans l'art des combats,

est

eſt un peuple déjà vaincu par la force de l'opinion.

Que nos François Pruſſiens, qui ſe plaignent que nos troupes ne ſont point aſſez diſciplinées, apprennent à les commander, & ils les trouveront obéiſſantes. L'art maîtriſe tout, il enchaîne les élémens, il pourra bien mettre un frein à cette ardeur guerriere; mais, pour la contenir, il ne l'éteindra pas. La diſcipline, qui ne ſait qu'opprimer, eſt une diſcipline nuiſible, parce qu'elle énerve l'ame, étouffe le génie, & dégrade l'homme.

DIVISION DE CET OUVRAGE.

PREMIERE PARTIE.

Constitution & Discipline.

EXAMEN

EXAMEN CRITIQUE

D U

MILITAIRE FRANÇOIS.

PREMIERE PARTIE.

CHAPITRE PREMIER.

*Définitions de la guerre, des différentes armes &
de leur usage.*

LA guerre est un art dont les principes & les
recherches ont pour objet de mettre en usage
toutes les forces humaines, soit pour attaquer,
soit pour se défendre ; ce qui la fait nommer
guerre *offensive* ou *défensive*. Le Marquis de
Feuquiere distingue cinq especes de guerre, il

A

s'étend fur les différentes manieres dont les Généraux doivent fe conduire dans chacune ; mais ces différences n'ont nul rapport avec le métier du foldat, qui eft toujours le mème : c'eft pourquoi ces diftinctions, quoique parfaitement définies, deviennent nulles pour ce traité, où il n'eft queftion que des détails militaires, & nullement de l'art des Généraux.

. Ces dénominations de guerre *offenfive & défenfive*, n'ont d'exiftence réelle que dans le cabinet politique de la nation, & dans le formulaire de la déclaration de guerre ; car, l'armée une fois en campagne, quel que foit le prétexte de fa démarche, fon objet eft la confervation de fon pays, & la deftruction de fon ennemi ; fes moyens, dans l'un & dans l'autre cas, font généraux, & à-peu-près les mèmes (1).

Le théâtre de la guerre a beau varier, le champ de bataille des armées, continuellement amovible, ne nous préfente que les mêmes objets à défendre & à attaquer ; des Villes, des plaines, des bois, des marais, &c. : tous les terreins fe reffemblent, & ne différent entr'eux que par les arrangemens de ces mèmes objets. De leur variété naît la variété des moyens de défenfe & d'attaque ; il a donc fallu qu'une armée, pour prendre des Villes ou les défendre, traverfer

---

(1) Ceci feroit encore peu exact pour un Général, dont les projets d'attaque, de défenfe & de tenue font fouvent fondés fur le plan de fa campagne offenfive ou défenfive ; mais je l'annonce, & je prie mon lecteur de s'en fouvenir, ce n'eft ni aux Généraux ni des Généraux dont j'ai à parler.

des plaines ou s'y arrèter , paſſer des défilés ou les garder , &c. fût un aſſemblage de différentes armes , & de tous les acceſſoires relatifs à ces mêmes objets. C'eſt ce qui les a fait compoſer d'Ingénieurs , d'Artilleurs , de Fantaſſins , de Cavaliers , de Dragons , d'Huſſards. Les premiers pour diriger les moyens d'attaque & de défenſe ; les ſeconds pour faire brèche & ouvrir la marche aux troiſiemes ; les quatriemes pour protéger & défendre l'infanterie en plaine , terminer les victoires , ou charger des bataillons ; les cinquiemes porter avec promtitude des grenadiers , s'emparer des poſtes , paſſages ou défilés , & les défendre ſoit à pied ſoit à cheval ; les ſixiemes enfin , inquiéter l'ennemi , le harceler , lui arrèter ſes convois , & donner des nouvelles aux Généraux. C'eſt toujours dans un rapport relatif à la beſogne que l'on a à faire , que chaque arme devient d'une plus ou moins grande utilité , & une armée doit être d'autant plus nombreuſe en Infanterie ou en Cavalerie , ſelon que le théâtre de la guerre l'exige.

Depuis que la Tactique a fait des progrès parmi nous ; depuis que la maſſe des militaires s'eſt éclairée , on a vu diſparoître les préjugés , & avec eux les rivalités des différentes armes. C'eſt en perfectionnant chacune leur maniere de combattre , qu'elles ont apprécié leur force particuliere , & ſenti le beſoin général qu'elles ont de s'appuyer mutuellement ; je ne m'arrèterai donc pas à des comparaiſons inutiles. Je renvoie aux Chapitres , où je traiterai de chaque arme ſéparément , à parler des avantages qu'on peut retirer de chacune , lorſque ſa conſtitution & ſon inſ truction feront portées au point de perfection qu'elles peuvent atteindre. Je divife généralement le militaire en trois armes ; favoir, Infanterie, Cavalerie & Artillerie ; la premiere comprenant toute troupe à pied , & la feconde toute troupe à cheval. Quant à l'Artillerie , je ne me permettrai d'en parler, que relativement à quelques rapports effentiels que cette arme fe trouve avoir avec les deux premieres, qui feront feules l'objet de mes recherches.

CHAPITRE II.

Etat militaire de la France, rapports qui doivent en déterminer le numéraire.

LA premiere queftion qui fe préfente, celle qu'il eft indifpenfable d'examiner avant toutes les autres, puifqu'elle doit fervir de bafe à nos calculs, c'eft de favoir *combien le Roi de France eft obligé d'entretenir de troupes à fon fervice ?* Queftion que nous jugeons être encore un problème, en voyant les variations continuelles qu'éprouve le numérique de nos armées ; queftion fur laquelle on confulteroit vainement les philofophes & les politiques, les économiftes & les militaires, que des principes trop oppofés conduifent à des folutions trop différentes. J'afpire pourtant à réunir leurs fuffrages, & je l'obtiendrai fans doute, fi, par le réfultat des comparaifons que je mettrai fous leurs yeux, je montre la quantité de force qu'il eft néceffaire

que la France entretienne , pour conferver tout-
à-la-fois fes poffeſſions , fa confidération & la
paix au milieu de toutes les puiſſances belliqueuſes
de l'Europe.

Qu'un Royaume fitué dans un heureux climat,
fe trouve placé de la maniere la plus avantageuſe
pour le commerce des deux mondes ; qu'il jouiſſe
d'un fol fertile & varié dans fes productions ;
qu'il foit gouverné par des loix juſtes & douces :
tant d'avantages fans doute font des moyens de
bonheur pour les habitans d'un tel pays ; mais
jouiront-ils paifiblement de tant de biens & de
tant de richeſſes qui en font la fuite , furtout
s'ils font entourés par des peuples moins favo-
rifés de la nature , moins philofophes , moins
inftruits , & chez lefquels des mœurs moins
douces transforment la rivalité en jaloufie , la
jaloufie en haine , & la haine en defir de con-
quête ? S'il s'élève à la tête de ces nations quelque Souverain ambitieux , comme chaque peuple
en a eu , & comme tous les fiecles en ont produits ; qui, ne connoiſſant d'autre gloire que celle
de vaincre & d'envahir , ont l'ambition de commander au monde ? Je le demande à ceux que
leur cœur égare dans leurs écrits contre l'état
militaire , quelle eft la puiſſance qu'ils veulent
oppofer aux paſſions des hommes , aux armées
qu'elles raſſemblent , aux incurfions enfin que
le plus fort fe permet fi fouvent dans les états
du plus foible ? La raifon , les loix , les traités ,
une confédération générale , me diront-ils peut-
être. Eh ! dans quel fiecle s'eft-on vanté d'avoir
autant de raifon que dans celui-ci ? dans quel
fiecle a-t-on plus differté fur les loix ? dans quel

fiecle a-t-on fait plus de traités ? Mais, j'en exige l'aveu fincere , dans quel fiecle s'eft - on montré moins fcrupuleux à les enfreindre ? *Si tu veux la paix , fois prêt à la guerre* , eft un ancien axiôme qui doit être encore aujourd'hui le principe de notre fureté ; principe qu'un grand état ne peut perdre un moment de vue , fans courir les plus grands rifques de s'en repentir. Ce qui s'eft paffé depuis quarante ans en Europe , prouve d'une maniere irrévocable ce que j'avance ici. Mais, fans chercher des exemples dans le paffé , le moment préfent peut nous en fournir ; ç'en feroit fait aujourd'hui de nos colonies , de notre commerce , fi les foins vigilans de nos miniftres n'euffent développé les reffources fécondes de nos richeffes & de notre population , pour armer une flotte capable de tenir en échec toutes les forces de l'Angleterre , & s'ils n'euffent porté fur nos côtes une armée , qui, en menaçant les leurs , n'eût empêché les Anglois de jouer contre nous le rôle offenfif auquel ils s'étoient préparés. On a beau répéter d'après quelques Ecrivains , que *quand un Royaume eft attaqué , tous les citoyens font foldats.* Ce ne font point des milices raffemblées à la hâte , qui peuvent aujourd'hui affurer la tranquillité de la France ; je connois la valeur des nôtres , & je fuis loin de vouloir leur contefter une réputation qu'elles fe font fi juftement acquife ; mais cette valeur , dont je fais tant de cas lorfqu'elle eft jointe à la difcipline & à l'inftruction , auroit un défavantage indifcible , fi elle devoit lutter feule contre des armées difciplinées & manœuvrieres. La Tactique , cette fcience de l'ordre, & je puis ajouter du mouvement des troupes, qui donne aux Généraux la facilité & la fureté de changer, dans le moins de tems poffible, & leurs difpofitions & leurs combinaifons, d'oppofer par conféquent l'art à l'art, & la force à la force, cette fcience reconnue néceffaire, ne peut être que le produit, d'abord, de l'inftruction particuliere de chaque individu, & enfuite de l'accord & de la pratique habituelle de leurs mouvemens entr'eux. Il faut donc raffembler & inftruire ces hommes, qui, s'ils étoient fans art, au lieu de former une armée, ne feroient réellement qu'une maffe fans ordre, difficile à mouvoir, parce qu'elle s'embarafferoit elle-même, & aifée à vaincre, parce qu'elle ne fauroit faire ufage de fes forces. Cette néceffité eft reconnue, me dira-t-on encore, mais ce qui paroît une charge inutile pour les finances, & une perte réelle pour l'agriculture & la population ; c'eft d'accroître outre mefure le nombre des foldats, *lorfque la paix femble devoir les rendre à la terre qui refte inculte, & aux familles qui manquent de bras.* Voilà l'affertion la plus commune, celle qui ne doit affurément point faire changer le fyftème raifonnable d'avoir toujours fur pied une armée nombreufe, mais celle auffi qui, par l'objet intéreffant fur lequel elle porte, doit être examinée & confidérée par tous ceux qui traiteront la queftion qui nous occupe.

Il y a, comme nous venons de le voir, des raifons qui établiffent la néceffité d'entretenir des troupes fur pied dans tous les tems ; ces mêmes raifons en déterminent le nombre ; car, leur objet étant de défendre nos frontieres, de conferver nos poffeffions, & d'arrêter partout les efforts ennemis, il faut qu'elles puiffent montrer partout une réfiftance égale à l'attaque ; fur cet objet, donc, comme fur celui de l'inftruction, c'eft les puiffances voifines qui nous font la loi. La France s'eft vue plus d'une fois obligée de mettre en même tems plufieurs armées en campagne ; fa pofition, qui a fait naître ces circonftances, peut les ramener, & le moyen fans doute le plus fûr pour les éviter, eft de montrer qu'on ne les craint pas.

Si l'on compare l'état actuel de notre militaire avec celui de l'Autriche & de la Pruffe, par exemple ; on verra que nous fommes loin d'avoir des forces proportionnées à celles de ces Puiffances ; on verra que 128,000 hommes effectifs, que nous avons à-peu-près, ne peuvent être oppofés à 190,000 que l'Autriche a toujours fur pied ; & moins encore à 204,000 que la Pruffe entretient dans tous les tems, armés, difciplinés, exercés & équipés en tout point, prêts en un mot à entrer en campagne au premier fignal.

Je ne m'égarerai point dans les calculs politiques, qui peuvent nous raffurer, & entretenir un équilibre que nos forces militaires actuelles ne pourroient maintenir ; je l'ai déjà dit, & l'hiftoire me donne le droit de l'affirmer, toutes ces reffources des cabinets des miniftres (1) ne fuf-

___

(1) Dans un de ces ouvrages modernes, où l'on trouve le plus de déclamations contre *la multiplicité indifcrette de nos bataillons*, l'auteur n'a pu fe refufer à rendre hommage à la vérité pour laquelle je prêche. Il dit en parlant de la Pologne „ elle va, dit-on,

fifent point à la fureté du foible ; nous le fommes en ce moment, & nous le ferons d'une maniere dangereufe, jufqu'à ce que nous ayons établi une conftitution militaire forte & permanente, telle que peut & doit l'avoir un royaume, qui, avec des moyens doubles de ceux des autres puiffances, a auffi des frontieres très-étendues, des colonies très-éloignées, & des poffeffions dans les deux mondes, que fon commerce l'oblige à garder (I).

Les partifans de la conftitution moderne, fi toutefois il y en a, diront fans doute, qu'avec 307,581 hommes, qui eft le total de l'addition de nos forces en Infanterie, Cavalerie & Artillerie, fur le pied de nos ordonnances, la France montre une fupériorité bien décidée fur les armées les plus nombreufes de l'Europe. Les Economiftes, infatigables dans leurs cris, ne manque

___

„ envoyer des Ambaffadeurs aux autres Puiffances &
„ en recevoir, ce fera une dépenfe de plus, *mais, pour*
„ *la confidération, il vaut mieux avoir des forces chez*
„ *foi que des miniftres chez les autres.* (Annales politiq.
Tome I page 120.)

(I) D'après l'aveu fincere que je fais de la foibleffe de mes connoiffances en politique, on ne s'étonnera pas de la maniere fuccincte avec laquelle je traite ce chapitre, où l'on auroit peut-être defiré trouver un difcours fur les intérêts de la France relativement aux autres Puiffances de l'Europe. C'eft à la plume de M. De Guibert à nous tracer avec autant de force que d'éloquence des loix, tout-à-la-fois, morales, politiques & militaires. Je joins ici ma voix à celle du Public, pour reprocher à cet auteur de garder un filence que fa patrie l'invite à rompre, & que fes premiers fuccès devroient enhardir.

ront pas de prendre ce calcul pour bon, & d'exalter le tort que 300,000 célibataires font à la population & à l'agriculture. Voilà comme un faux réfultat trompe les uns, & ferme la bouche à ceux qui ofent croire que nous ne fommes pas affez formidablement armés ; mais tout ce qui n'eft pas militaire ne calcule nos forces que fur l'état menfonger de nos almanachs, & ne ceffe de répéter que nous fommes plus à charge qu'utiles.

Puifque tout le monde eft intéreffé à cette queftion, puifque tout le monde la difcute, il faut éclairer tout le monde ; fubftituer la vérité à l'erreur, &, par des calculs fidèles & exacts, démontrer la néceffité où nous fommes d'entretenir un militaire plus nombreux, & furtout mieux conftitué.

Je ne reviens point fur l'obligation d'avoir des troupes fur pied dans tous les tems, parce que je crois que perfonne ne la contefte, ce n'eft que fur le nombre qu'on fe recrie, l'un dit, *il y en a trop*, l'autre, *il y en a trop peu.* L'un voit 307,581 hommes, & demande une diminution ; l'autre voit à peine 128,000 hommes effectifs, & les regarde comme infuffifans pour conferver à ce royaume le rang & la prépondérance que fes avantages femblent lui affiguer, & demande une augmentation ; on voit qu'il y a, entre les deux partis, une différence d'à-peuprès 179,000 hommes. Pour en trouver la caufe, citons & calculons. L'Ordonnance de 1776, concernant l'Infanterie françoife & étrangere, celle d'après laquelle nous exiftons aujourd'hui, établit une uniformité générale dans la compofition de tous les Régimens ; elle les porte à deux Bataillons, compofe chaque Bataillon de quatre Compagnies, & établit de plus une compagnie de grenadiers & une compagnie de chaffeurs à chaque Régiment. La compagnie de grenadiers à 108 hommes y compris les Officiers (1), celles de chaffeurs & de fufiliers à 171 hommes ; l'Etat-major montant à 10 : total d'un Régiment d'Infanterie 1657 hommes, qui, multipliés par 104 Régimens, & deux bataillons de plus à caufe du Régiment du Roi, qui eft à quatre bataillons, donnent le total de . . . . . hommes   173975

L'ordonnance de 1778 crée 106 Bataillons de troupes Provinciales, compofés chacun de 716 hommes, qui, avec 121 Officiers fupérieurs qui y font attachés, donnent un produit de   76017

L'Ordonnance de 1776, concernant le Corps royal d'Artillerie, porte ce Corps à 7 Régimens de 1511 hommes chacun ; elle établit de plus quatre compagnies de Mineurs, formant 516 hommes, & 9 compagnies d'ouvriers, formant 684 hommes : total de l'Artillerie   11777

Les Ordonnances de 1776, concernant les troupes à cheval, établiffent 24 Régimens de Cavalerie, 24 Régimens de Dragons, & 4 Régimens de

hommes.   261769

---

(1) Dans tous nos calculs, les Officiers feront toujours compris dans le total ou les produits.

D'autre part.   261769

Huſſards : total 52 Régimens à cheval,
tous également formés de 5 Eſcadrons
de 174 hommes chacun, qui, avec
l'Etat-major, donnent le produit de
881 hommes par Régiment, & de
troupes à cheval.   45812

Il réſulte de ce tableau que l'addition des différentes armes, ſans y comprendre la Gendarmerie & les Carabiniers, qui n'ont été comptés que
comme un Régiment de Cavalerie ; il
réſulte, dis-je, ... hommes 307581.

Total qui égare tout ce qui n'eſt pas militaire,
parce qu'on ne peut imaginer que des ordonnances rendues il y a 4 ans, & auxquelles nulle
autre n'a dérogé depuis, ſoient preſque toutes
anéanties, ou reſtées ſans valeur. Le bruit qu'elles
firent lorſqu'elles parurent, le bouleverſement
qu'elles occaſionnerent, la confiance aveugle
qu'on avoit dans le Miniſtre qui en eſt l'auteur,
le crédit dont il jouiſſoit, tout enfin a dû faire
croire que le tableau que nous venons de voir
étoit le tableau réel & permanent de nos forces :
tableau qui donneroit enfin une armée à la
France (1).
Voici la vérité. Les ordres arriverent effecti-

---

(1) M. Le Comte de St. Germain, ſouvent impor-
tuné par les fréquentes repréſentations que lui ſuſci-
toit le bouleverſement général qu'il avoit entrepris,
repondoit aſſez habituellement, *le Roi n'a point d'ar-*
mée, il faut lui en faire une.

vement à tous les Corps de lever une augmentation, qui devoit les porter succeſſivement au nombre dit ci-deſſus; une nuée de Recruteurs ſe répandit dans tout le Royaume; (je remarquerai même en paſſant que la preſſe de ce moment ne permit pas la délicateſſe du choix, & nous parlerons ailleurs de l'effet que cette facilité a produit) les mèmes ordres furent expédiés pour l'achat des chevaux; on envoya partout des Officiers en remonte; mais, comme tous les rédacteurs de ce brillant projet d'armée ne s'étoient point appéſantis ſur les détails qui devoient précéder cette augmentation, & qu'ils avoient encore moins prévu les frais immenſes qui en réſulteroient, & les moyens d'y fournir, un mois après cette promulgation, ils furent obligés d'arrêter l'activité que les Régimens mettoient à ſe pourvoir & à ſe completter. *Mais on n'a point vu ces contre-ordres dont vous nous parlez !* Il faut révéler tous les maux ſecrets qui nous tourmentent, ou, pour mieux dire, tous les abus qui regnent dans les bureaux de la guerre, & celui que je vais dévoiler n'eſt pas des moins importans.

Si la rétractation eſt fâcheuſe pour tout le monde, elle l'eſt bien davantage pour les Miniſtres, dont elle décèle trop publiquement, ou le manque de ſavoir, ou le manque de prévoyance, aux yeux d'un public déja ſi porté à les en accuſer. C'eſt pour leur éviter ce déſagrément que les Commis de la guerre ont imaginé des lettres contradictoires, qui ſuſpendent, abrogent & anéantiſſent les Ordonnances. Ces lettres n'étant connues que des Officiers auxquels elles font particuliérement adreffées, elles échappent à la publicité, & l'on ignore les rétractations; voilà le moyen commode, & continuellement employé pour couvrir les inconféquences & les incertitudes miniftérielles; il a le fâcheux inconvénient de fubftituer par-tout le défordre de l'arbitraire à la ftabilité du Code; quand il ne faut qu'une lettre pour détruire une Ordonnance, la plus petite objection la dicte, il en part de tous les bureaux, &, au bout de trois ans, cette collection manufcrite anéantit entiérement la collection d'Ordonnances, qui alors devient dangereufe au militaire, car elle égareroit infailliblement celui qui s'en ferviroit pour étudier nos Loix. C'eft la copie de 70 ou 80 lettres qu'il faut que chacun fe procure aujourd'hui; c'eft-à-dire, qu'il faut être initié dans les bureaux des Quartiers-maîtres, pour pouvoir difcerner les Ordonnances qui ont confervé quelque valeur d'avec celles qui font annullées. C'eft ainfi, par exemple, qu'à moins d'être militaire, on ne peut favoir quelle eft la fituation numérique effective de nos troupes. C'eft cette fituation dont je vais donner le tableau.

Les Régimens d'Infanterie ne font point à 1657 hommes, mais feulement à 1011, ce qui donne . . . . hommes 106144

Les Régimens à cheval ne font point à 881 hommes, mais à 411. Il eft vrai qu'au lieu de 52 Régimens, il y en a 64; mais cette derniere formation n'a été que pour diftinguer cinq ef-

hommes. 106144

ci-contre. 106144

peces de Cavalerie, & augmenter le
nombre des Etats-majors; car, à ces
deux avantages près, le Roi n'y a pas
gagné un combattant de plus; nous
n'avons donc que 26704

Les 76017 hommes de bataillons
Provinciaux, n'exiſtent que dans les
contrôles des milices; mais ne ſont
point raſſemblés, & ne peuvent par conſéquent être comptés pour des forces
actives. La formation même qu'on leur
a donnée pour les raſſembler en cas
de beſoin, annonce que ces Bataillons
ne ſont proprement que des dépôts de
recrues, & non des troupes deſtinées
à faire la guerre; car on remarquera
que ces Bataillons auroient préciſément
le défaut dont nous avons déja parlé,
c'eſt-à-dire, le déſavantage des troupes
non inſtruites, contre des troupes manœuvrieres. Mais ce qui ſemble aſſurer
d'une maniere plus poſitive que leur
deſtination eſt bornée aux remplacemens, c'eſt que le corps d'Officiers
eſt preſque entiérement compoſé d'anciens militaires, que leur âge, leurs
infirmités, ou des motifs de circonſ-
tance avoient fait retirer du ſervice,
& qui n'ont pu le reprendre que par
la certitude d'une tranquillité à-peu-
près égale à celle qu'ils avoient acquiſe

hommes. 132848

D'autre part.   132848

par leur retraite. Je suis donc loin de vouloir blâmer cette forme donnée aux milices ou troupes provinciales ; je veux seulement prouver ici qu'elles ne doivent point être comptées comme troupes de ligne. Reprenons notre tableau.

L'Artillerie n'est pas portée à 11777 hommes. L'inégalité de son incomplet s'oppose à une exacte estimation, mais je ne hasarde rien en la réduisant dans ce moment-ci à   7000

La véritable addition de nos forces est donc.   139848

Ce total est celui du complet, mais j'observerai préliminairement ici, & je le démontrerai ailleurs, qu'il est moralement & physiquement impossible que les moyens de nos ordonnances soient suffisans pour entretenir, & à plus forte raison pour augmenter, les troupes, & les porter sur le pied des Ordonnances. On aura beau mettre l'officier subalterne à contribution, lui retenir ses appointemens, il faudra que la pauvreté de ces moyens les fassent abandonner, au premier besoin réel que la France aura, pour avoir recours à des principes & à des institutions mieux combinées. On peut évaluer l'incomplet actuel de l'Infanterie à 100 hommes par Régiment ; (1) celui des troupes à cheval à 20 hommes

____

(1) Je calcule au plus bas en prenant le nombre de 100 hommes par Régiment ; car les Régimens qui furent

mes par Régiment, ce qui réduit l'effectif réel
à . . . . hommes 128168

On se tromperoit encore si, en voyant le
tarif des troupes à chéval, on croyoit avoir
26704 hommes montés. Il n'y a d'effectif qu'environ 300 chevaux par Régiment, ce qui forme
à-peu-près 20704 chevaux.

De l'expofition des tableaux que nous venons
de préfenter naiffent les réflexions fuivantes. La
conftitution de 1776 eft faite pour 307581 hommes; les Régimens font organifés pour fournir
ce complet. Service de campagne, comptabilité
& manœuvres, tout eft calculé d'après ces ordonnances de formation, & nous avons pourtant
avec elles une différence de 179413 hommes,
& de 25098 chevaux. Que la guerre vienne
nous furprendre; l'augmentation fera forcée;
comment lèvera-t-on cette énorme recrue ? Et fi
on l'obtient par la force & par l'argent, quelle
efpérance peut-on avoir de l'amalgamer d'une
maniere avantageufe ? On me dira peut-être
pour derniere réponfe, *jamais cette augmentation
n'aura lieu.* Eh pourquoi donc votre conftitution, vos calculs, vos formations, vos ordonnances, vos manœuvres enfin font-elles faites
fur un tarif qui ne doit jamais exifter ? On diroit qu'on n'a deffiné un plan auffi grand que
pour avoir le plaifir ou l'embarras de le tronquer, le couper, le morceler de tous côtés ! Que

---

raffemblés au camp de Vauffieux en 1778, ne purent
jamais fournir que 72 hommes par compagnie (cela eft
attefté par l'extrait de l'inftruction pour la manœuvre
de l'Infanterie felon l'ordre François Tit. V.)

penſeroit-on d'un architecte qui jetteroit les fon-
demens d'un palais pour ne bâtir qu'une maiſon!

Concluons enfin, que c'eſt trop promettre que
d'annoncer une armée de 307,000 hommes, &
que ce n'eſt pas aſſez tenir que d'en avoir une de
128,000.

On ſent bien qu'il eſt encore pluſieurs rapports ſous leſquels je n'ai pu traiter la queſtion
qui fait le ſujet de ce Chapitre ; tel eſt par exemple celui d'une Tactique perfectionnée qui, en
multipliant la force des agens, permet d'en diminuer le nombre.

Paſſons au tableau d'un Etat militaire qui aura
pour baſe une uniformité auſſi générale que
ſimple, dans toutes ſes diviſions.

Il ne ſera point queſtion de la maiſon du Roi,
ni des Corps à privilege ; ce n'eſt qu'à la fin de
cet ouvrage que je me permettrai de porter un
jugement ſur leur utilité & ſur la néceſſité de
les conſerver.

CHAPITRE III.

Plan d'une conſtitution militaire permanente.

ON appelle en général conſtitution, l'ordre
établi dans la ſubdiviſion de l'état militaire (1).
Sa maſſe totale eſt d'abord partagée en différentes

---

(1) La conſtitution n'eſt donc que l'art de donner
la forme à la puiſſance militaire , il faut bien prendre
garde de la confondre avec *l'inſtitution*, qui eſt l'art
de lui communiquer l'ame , les paſſions & la force

armes : la Tactique nous apprend l'utilité particuliere de chacune, & les proportions dans lefquelles elles doivent être mêlangées enfemble,
pour retirer le plus grand avantage de leur foutien mutuel. Mais ce n'eft point une armée feule
qu'il s'agit d'organifer ici ; c'eft un état militaire
affez nombreux pour pouvoir former plufieurs
armées à la fois ; les circonftances de tems &
de lieu, l'efpece d'ennemis que l'on a à combattre, n'entrent donc point dans les proportions
que nous avons établi, car elles ne peuvent
qu'être générales.

Prefque tous les Auteurs font convenus que
la Cavalerie devoit être à l'Infanterie, comme
1 eft à 5. Je m'en tiendrai à ce principe, qui
ne peut être contefté, puifqu'il eft fufceptible
de toutes les modifications momentanées que la
Tactique pourroit exiger, & que les circonftances
pourroient prefcrire.

Quant à l'Artillerie, elle s'augmente fi prodigieufement dans les armées étrangeres, & furtout dans celle d'Autriche & de Pruffe, qu'on
ne peut prévoir le terme de cet accroiffement.
le feul principe aujourd'hui eft d'égaler fon ennemi dans le nombre de fes bouches à feu. S'il
eft d'autres fecrets à oppofer aux ravages d'une
artillerie innombrable, c'eft fans doute à la Tactique à nous les révéler ; le moment n'eft peut-
être pas loin où cette fcience approfondie fera

---

qu'il doit avoir. Un auteur a dit avec précifion. „ L'une
„ fe renferme dans les bornes de l'homme phyfique,
„ l'autre embraffe toutes fes facultés morales. L'une
„ organife des machines, l'autre produit des héros „

abandonner aux François l'aveugle imitation qu'ils s'obstinent à suivre, pour leur offrir un système plus simple, plus mobile, plus analogue enfin à leur caractere, & par conséquent le seul qui puisse leur assurer des avantages ; mais n'anticipons point sur les derniers Chapitres à traiter.

J'annonce n'avoir rien à dire sur l'Artillerie, parce que sa constitution m'a paru si parfaite & si susceptible de fournir au service des armées, qu'on ne peut guere prévoir de circonstances qui nécessitent à la changer. Revenons à l'Infanterie & à la Cavalerie.

Si l'on fait attention à tous les changemens qui ont bouleversé la constitution de ces deux armes, depuis que l'on s'occupe de perfectionner l'état militaire, & sur-tout depuis la paix de 1763, on regardera sans doute cette constitution comme bien importante ; car chaque Ministre a détruit l'ouvrage de son prédécesseur, & a toujours eu pour pretexte des défauts à supprimer, & le mieux à établir. Nous avons vu reformes, augmentations, dédoublement, incorporations, tiercement, nouvelles reformes, nouveaux dédoublemens, nouvelles augmentations ; mais, après tant de changemens, je le demande encore, où font les principes d'une constitution permanente ? Quelque mauvaise que puisse être celle du jour, si elle ne devoit jamais changer, je ne l'attaquerois pas ; mais on y retouche sans cesse, & sans cesse on propose d'y retoucher ; n'ayant pas une base plus solide que toutes celles qui l'ont précédée, il est prouvé par l'expérience que son regne ne sera pas plus long. C'est

ce qui m'enhardit à préfenter des idées neuves.
fur cet objet.

DE L'INFANTERIE.

P OUR établir de l'ordre, des loix & de la
difcipline, on a formé des troupes de fantaffins,
fubordonnées à des chefs & officiers. Ces troupes
ont été appelées Régimens. Les Régimens d'Infanterie ont eu dans le même tems plufieurs
formations différentes ; mais comme elles ne peuvent être toutes également bonnes, plufieurs
raifons doivent déterminer définitivement à une
formation plutôt qu'à une autre, & pour trouver
la meilleure, rappelons tous les avantages qu'elle
doit offrir.

Les Régimens doivent avoir une formation
fufceptible d'augmentation en tems de guerre,
& de diminution en tems de paix, qui fe faffe
d'une maniere fimple, & que, dans l'augmentation fur-tout, la recrue fe trouve amalgamée, &
de la maniere la plus avantageufe.

Un Régiment ne doit pas être affez nombreux
pour être fouvent obligé de fe divifer dans fes
quartiers ou dans fes marches , ce qui arrivoit
prefque toujours au Régiment de quatre bataillons.

Un Régiment doit être compofé d'affez d'hommes pour faire un Corps en état de fervir feul
en beaucoup de circonftances , & n'être pas
trop réduit par la fortie de quelques détachemens.

Un Régiment doit avoir la fubdivifion la plus
propre au maintien de la difcipline & de l'Inf-

titution, notre caractere & nos mœurs font au nombre des confidérations qui doivent la déterminer.

La conftitution doit être uniforme & générale dans tous les Régimens, parce qu'ils font compofés de la même efpece d'hommes, & deftinés au même objet qui eft la guerre, & que de plus les Régimens devant fe réunir pour former des corps plus nombreux, appelés Brigades, pour que les brigades foient égales, il faut que les Régimens foient égaux.

D'après ces principes néceffaires, la formation fuivante pour l'Infanterie m'a paru réunir le plus d'avantages, & elle a en fus celui de dériver facilement de celle qui exifte aujourd'hui.

En tems de guerre, & fur le pied complet, les Régimens d'Infanterie feroient compofés de deux bataillons.

Chaque Bataillon compofé de 8 Compagnies de fufiliers. Il y auroit de plus dans chaque Régiment une Compagnie de Grenadiers & une Compagnie de Chaffeurs.

Chaque Compagnie de grenadiers, de chaffeurs & de fufiliers, feroit compofée de 2 fergens, 6 caporaux, 6 appointés, 60 grenadiers, chaffeurs ou foldats, 2 furnuméraires, 1 tambour & un muficien, & commandée par un Capitaine, 1 Lieutenant & 1 fous-Lieutenant, formant un total de 81 hommes, y compris les Officiers.

Chaque Compagnie d'Infanterie feroit donc divifée en 6 efcouades ou chambrées, compofée chacune d'1 caporal, 1 appointé, 10 grenadiers, chaffeurs ou fodats.

Les deux furnuméraires, ainfi que le tambour

& le muſicien ſeroient attachés aux quatre premieres Eſcouades.

L'Etat-major de chaque Régiment ſeroit compoſé d' 1 Colonel, 1 Lieutenant-Colonel, 1 Major, 1 Ingénieur ayant rang de Capitaine, 1 Quartier-maître-tréſorier, 1 porte drapeau, 2 adjudans, 1 Chirurgien-major, 1 Aumonier, 1 tam-
bour-major & 1 armurier.

Un Régiment d'Infanterie ſeroit donc
compoſé de 16 Compagnies de fuſiliers, une
Compagnie de grenadiers, 1 compagnie de
chaſſeurs, & d'un Etat-major y compris, formant
un total de 1468 hommes, qui, multipliés par
120 Régimens d'Infanterie, tant françoiſe qu'é-
trangere, donneroient un produit de 176160
hommes d'Infanterie.

RÉFORME ET PIED DE PAIX.

L'INFANTERIE eſt l'arme qu'il eſt le moins
eſſentiel d'entretenir nombreuſe en tems de paix,
parce que le ſoldat eſt plus aiſé à former que le
Cavalier, Dragon, &c. mais en même tems pour
que l'augmentation ſe faſſe avec facilité, il ne
faut pas réformer la tête des corps, qui, toujours
excellente, & ſe perfectionnant par l'habitude
du métier, ſert à former les recrues qui arrivent
lors de l'augmentation : je déterminerois donc
ainſi cette réforme.

Pendant la paix les Régimens ſeroient, comme
en tems de guerre, compoſés de deux bataillons
& 18 Compagnies du même nombre d'officiers
& bas-officiers ; mais les 108 eſcouades ou chambrées, au lieu d'être de 12 hommes chacune,

feroient réduites à 8 : cette fuppreffion de 4 hommes par efcouade, jointe à celle des deux furnuméraires, formeroit une diminution de 468 hommes par Régiment, & les réduiroit par conféquent à 1000 hommes, qui, multipliés par 120 Régimens, produiroient 120,000 h, pied de paix.

Les Compagnies de grenadiers & de chaffeurs ne fubiroient aucune réforme, mais on les laifferoit tomber fur le pied des autres.

Au moyen de cette maniere de réformer, on rendroit à l'agriculture & aux arts les hommes qui leur font les plus néceffaires, parce que ce font toujours les plus jeunes, les derniers arrivés, & ceux qui ont pendant moins de tems perdu l'ufage de leurs premiers travaux.

Le Roi conferveroit tous ceux qui par quelques talens feroient parvenus à la claffe de bas-officiers, & ne perdroit par conféquent que des gens aifés à remplacer, fitôt qu'ils deviendroient néceffaires.

Cette augmentation ou diminution, qui formeroit alternativement le pied de guerre & le pied de paix, n'étant que de 4 hommes par efcouade, il en réfulteroit pour avantage, que la recrue feroit bientôt amalgamée ; que le bas-officier n'auroit plus la crainte d'être remis dans la claffe d'où fon zele & fes talens l'ont fait fortir, & pour troifieme avantage enfin, l'Officier françois militaire par état n'éprouveroit plus ces jeux du hafard, rentrant en France après une longue guerre, fouvent ruiné & couvert de bleffures, d'être renvoyé chez lui dépouillé de fon habit uniforme.

DE LA CAVALERIE.

Sous la dénomination générale de *Cavalerie* font comprifes toutes les troupes à cheval.

Il eft néceffaire d'avoir pour la Guerre deux efpeces de Cavalerie. L'une forte & élevée, combattant toujours en efcadrons, l'autre moins grande & plus légere, deftinée aux découvertes, aux courfes, aux coups de main; celle-là doit combattre quelquefois divifée.

Parmi les variations qu'a effuyé le corps de la Cavalerie, fa derniere conftitution eft celle dont on a le plus lieu d'être furpris. Elle eft aujourd'hui divifée en cinq efpeces, favoir : Cavalerie proprement ditte, Chevaux Légers, Huffards, Dragons & Chaffeurs. Quelle eft la deftination militaire, quel fera l'emploi particulier de chacun de ces différens corps à la Guerre ? Voilà ce qui eft encore un problème, & l'on ne peut en prévoir la folution ni par les différences établies dans la compofition de ces corps, ni par leurs ordonnances : mais de deux chofes l'une; ou *les Chevaux Légers* auront l'emploi indiqué par leur dénomination, & alors il leur falloit une compofition individuelle, plus légere, un armement & furtout un équipage différent de celui de la groffe Cavalerie; ou ils auront le même emploi que cette Cavalerie, c'eft-à-dire qu'ils feront la guerre en ligne & chargeront en Efcadron; alors il falloit leur laiffer leur armure, leur nom & leur rang, cela étoit au moins beaucoup plus fimple.

Les Dragons font une Cavalerie légere, propre à combattre à pied & à cheval ; ils font montés & armés pour ce double genre ; que veut-on demander de plus aux nouveaux Régimens de Chasseurs? Veut-on leur donner le privilége exclusif de faire l'ancien service des Dragons, en ce cas ils ne font point assez nombreux, au lieu de six Régimens de Chasseurs il en faudroit trente, sur le pied où ils font aujourd'hui. Mais alors les anciens Dragons, reprenant le rôle de la Cavalerie, ne montreront qu'une composition foible & impropre ; & ce seroit ne pas connoître les premiers axiomes de l'art, que de ne pas s'appercevoir que leur masse trop foible, ne peut jouter que désavantageusement contre d'autres masses plus élevées, plus fortes & plus vites.

J'ignore les considérations particulieres qui ont pu dicter cette derniere constitution de la Cavalerie, mais comme elles ne font point militaires, & qu'elles ne peuvent par conséquent durer, je prévois qu'on rentrera dans les définitions & les divisions simples que les besoins de la Guerre suggérent véritablement, qui font les trois Corps de *Cavalerie proprement dite*, de *Dragons & de Hussards*. C'est à les organiser que je vais donner toute mon attention.

Pour avoir une marche sûre dans nos projets, partons des mêmes principes qui ont déterminé la Constitution de l'Infanterie ; rappelons-nous tous les avantages que celle-ci doit offrir, ils font à-peu-près les mêmes.

La Cavalerie proprement ditte, est faite pour entrer en Ligne, faire Corps, Camper, soute-

nir l'Infanterie & s'oppofer à la Cavalerie enne-
mie. Elle fort à l'Armée par divifion, brigade,
régiment & efcadron, le fervice des détachemens lui convient moins.

Nous nous renfermerons dans le principe
convenu d'avoir environ un cinquieme de nos
forces en Cavalerie, ce qui nous détermine à
avoir vingt-quatre Régimens. Pour leur donner une dénomination diftincte de la dénomination générique de toute troupe à cheval.
J'appellerai ceux-ci du nom indiqué par leur
armure *Cuiraffiers*.

La force des Régimens, c'eft-à-dire, le nombre d'Efcadrons dont ils font compofés, feroit
affez indifférente, puifqu'en prenant une Brigade ou plufieurs Brigades, on forme un Corps
tel qu'on le defire. Il n'en eft pas de même de
la force des Efcadrons ou du nombre d'hommes
qui les compofent; un Efcadron eft prefque toujours dans le cas de fervir & de combattre feul,
fon action dans une ligne même eft fouvent
indépendante, il faut qu'il puiffe fe fuffire, fi
je puis m'exprimer ainfi, lorfqu'il n'aura à faire
qu'à un Efcadron ennemi. Il réfulte de ceci un
rapport néceffaire à établir entre la force numérique que l'on doit donner à un Efcadron
& celle que lui donnent à-peu-près toutes les
autres puiffances de l'Europe. Ce principe auquel on a fouvent eu égard a dû caufer des
variations, mais une théorie plus éclairée peut
les fixer aujourd'hui.

Les Efcadrons nombreux font préférables aux
plus petits 1°. parce qu'ils font moins fujets à
être débordés, & au contraire plus fufcepti-

bles de déborder eux-mêmes des Escadrons plus foibles. 2°. Parce qu'ils peuvent se diviser & manœuvrer avec autant de célérité que ces derniers. L'auteur de l'essai, en déterminant la force des Escadrons à quatre vingt Cavaliers *pour la facilité de la manœuvre*, s'éloigne beaucoup des principes du grand maître qu'il cite si souvent. Le Roi de Prusse a mis ses Escadrons à deux cent hommes, & l'Auteur que je viens de nommer n'a pas fait attention sans doute qu'il nous dit ailleurs que *la Cavalerie Prussienne est la seule Cavalerie manœuvriere*. D'après ces réflexions, que je me réserve d'appuyer de plusieurs autorités dans le chapitre suivant, qui contiendra des observations sur l'ordonnance de 1776, j'établis ainsi la formation.

CUIRASSIERS.

En tems de guerre sur le pied complet, les Régimens de Cuirassiers seroient composés de trois Escadrons, chaque Escadron seroit composé de quatre compagnies, chaque compagnie seroit composée de trois Maréchaux de Logis, six Brigadiers, six Carabiniers, quarante huit Cuirassiers, un Trompette, un Maréchal ferrant; & commandée par un Capitaine, un Lieutenant & un sous Lieutenant, formant un total de soixante huit hommes y compris les officiers (1).

Chaque compagnie seroit divisée en six Es-

______

(1) On a omis ici de faire mention des deux surnuméraires par compagnie, dont je parle dans les chapitres suivans.

couades ou Chambrées égales , compofées chacune d'un Brigadier , un Carabinier & huit Cuiraffiers.

Le Maréchal ferrant & le Trompette feroient attachés aux deux premieres Efcouades.

L'Etat - Major feroit compofé d'un Colonel , un Lieutenant - Colonel , un Major , un Quartier-Maître-Tréforier , un Porte-Enfeigne , trois Adjudans , un Chirurgien Major , un Aumonier , un Trompette Major.

Un Régiment de Cuiraffiers feroit donc compofé de douze Compagnies & d'un Etat-Major y compris , formant un total de Huit cent vingt-fix hommes qui , multipliés par vingt-quatre Régimens, donneroient un produit de 19824 hommes.

RÉFORME ET PIED DE PAIX.

Les augmentations de Cavalerie font beaucoup plus difficiles à faire que celles d'Infanterie , foit par l'efpece d'hommes plus élevée & plus rare qu'on exige pour le fervice de cette arme , foit par la quantité de Chevaux dont on eft obligé de fe pourvoir. La Cavalerie a encore une inftruction beaucoup plus difficile , beaucoup plus longue & en même tems beaucoup plus néceffaire à perfectionner que celle de l'Infanterie ; telles font les raifons qui prefcrivent de conferver même en tems de paix toute la Cavalerie dont on doit avoir befoin à la guerre , ou qui ne permettent du moins que de très-légeres variations dans le numérique , c'eft un principe démontré par tous les Officiers qui connoiffent le détail de cette arme.

En tems de paix, sans toucher à la formation que nous venons de proposer, on se borneroit donc à réformer deux Hommes & deux Chevaux par Escouades, formant douze hommes par Compagnie, par conséquent une diminution de 144 Hommes par Régiment, qui, les réduisant à 682, multipliés par 24, produiroit un total de . . . . . . 16368 Hommes.

Cette maniere de reformer auroit, comme nous le verrons dans la seconde partie, l'avantage de ne rien changer à la formation des Compagnies & des Escadrons pour la manœuvre.

DES DRAGONS.

En attendant qu'un nouveau système de guerre nous donne des armées moins nombreuses, moins chargées d'embarras, plus sobres, & qui occupant aussi des positions moins étendues, sachent se suffire à elles - mêmes; en attendant ces progrès de l'art, prédits & annoncés *par l'auteur de l'Essai de Tactique*, il faut bien remédier aux inconvéniens de nos armées modernes, nombreuses & affoiblies par l'étendue de terrein qu'elles sont obligées de couvrir pour garder nos immenses magasins, & assurer leur communication.

Or, le fléau de nos armées, c'est les troupes légeres ennemies qui nous harcèlent sans cesse, nous minent en détail, soit par la fatigue qu'elles occasionnent à nos troupes, soit par les pertes réelles qu'elles leur font éprouver. Je pourrois citer la guerre de 1740 comme un malheureux exemple de notre infériorité contre cette

espece de Cavalerie. Les armées de Bohême &
de Baviere furent en partie détruites par les
avantages continuels que les Pandoures, les
Croates, les Talpaches & les Huffards de la
Reine remporterent fur nos petites troupes mor-
celées & divifées dans l'immenfe pays que nous
voulions garder. On s'apperçut alors, mais trop
tard, de la néceffité d'oppofer arme à arme. On
leva des troupes légeres, le Maréchal de Saxe
les propofa, & obtint lui-même la permiffion
d'avoir un Corps fous le nom de *Houlans* (devenu depuis Régiment de Dragons, il porte aujourd'hui le nom de Schomberg).

Dans la guerre de 1756, nous avons vu la
tranquillité renaître dans nos armées & dans nos
camps, lorfque M. le Maréchal de Broglie em-
ploya les Dragons au vrai genre de fervice pour
lequel ils font conftitués. Ce Général, dans une
de fes inftructions pour les troupes légeres, dit;
qu'*elles doivent être nombreufes & bien choifies,
compofées d'Huffards, de Dragons & de Soldats.*
Je pourrois me borner à une pareille autorité,
mais je citerai encore celle du Roi de Pruffe ;
elle eft la premiere du monde pour l'auteur de
l'Effai. Eh! bien, ce Roi guerrier n'a que 65
Efcadrons de Cuiraffiers, mais il a 70 Efcadrons
de Dragons & 100 Efcadrons d'Huffards. Tels
font les exemples & les autorités qui me déterminent à l'avis d'avoir une Cavalerie particuliere, deftinée aux avant-gardes, aux découvertes, aux enlèvemens de poftes, aux efcortes, aux convois, aux attaques imprévues, à
la guerre de détail enfin, que la Cavalerie proprement dite ne peut faire avec avantage,

parce qu'elle est montée sur des Chevaux trop grands, & qu'elle a des hommes trop élevés pour faire des courses rapides & continuelles, qui la mineroient infailliblement.

Les Dragons & les Hussards avec des hommes & des chevaux plus petits, sont infiniment plus propres à résister à ce genre de service; mais il ne faut pas oublier que cette infériorité de taille & de masse fait perdre en force ce qu'on gagne en légéreté & en vigueur. Les Dragons & Hussards, supérieurs en plusieurs circonstances à la Cavalerie, ont un désavantage phisique lorsqu'ils se mesurent à elle. Ce n'est qu'en employant chaque Arme & chaque Corps au service qui lui est le plus propre que le Général peut être assuré d'en retirer de grands avantages.

De tous les Corps destinés au service de troupes légères, les Dragons me paroissent mériter la préférence, parce que leur constitution & leur armement les rendant propres aux deux genres de combat, ils peuvent être employés en presque toutes les circonstances; moins élevés que la Cavalerie, mais plus élevés que les Hussards, ils tiennent un rang moyen qui les rapproche des uns, & leur donne de la supériorité sur les autres. Enfin, la maniere dont ils ont fait la guerre derniere, prouve mieux que tout ce que je pourrois dire, l'utilité dont ce Corps peut être, lorsqu'il est bien constitué & bien employé.

Je donnerois aux régimens de Dragons la même formation qu'aux régimens de Cuirassiers, c'est-à-dire, qu'ils seroient composés en tems de

guerre

guerre de 826 Dragons, qui, multipliés par seize
régimens, donneroient. . . 13216 Dragons (1).

RÉFORME ET PIED DE PAIX.

Les régimens de Dragons éprouveroient les
mêmes diminutions que les Cuirassiers, c'est-à-
dire, 144 hommes par régiment; ce qui les réduiroit à 682, & ne produiroit plus à la paix
que . . . . 10912 Dragons.

HUSSARDS.

Les Hussards doivent être conservés en France
parce qu'ils sont recrutés par nos Provinces du
Rhin, où les hommes parlant la langue Allemande préféreroient servir chez l'étranger plutôt que de s'enrôler dans nos Régimens François.

L'usage de la langue Allemande conservée
dans ce Corps est avantageuse à son genre de

---

(1) Je ne propose que 24 Régimens de Cuirassiers &
16 de Dragons parce que ce nombre est suffisant & diminue les frais des Etats-majors, mais s'il faut absolument faire des régimens pour des colonels, mon systême se prête plus qu'aucun autre à cette complaisance.
J'ai dit qu'il étoit nécessaire que les escadrons fussent
composés de 200 hommes, mais que le nombre d'escadrons par Régiment étoit de la plus grande indifférence,
puisque à l'armée on rassemble sous un officier général
autant & aussi peu que l'on veut de ces escadrons. On
peut donc si l'on veut réduire les Régimens de Cuirassiers
à deux escadrons & en former 36 au lieu de 24; &
faisant la même opération sur les Régimens de Dragons
en avoir 24 au lieu de 16.

Partie I. C

fervice. Pour lui donner une conftitution auffi folide qu'aux deux autres Corps de Cavalerie, je formerois cinq Régimens d'Huffards compofés chacun de 826 hommes, en tems de guerre donnant par conféquent. . . 4130 huffards

RÉFORME EN TEMS DE PAIX.

A la paix les Régimens d'Huffards feroient comme les Régimens de Cuiraffiers & de Dragons réduits à 682 hommes formant un total de . . . . 3410.

Réfumé comparatif du numérique actuel de nos troupes, avec celui que je propofe.

Nos ordonnances de 1776 établiffent, comme nous l'avons vû, un Militaire produifant au total 307581 hommes, mais perfonne ne croit notre conftitution actuelle fufceptible de donner cet effectif, qui n'eft aujourd'hui que de 128168 hommes, nombre évidemment trop foible pour un Royaume comme la France.

Je propofe une conftitution qui, fur le pied de guerre, donne 176,160 hommes d'Infanterie.

19,824 Cuiraffiers.

13,216 Dragons.

4,130 Huffards.

11,777 } Artilleurs (étant convenu de ne pas toucher à ce Corps.)

5,000 } Hoṁes de Bataillons de garnifon (je parlerai de leur conftitution dans le Chap. de la difcipline.)

Produifant 230,107, en total de combattans,

que je réduis en tems de paix à 167467 : & , au moyen de ces deux tarifs invariables , dont la différence ne porte que fur les derniers foldats , les déclarations de guerre , ou les publications de paix n'occafionnent ni créations nouvelles ni réformes affligeantes pour le militaire & rui-neufes pour les coffres du Roi , qu'elles char-gent toujours de penfions.

Cet état militaire fe montre fous une conf-titution plus avantageufe que la frêle exiftence de celle que nous avons aujourd'hui. Chaque Régiment conferveroit toujours fon numero & fon nom. Il faut pour cela renoncer dans les deux Armes à leur donner celui des Colo-nels , parce qu'ils changent fouvent & que les belles actions s'oublient avec eux. Le Maréchal de Saxe s'eft fort recrié contre cet abus ; les Miniftres ont beau l'avouer, ils le perpétuent par égard pour les Colonels , dont l'amour propre eft flatté de donner leur nom , leurs armes & leurs livrées. Les Régimens d'Infanterie de *Boifgelin*, de *Rozen* , de *Montmorin*, de *Mon-trevel* , de *Montmorency* , d'*Aumont* &c. , quit-terent bien leur nom en 1762 , pour prendre ceux de Béarn , de Dauphiné , de l'Isle de France , d'Hainault, de Beauce &c. Le motif de cette opération , qui étoit comme le dit l'ordonnance d'affurer la connoiffance & la mémoire des actions de ces différens Régimens, doit être général ; & quels droits peuvent auto-rifer les exceptions à cette regle ?

CHAPITRE IV.

Observations sur les Ordonnances de 1776, concernant les troupes à cheval.

JE n'aurois pû dans le Chapitre précédent arrèter mon Lecteur sur tous les défauts de la Constitution de 1776, sans lui faire perdre de vue à chaque instant le tableau de celle que j'avois à lui proposer. J'ai préféré de renvoyer quelques observations essentielles au chapitre qui devoit la suivre.

Iere. OBSERVATION.

Les titres, droits & prérogatives des Régimens d'Etat-Major maintenus par ces Ordonnances, sont contraires au bien du service du Roi, en ce qu'elles établissent des distinctions & des jalousies entre des Corps composés de la même espece d'hommes & faisant le même service.

Les prérogatives des Officiers qui commandent ces Corps sont à charge à l'armée, qu'elles fatiguent inutilement par des gardes d'honneur. Ces mêmes prérogatives occasionnent sans cesse des conflits d'autorité & des exemptions aux Loix. On a vû les prétentions de ces Corps aller jusqu'à refuser l'obéissance à un Lieutenant-général Inspecteur & Commandant de Province (1).

____

(1) Le colonel général Cavalerie & le colonel général Dragons, ont refusé en 1776 de laisser passer M. De Vogué dans leurs rangs.

On trouve cette anecdote dans les mémoires de M. Le Comte de St. Germain. (3ᵉ. lettre.)

[37]

Il eſt contre toute eſpece de raiſon qu'un
Colonel ait ſeul le droit d'inſpecter ſon Régiment, c'eſt ouvrir la porte à tous les déſordres :
mais ce qui étonne davantage & paroît incroya-
ble ; c'eſt qu'un Colonel-général, & à ſon défaut
un Meſtre de Camp général ou un Commiſſaire
général ait encore le droit de s'emparer d'une
commiſſion quelconque, ſi elle s'exécute avec
l'arme qu'il commande, quand même il plairoit
au miniſtre ou au général de la donner à un
autre Officier. Je le demande, dans quel ſervice voit-on de pareils abus ? *Pour les reformer*,
me dira-t-on, *il faudroit rembourſer des finances
énormes*. Je répondrai que les déſordres militaires
ont des inconvéniens d'une telle importance qu'il
ne faut jamais ménager l'argent qui ſert à les
détruire.

II.ᵉ OBSERVATION.

Les Régimens ſont portés à cinq eſcadrons ;
ce nombre eſt aſſez indifférent, mais ce qui ne
l'eſt pas, c'eſt que le cinquieme eſcadron ſoit
d'une eſpece de Cavalerie différente des quatre
premiers. Le genre de ſervice propre à chacun
de ces deux Corps demande une inſtruction &
des Loix particulieres. Mais on s'eſt apperçu
combien cet aſſemblage étoit diſparate, & l'on y
a remedié ; je ne m'y arrêterai pas davantage.

Les quatre eſcadrons reſtant portés à 174
hommes chacun ne ſont point aſſez forts, j'en
ai dit la raiſon, ils doivent être au moins de
200 ; mais les compagnies à 174 hommes ſont
beaucoup trop nombreuſes, emportent un trop

grand détail, & mettent les Capitaines & les Officiers dans le cas de ne pouvoir jamais connoître leur compagnie à fond, connoissance pourtant absolument nécessaire au bon ordre, à la discipline & au bien du service. En Prusse même, où les Officiers sont par tant de raisons bien autrement attachés aux détails de leur métier qu'ils ne le sont en France, les compagnies de Cavalerie ne sont que de cent hommes, & si c'est assez pour eux c'est beaucoup trop pour nous. Il est donc nécessaire de différencier la *Compagnie* de *l'Escadron*, puisque l'une est trop nombreuse à 174 hommes, & que l'autre n'est pas assez fort sur ce pied.

IIIe OBSERVATION.

Deux Officiers de chaque grade dans une compagnie est un double emploi qui nuit au bien du service, parce qu'en divisant l'intérêt il le diminue nécessairement. Il est dans l'homme de surveiller avec plus d'exactitude la discipline lorsqu'il en répond personnellement, que s'il partage les mêmes soins avec plusieurs autres.

Les compagnies du Mestre-de-camp & du Lieutenant-colonel se trouvent avoir trois Capitaines, augmentation d'abus, conflit d'autorité qui mene souvent au désordre & qui est au moins inutile. Un Colonel & un Lieutenant-colonel ne sont-ils pas Capitaines nés de toutes les compagnies du Régiment qu'ils commandent, ne doivent-ils pas les surveiller toutes ; pourquoi exigeroient-ils des comptes plus particuliers d'un Capitaine que d'un autre ? cela est pour le moins inconséquent.

IVᵉ. OBSERVATION.

Dans ces compagnies de 174 hommes il n'y a que deux Maréchaux des Logis & un Fourrier-écrivain qui ne fait pas de service. Ces Bas-Officiers ont trop d'occupation, l'on s'en apperçoit en tems de paix & dans des garnisons commodes, où les hommes, les chevaux & tous les objets sont rassemblés en un point ; mais que fera-ce donc en route, dans les cantonnemens, & à la guerre ? Tous les Régimens qui ont campé à Vaussieux en 1778, & ceux qui ont marché en 1779, ont senti la nécessité d'avoir un plus grand nombre de Bas-officiers, & les compagnies n'étoient pourtant pas complettes à 100 hommes.

Comment a-t-on pû juger nécessaire d'avoir cinq Sergens par compagnie dans l'Infanterie, quoiqu'il y ait la moitié moins de détails que dans la Cavalerie ? ou il y en a deux de trop dans cette premiere arme, ou il en faudroit deux de plus dans la seconde.

Vᵉ. OBSERVATION.

Le Fourrier n'est plus un militaire, mais un homme de plume. La comptabilité dont il est chargé est compliquée, & se multiplie à l'infini par la quantité d'états doubles qu'il est obligé de fournir 1°. aux Officiers généraux & aux Commissaires ; 2°. aux Officiers supérieurs du corps ; 3°. aux six Officiers de sa compagnie. Cet écrivain étant seul au fait des comptes & des états & situations, des effets, réparations, &c

s'il vient à manquer, par quelque caufe que ce puiffe être, perfonne dans la compagnie n'eft en état de le remplacer. Combien n'eft-il pas à defirer qu'une adminiftration fimple remplace tant d'infolio, tant d'états, tant d'écritures de toute efpece.

Chaque Maréchal des Logis doit connoître le détail & le faire facilement. J'en ai établi trois deftinés aux mêmes fonctions, & par conféquent capables de fe fuccéder & fe remplacer dans toutes les occupations du détail & du fervice. J'indiquerai auffi comme une chofe effentielle, qu'ils puiffent être & foient effectivement remplacés encore par le premier Brigadier de chaque compagnie, & celui-ci par le carabinier de fa chambrée. Ces fonctions momentanées fervent à effayer les fujets & à maintenir l'ordre, qui ne peut exifter lorfque l'inférieur n'a plus de fupérieur.

VIe. OBSERVATION.

Huit Brigadiers ne font pas plus fuffifans à 174 hommes que deux Maréchaux des Logis pour la totalité d'une auffi nombreufe compagnie. Ils font faits pour tenir le prêt, furveiller l'ordinaire & la chambrée ; celles-ci ne peuvent être que de 10 à 12 hommes. Si les Brigadiers n'ont pas ces fonctions, ils font inutiles, s'ils les ont, ils doivent être en affez grand nombre pour qu'il y en ait un à la tête de chaque chambrée. Il eft même néceffaire qu'il y ait un Cuiraffier par chambrée, défigné par le grade de Carabinier, pour le remplacer s'il vient à manquer, & celui-ci doit être remplacé à fon tour par le plus ancien Cuiraffier.

VIIe. R E F L E X I O N.

J'ai entendu dire qu'on avoit porté les compagnies à 174 hommes pour relever l'état de
Capitaine en France, & donner à ce grade l'a-
vantage de marcher à la guerre avec un plus grand
nombre d'hommes à leurs ordres. Personne n'est
plus persuadé que moi de la nécessité de faire
un état désirable de la place de Capitaine en
France, & l'on verra dans tout le cours de cet
ouvrage combien cette idée m'est précieuse ;
mais n'y a-t-il donc que le moyen de l'Ordonnance de 1776, pour étendre l'autorité & augmenter les détachemens des premiers Capitaines ? Dans la constitution que je propose,
pour remplacer celle que je blâme ; j'établis trois
chefs d'escadron par Régiment. Leurs compagnies, il est vrai, ne sont que de 68 hommes,
mais ils n'en marchent pas moins à la guerre à
la tête de 200 chevaux, formés par quatre compagnies qui se trouvent réellement aux ordres
du chef d'escadron toutes les fois que le Régiment s'assemble. On verra aussi que pour constater cette autorité supérieure, les autres Capitaines doivent rendre leurs comptes à ce Chef,
au lieu de le rendre au Major comme cela se
pratique aujourd'hui.

VIIIe. R E F L E X I O N.

L'établissement du cadet gentilhomme par
compagnie ne peut subsister, parce que les préten-
dus soins du Moine ou de l'Aumônier ne suffi-
sent point aux mœurs & à l'instruction de ces

jeunes Officiers. Le métier de la guerre ne convient qu'aux hommes faits. On ne peut y admettre les enfans.

IXe. RÉFLEXION.

Je ne finirai point ces observations sans parler de la suppression des légions. Bien des militaires les regrettent encore. Des Généraux (1) dont l'autorité est sacrée pour moi, ont dit : *qu'il devoit y avoir des troupes légeres composées de Dragons & de soldats.* La nouvelle constitution que je propose fournit naturellement la composition la plus favorable à ces corps, & sauve les inconvéniens qui ont peut-être été la cause de leur réforme.

Les légions ne sont utiles qu'autant que les Généraux ont non seulement confiance en leur bravoure, mais encore en la capacité de ceux qui les commandent. Par l'ancienne formation des légions, les Généraux étoient obligés de les employer telles qu'elles étoient, sans pouvoir mettre à leur tête les chefs expérimentés qu'ils auroient souvent desiré d'y voir. Ici cette liberté leur est rendue ; le Général pourra, soit au commencement, soit dans le cours de la campagne, créer ou réformer ces corps, il ne s'agit que d'enbrigader un Régiment d'Infanterie avec un Régiment de Dragons. Rien ne gênera son choix, il n'aura nulle considération à ménager, le bien du service seul le déterminera, & il sera en ses mains un moyen de récompense.

----

(1) M. le Maréchal & M. Le Comte de Broglie dans ses instructions pour les troupes légeres.

Quel eſt le Régiment qui ne deſirera pas la faveur de voir tous les jours l'ennemi ?

CHAPITRE V.

Corps du Génie.

Qu'on me permette quelques idées ſur le corps du génie militaire deſtiné au ſervice des armées ; il eſt en tems de paix dans une inaction qui lui eſt préjudiciable. La pratique étant dans tous les métiers le plus grand moyen d'inſtruction, il ne devroit reſter dans les places que les Ingénieurs abſolument néceſſaires aux travaux des fortifications, & il devroit y avoir un Officier de ce corps attaché à chaque Régiment d'Infanterie ; ils y donneroient des connoiſſances de Mathématique-pratique, par des exercices de guerre tels que des conſtructions de redoutes, de retranchemens, des ouvertures de tranchées, &c. ; cela vaudroit bien mieux que la monotonie du maniement des armes.

Pour donner à ce Corps une activité continuelle doublement utile à l'état, il faudroit qu'il fut chargé de tous les travaux qu'on abandonne aux Ingénieurs, dits, *des Ponts & Chauſſées*, ou pour mieux dire, il faudroit réunir ces deux corps pour n'en former qu'un ſeul. Alors on employeroit ſans difficulté les troupes à la conſtruction des chauſſées, à l'ouverture des canaux, & à tous les ouvrages qui ſervent à augmenter les richeſſes & les forces de l'état. Les corvées

feroient fupprimées , les bras de nos foldats fe
fortifieroient , & les caiffes infuffifantes aujour-
d'hui pour entreprendre tant de travaux utiles
fe trouveroient faire des économies , par la modique augmentation de paye qu'il fuffit de donner au foldat pour accroitre confidérablement
fon bien être & fon aifance.

Le Corps du génie feroit donc beaucoup plus
nombreux. Les talens feuls & non la naiffance
ouvriroient la porte & difpoferoient des grades &
des honneurs ; mais la réunion que je propofe
trouvera des difficultés infurmontables , elle
blefferoit des intérêts particuliers & puiffans ,
qui l'emporteront , fans doute , fur le bien général qu'elle produiroit.

CHAPITRE VI.

Des Milices.

MILICE eft un terme collectif qui expri-
moit autrefois la totalité des gens de guerre.

Les habitans d'une ville, d'un pays, s'armoient,
fe raffembloient & marchoient à la guerre, voilà
ce qu'on appeloit *les milices Françoifes* ; mais
depuis que nos Rois ont entretenus à leur folde
des troupes réglées & toujours fur pied, le mot
milice n'a plus exprimé en France qu'un corps
d'Infanterie , compofé des habitans des villes &
des campagnes , qu'on enrôle par force pour
marcher contre les ennemis de l'Etat, lorfque la

néceffité le requiert ; c'eft-à-dire, lorfque les troupes réglées ne font pas fuffifantes.

Les troupes réglées ont été d'abord peu nombreufes, mais la fupériorité que l'union, la difcipline & l'inftruction leur a donné fur les milices les a bientôt fait préférer, & chaque Royaume a aujourd'hui pour fa fureté une armée permanente qu'il entretient, auffi confidérable que fa population & fes richeffes le lui permettent.

Les milices deviennent donc tous les jours moins néceffaires ; elles ne font plus, pour ainfi dire, que des contrôles de précaution pour affurer nos reffources contre le fléau deftructeur de la guerre. La conftitution que leur donnent les Ordonnances de 1778, fous le nom de troupes Provinciales, eft bien préférable à toutes celles qui avoient été effayées, & qui n'avoient ceffé de varier jufqu'à cette époque, où l'on a formé des bataillons qui font attachés à chaque Régiment d'Infanterie. Conftitution qui montre évidemment que leur deftination réelle, la feule avantageufe qu'elles puiffent avoir en effet, c'eft d'être le dépôt de recrues de ces Régimens & de fournir avec promtitude aux remplacemens que la guerre exige : ces bataillons font commandés par d'anciens officiers qui avoient obtenu leur retraite, ou qui étoient dans le cas de la demander. Le miniftere a trouvé cet ingénieux moyen de les retenir au fervice en leur donnant des places, qui, les laiffant jouir du repos prefque continuel dont ils ont befoin, ne leur affignent que des devoirs faciles & momentanés & qui ne peuvent jamais être mieux remplies que par d'anciens militaires, puifqu'il s'agit de la difcipline & de l'inftruction d'un dépôt.

Quoique je fois bien convaincu que la formation de 1778 n'ait réellement que cet objet, elle me paroît fupérieure encore, en ce qu'elle n'exclut point la poffibilité de réunir & faire marcher ces bataillons à la guerre. Raffemblés & exercés pendant la premiere campagne, il fuffira, pour les mettre à même d'entrer en ligne, de nommer quelques Officiers aux emplois vacans. C'eft ainfi que nous devons laiffer voir à l'Europe une augmentation poffible de 58 mille hommes toujours prèts à venir joindre nos armées.

Cette montre n'eft pas réduite à un tableau chimérique comme celui de l'Angleterre, qui offre un total de 200 mille miliciens tant à pied qu'à cheval. Un coup de baguette fuffit pour raffembler nos 106 bataillons, tandis que nos pieces de 36 joueroient long-tems fur l'Angleterre avant qu'elle pût nous oppofer les 200 mille combattans dont elle fe vante.

Mais loin de tirer un grand avantage de cette comparaifon fur l'effectif de nos milices, nos armées permanentes font affez confidérables pour nous retrancher fur le feul & unique avantage de les faire fubvenir à leur entretien, & fournir à une partie de nos remplacemens pendant la guerre.

Si la conftitution des troupes provinciales femble ne laiffer rien ou peu de chofe à defirer, il n'en eft pas de même des Loix qui fervent à lever ces troupes. La milice, comme nous l'avons dit, eft un engagement forcé, & par conféquent une impofition réelle mais légitime, puif-

que le pacte tacite de tout homme en société est
de la servir & deffendre aux dépens même de sa
vie , & que ce n'est qu'en vertu de ce pacte que
l'Etat à son tour garantit & assure la propriété
de chacun. Dans les commencemens de la monarchie, des Loix établirent l'obligation générale
au service pour tous les sujets , & des rôles
exacts de dénombrement donnoient des armées
innombrables , mais à mesure que les établissemens , les réglemens & les Ordonnances s'éloi-
gnent de leur origine , non seulement elles se
relâchent , mais elles deviennent presque toujours la source des plus grands abus , en France
sur-tout où le crédit, l'intrigue, l'argent & la
protection esquivent si facilement la loi. C'est
ce qui est arrivé dans cette obligation générale
de servir l'Etat. Elle devoit être d'autant plus
grande sans doute pour celui qui possede le plus
de biens ; cependant le malheureux cultivateur
en supporte presque seul tout le poids. Ses
justes plaintes sont rejettées & étouffées par
tous les abus d'autorité que se permettent en
général les préposés en fonctions de tirages ou
levées. Le gouvernement a malheureusement
accordé des exemptions : elles se font multipliées à l'infini. Tout bourgeois aisé achette à
présent une charge ou un titre seulement pour
être exempté de servir sa patrie. On rejette cet
emploi comme une vile corvée sur les habitans
de la campagne, les villes se peuplent de débau-
chés & de fainéans , & pour ménager ces êtres
à charge à la terre qui les porte , on arrache
de l'héritage de ses peres & du sein même de
sa famille celui qui cultive & fertilise nos champs.

Peu fait aux déclamations , je n'offre ici qu'un trait du malheureux tableau qu'il faut mettre fous les yeux du miniftre. Leurs occupations fédentaires les privent de tout voir ; réduits à entendre , élevons au moins une voix qui perce à travers le bourdonnement de l'effain malfaifant qui les entoure, les flatte & les trompe fans ceffe. Oui , le payfan fupporte prefque feul l'impôt de la milice , & cette charge , légitime quand la répartition eft égale , devient quand elle ne l'eft pas , accablante & deftructive pour nos villages , où chaque année ramene le défefpoir lorfque les Subdélégués & les Prévôts viennent y tiercer la jeuneffe , pour lui faire abandonner la charrue que la nature & l'induftrie ont mis dans fes mains & qui devroit y refter pour le bonheur de l'humanité ! Fuir eft fa feule reffource , & pour ne pas perdre la liberté avec fes biens , elle vient prendre dans nos cités une livrée qui l'exempte du fort.

Pourquoi donc tant d'exemptions ? on diroit que la France craint de manquer d'avocats , de procureurs , de commis , d'apprentifs médecins & chirurgiens ? Les nations étrangeres nous donnent quelquefois de bons exemples. L'Angleterre peut être citée en cette occafion comme ayant un principe bien fage fur les milices. Les Pairs & les Membres fiégeants du Parlement font feuls exempts du fort ; s'il tombe fur un homme riche , il en met un autre à fa place : tel eft le moyen employé par les Anglois pour éviter les follicitations , les plaintes , les furprifes , les injuftices de toute efpece , & repartir également une charge que l'on rend vile chez

nous

nous en n'y affujettiffant que les foibles. Si notre gouvernement, qui ne peut être comparé en tout point au gouvernement d'Angleterre, ne permet pas de borner nos exemptions à la claffe des Pairs & aux Membres du Parlement, fi nous fommes obligés d'en augmenter le nombre, elles n'en doivent pas moins être déterminées par l'abfolue néceffité & énoncées de la maniere la plus précife, afin d'éviter l'odieux & le defordre qui naiffent toujours de l'arbitraire.

L'Ordonnance du 13 Décembre 1778, concernant les Gardes-côtes nous offre un exemple de tous les défauts que je viens de citer en parlant de nos loix fur la milice. Parmi la quantité prodigieufe d'exemptés, on y trouve *les domeftiques des Gentilshommes & des Curés*. Les gens mariés jufqu'à l'âge de 45 ans & ceux qui ont déja fait un congé fe trouvent forcés de tirer au fort & reprendre leur tour avant ceux-ci. Dans cette même Ordonnance enfin, on tombe dans l'incertitude & l'obfcurité de cet arbitraire fi cruel en difant, *Sa Majefté s'en remet au furplus aux Intendans pour donner plus ou moins d'extenfion aux exemptions, en raifon de celles qu'ils croiront devoir être accordées avec juftice.* Voilà donc l'Intendant à la place de la loi ! autant valoit-il n'en point faire.

Ne voit-on pas que cette liberté donnée au juge de confulter l'efprit de la loi pour l'étendre ou la reftreindre anéantit la loi même ; qu'elle n'eft plus alors que le réfultat de fa bonne ou mauvaife logique, de fa maniere de voir qui varie fuivant les circonftances, fuivant fes intérêts propres, fuivant fes paffions, au gré def-

Partie I.   D quelles un juge flotte toujours quand il fe livre à l'inftabilité des interprétations.

La loi doit commander & être fuivie à là lettre, ce principe fource de l'ordre & du bien ne pourra être combattu que par des fubalternes de mauvaife foi, portés à abufer de l'autorité qu'on leur confie. Cette extenfion, que prefque toutes nos Ordonnances accordent à la puiffance exécutive, eft un fupplément regardé comme néceffaire par la plupart des rédacteurs de la législation militaire qui ne peuvent, du point éloigné où ils fe tiennent & du cabinet obfcur où ils fe renferment, produire & rédiger des Ordonnances affez claires, affez précifes & affez prévoyantes pour ne laiffer à la puiffance exécutive que le feul droit de prononcer ce qui eft écrit. Ce ne fera pourtant que lorfque le cahos de nos Ordonnances fera débrouillé & transformé en un code précis & fuivi à la lettre, qu'on pourra être affuré de voir dans notre militaire la difcipline, l'ordre & l'obéiffance qui préparent les victoires. Cette digreffion m'éloigne de mon fujet. Il eft bien difficile de fuivre rigoureufement l'ordre des chapitres dans un ouvrage tel que celui que j'entame, mais il eft des principes & des vérités qui ne peuvent perdre de leur force, quoiqu'elles ne foient pas enchaînées par l'ordre & la méthode avec laquelle elles devroient fe préfenter.

Rélativement au fervice, je dis que tous les fujets d'un état doivent être compris en deux claffes, favoir nobleffe & roture. Ce doit être un déshonneur pour la nobleffe de ne pas fervir. & une obligation pour la roture de porter les

(51)

armes. Nous verrons les moyens par lesquels
le gouvernement peut s'assurer les services de
cette premiere classe d'hommes : examinons ceux
qu'il peut employer avec le moins d'inconvénient pour y forcer la seconde.

Pour que la milice acquière la considération
que son utilité doit lui valoir, il faut qu'elle soit
supportée par tout roturier pauvre ou riche, à
l'exception seulement de ceux qui, siégeant dans
les tribunaux ou dans les magistratures popu-
laires & civiles, servent directement le Roi &
l'Etat. Qu'un dénombrement universel & des
contrôles exacts soient faits dans chaque Subdélégation : ces états portant en differentes colonnes
le nom, l'âge, la taille, l'état & le lieu de la
résidence de chaque roturier. Cet état seroit dé-
posé publiquement dans la salle de l'Hôtel-de-
ville du chef-lieu de chaque Subdélégation.

Tous les ans le Ministre enverroit l'ordre
du tirage, il détermineroit le nombre des soldats provinciaux qui devroient se faire ; & cet
ordre, parti pour toutes les Provinces en même tems, seroit affiché dans toutes les Provinces du Royaume.

Chaque Intendant feroit la répartition de ses
billets proportionnellement au numérique de chacune de ses subdélégations, & le tirage seroit toujours fixé au 40me. jour de la datte de l'affiche,
afin que personne ne pût ignorer l'ordre ou
manquer à l'assemblée, à moins d'avoir obtenu une
permission de remplacement, qui ne pourroit
jamais avoir lieu que de gré à gré.

Seroient tenus de se rendre à l'assemblée tous

les roturiers qui ne feroient point marqués exempts dans la colonne des exemptions du contrôle public dépofé à l'Hôtel de Ville.

Tout homme avant l'âge de 16 ans feroit exempt, ainfi qu'après celui de trente quatre revolus.

Tout homme au-deffous de cinq pieds feroit exempt.

Tout homme boiteux ou eftropié feroit exempt, ainfi que ceux qui feroient dans le cas des maladies prévues par les ordonnances.

Nul Citoyen ne feroit gêné, ni fur fon éta-bliffement, ni fur fon commerce, ni même fur fes voyages & fes abfences, il fuffiroit qu'au tems indiqué par les affemblées, tems déterminé une fois pour toutes, il fe repréfentât, ou traitant de gré à gré prépofât un autre tireur à fa place, pour lequel l'Intendant lui accorderoit une décharge cette année.

Tout homme enrôlé par le fort obtiendroit fon congé perpétuel en remettant à la caiffe des Milices une fomme de cent vingt livres une fois payée.

Tout Soldat provincial pourroit s'abfenter de fon département, même pendant les années que dureroit fon enrôlement, pourvû qu'il dépofât dans la caiffe des milices la fomme de cent cinquante livres, dont le reçu lui ferviroit de garantie & de paffeport. Cette fomme de cent cinquante livres feroit perdue pour l'enrôlé s'il ne fe trouvoit pas à l'affemblée qui pourroit avoir lieu durant fon abfence. Et cette perte, qui annulleroit fon enrôlement actuel, ne l’exempteroit point d’encourir le fort l’année suivante.

Trente jours après la publication de l’ordonnance du tirage, c’est-à-dire dix jours avant cette époque, les Gouverneurs & Commandans de Province employeroient tous les moyens en leur pouvoir, pour faire arrêter dans leurs commandemens les étrangers qui ne feroient point venus faire enrégiftrer leur billet de remplacement foit dans leurs Bureaux, foit dans ceux des Subdélégués qui leur adrefferoient un double de ceux qu’ils auroient reçus.

Pour s’affurer de la juftice des contrôles, feroient enrôlés de droit tous ceux qui à l’âge de 16 ans révolus ne feroient point venus fe faire infcrire, & les Sindics de la communauté qui ne les auroient point dénoncés feroient condamnés à cinquante livres d’amende.

Tout Roturier feroit infcrit fur le contrôle du lieu de fa naiffance pour s’y préfenter lors du tirage, à moins que s’étant fixé ailleurs, & s’étant fait infcrire fur celui de fa nouvelle habitation, il n’en fournit la preuve par un certificat figné du Subdélégué & de l’Intendant du lieu, & vifé par le Commandant de la Province.

Si-tôt après le tirage, le contrôle des nouveaux enrôlés feroit envoyé au Miniftère ainfi que le fignalement de chaque Soldat, afin qu’il fut fur le champ procédé aux remplacemens à faire dans les compagnies, dont le Miniftre adrefferoit les Etats aux Commandans de Bataillons qui les feroient paffer à chaque Capitaine.

Comme les affemblées des Milices en tems de

paix font abfolument inutiles au fervice du Roi, & qu'elles font infiniment onéreufes aux enrôlés, auxquels elles occafionnent des inquiétudes, des déplacemens & des fraix, elles n'auroient plus lieu à l'avenir que dans les befoins preffans de la guerre, & dans ces momens les François fe dévouent toujours avec empreffement (1).

. On prendroit tel moyen qui feroit convenable pour s'affurer de l'exiftence des enrôlés, tels que des Infpections & tournées que les Officiers de ces Bataillons feroient à même de faire dans les Campagnes, le Bataillon devant toujours être fourni par l'arrondiffement le plus voifin.

Telles font à-peu-près les principales précautions à prendre, pour alléger autant qu'il eft poffible le poids d'une charge qui a été jufqu'ici onéreufe au Roi & à fes Sujets, mais que les befoins de l'Etat rendent toujours néceffaire & fouvent indifpenfable.

CONSTITUTION DES TROUPES PROVINCIALES.

Il y auroit cent vingt Bataillons Provinciaux défignés par leur rang & numeros. On les ap-

___

(1) Pendant 5 ou 6 ans on a affemblé les Régimens provinciaux, cela a beaucoup tracaffé les Milices, couté beaucoup d'argent au Roi, & n'a été d'aucune utilité. M. Le Comte de St. Germain les a réformés. Tous leurs effets d'habillement, équippement & armement ont été vendus à très-bas prix. Le miniftre regnant les a retablis, je fouhaite qu'on les conferve, car ces petites inconftances dans nos plans, font toujours une double perte pour le Roi.

pelleroit premier Bataillon, deuxieme Bataillon, troifieme Bataillon, quatrieme Bataillon Provincial &c. &c.

Les Régimens de ligne qui doivent avoir des établiſſemens permanens, comme nous le verrons par la ſuite, auroient pour Bataillon de Recrue celui qui feroit le plus à portée de leur cantonnement.

Chaque Bataillon Provincial feroit compofé de huit Compagnies, chaque Compagnie feroit compofée de quatre-vingt enrôlés & commandée par un Capitaine feulement.

L'Etat-Major de chaque Bataillon feroit compofé d'un Commandant de Bataillon, ayant rang de Colonel, Lieutenant Colonel ou Major, ce qui dépendroit de fes fervices antérieurs, plus, d'un Adjudant ayant rang de Sergent d'Infanterie.

Les Bataillons Provinciaux n'étant point affemblés en tems de paix, les Commandans de Bataillons, les Capitaines & l'Adjudant auroient feuls des appointemens, & ces Officiers & bas Officiers feroient chargés de faire tous les ans des revues exactes des Soldats portés fur leur contrôle.

Il y auroit un Confeil d'adminiftration compofé du Commandant de Bataillon, des quatre premiers Capitaines & de l'Adjudant faifant les fonctions de quartier-maître tréforier. Ce confeil préfideroit à l'entretien des magafins néceffaires pour tous les effets d'habillement & armement du Bataillon, qui y feroient toujours dépofés, entretenus complets & dans le meilleur état.

Le conseil d'adminiſtration s'aſſembleroit auſſi ſouvent que le Commandant de Bataillon l'exigeroit, & extraordinairement une fois tous les ans pour recevoir l'Inſpecteur Officier Général, lui montrer les comptes, la régie, les livres, contrôles & magazins : à cette aſſemblée du conſeil, les huit Capitaines ſeroient obligés de ſe trouver préſens pour paſſer la revue & recevoir les ordres de l'Officier Général.

PIED DE GUERRE.

Les Bataillons ayant ordre de s'aſſembler, le Roi nommeroit un Lieutenant & un ſous-Lieutenant par Compagnie. Les quatre-vingt enrôlés étant arrivés au lieu & à l'inſtant aſſignés, chaque Capitaine préſenteroit un Sergent, cinq Caporaux & un Tambour au Commandant du Bataillon. Il marqueroit après, cinquante & un Soldats & vingt deux ſurnuméraires. Le tout étant approuvé par le Commandant de Bataillon, les vingt-deux ſurnuméraires ſeroient renvoyés avec défenſe de ſortir du païs & ordre de rejoindre à la premiere réquiſition.

Il ſeroit donné des ordres aux Régimens auxquels ces Bataillons ſeroient attachés, de leur fournir le jour de leur aſſemblée huit Sergens & un Tambour Major, en échange deſquels il leur ſeroit renvoyé neuf hommes choiſis ſur la totalité des Compagnies provinciales.

Celles-ci ſeroient donc compoſées de deux Sergens, cinq Caporaux, cinquante Soldats, un Tambour, & commandées par un Capitaine,

un Lieutenant & un fous-Lieutenant, formant
un total de foixante & un hommes, y compris les
Officiers, qui avec l'Etat-Major formeroient un
nombre de quatre cent nonante hommes par
Bataillon Provincial, & par conféquent pour
la totalité de ces troupes......58,800 hommes.

Ces Bataillons une fois fur pied pourroient
engager & recruter toute l'Infanterie, mais ils
n'auroient pas ce droit lorfqu'ils ne feroient
point affemblés.

Toutes les fois que ces Bataillons recevroient
ordre d'envoyer des Soldats au Régiment de
ligne auquel ils feroient attachés, ils feroient
remplacer fur le champ ces Soldats par des enrôlés, pris dans les furnuméraires au nombre
de vingt-deux par Compagnie dont nous avons
parlé ci-deffus. L'objet de ces remplacemens
fucceffifs eft de n'enlever jamais que le nombre
d'hommes abfolument néceffaire.

CHAPITRE VII.

*La Nobleffe Françoife doit fervir. Les emplois
Militaires lui appartiennent.*

LA plus ancienne nobleffe de France tient fon
origine de la profeffion des Armes ; avant la
troifieme race on n'en connoiffoit point d'autre.

Les Gentilshommes François ont toujours
eû cette ardeur guerriere, cet amour de la
gloire qui leur fait rechercher fi vivement les
emplois Militaires. Le Gouvernement doit main-

tenir ce goût & ce zèle qui est un des principes les plus constans de la valeur de nos
armées.

Si la noblesse abandonnoit un jour la profession des Armes, cette révolution n'auroit
pour cause que des abus & des défauts dans
nos Loix, que l'on se répentiroit alors de ne
pas avoir corrigés. Quoiqu'on ne s'apperçoive
pas sensiblement encore du dégoût qui commence à naître, je n'en attaquerai pas moins
le germe qui doit tôt ou tard le produire ; la
noblesse se plaint avec raison de n'avoir pas
le droit exclusif aux emplois Militaires. Elle est
humiliée de se voir souvent frustrée des places
que ses Ayeux ont occupées & cimentées de
leur sang. Les richesses qui corrompent tout &
qui brisent toutes les séparations que l'honneur & la gloire ont élevé entre les citoyens,
sont devenues aujourd'hui un titre suffisant
pour prétendre à toutes les places. On voit le
fils d'un Commis se vêtir d'un uniforme, disputer le pas, & vouloir marcher l'égal de l'homme de qualité ! Ce n'est pas sans raison que je
prédis la suite funeste de cette confusion dans
les rangs ; c'est elle qui produit déja les efforts
que la noblesse fait pour soutenir la distinction
qui devoit la séparer éternellement de la Roture ;
les réclamations, l'intrigue & tous les petits
moyens sont mis en jeu pour s'élever & sortir
de la place dont on s'honoroit autrefois, &
qu'on méprise depuis que d'autres que ses semblables ont le droit de les occuper. On peut
me répondre que le droit aux emplois Militaires n'est point contesté à la noblesse, mais on

ne me dira pas qu'il eſt maintenu ; car les preuves du contraire ſont par - tout exiſtantes ;
qu'eſt-ce qui oblige le poſtulant à un emploi
Militaire à montrer les titres qui autoriſent ſa
demande, quelle ordonnance les a jamais fixés,
& quelle autorité fut jamais chargée de les
examiner ? Si l'on oſoit dire encore que la nobleſſe ne peut ſuffire à fournir aux emplois !
Je répondrois que les Provinces ſont peuplées
de Gentilshommes qui n'ont pû en obtenir.
Mais quand un refroidiſſement de zèle cauſeroit
leur inertie, ce ſeroit encore au gouvernement
à la reveiller. Richelieu diſoit, *il faut employer la nobleſſe au ſervice afin qu'elle puiſſe
acquérir de nouveau & conſerver ſa premiere
réputation & que l'Etat ſoit utilement ſervi.*

Un Roi non moins politique que ce Miniſtre a bien ſu y contraindre la ſienne. Fréderic
II. veut qu'elle ſerve, & il charge d'impôts tous
les Nobles qui n'ont point de rang dans ſes
Armées.

Deux Loix peuvent relever les grades, illuſ-
trer le Militaire & aſſurer à l'Etat les ſervices
de la Nobleſſe. La premiere eſt de déterminer
des preuves pour tout Officier d'Infanterie & de
Cavalerie. La ſeconde eſt d'établir une capitation Militaire, que payeroit tout Gentilhomme
qui n'auroit pas ſervi ſa Patrie au moins pendant ſeize ans.

Un établiſſement (1) auſſi utile à la France

-----

(1) L'école Royale militaire deſtinée à élever 50
gentils-hommes, créée par un édit de Louis XV, de
Janvier 1754.

qu'honorable à fon inftituteur rendoit faciles les preuves dont nous parlons, & fembloit
annoncer que la Nobleffe feule occuperoit
à l'avenir les places d'Officiers dans les troupes. Mais à peine l'école Militaire touchoit
à fa perfection qu'elle a été détruite par un
Miniftre prévenu. La Nobleffe a perdu par
cette deftruction fes deux plus flatteufes efpé-
rances; celle de fe voir remplacer au fervice
par fes enfans, & celle du fécours le plus pré-
cieux qui pourvoyoit à leur éducation. Puiffe
la fpéculation économique qui a fuggéré cette
réforme remplacer d'une maniere avantageufe
cette pépiniére choifie, qui étoit admirée & en-
viée de tous les Souverains de l'Europe.

Je ne parlerai ici ni du noviciat, ni de l'a-
vancement, ni de l'ordre établi dans la nomination aux emplois. Ces objets qui tiennent à
l'inftitution fe trouvent naturellement renvoyés
aux Chapitres des récompenfes, je n'ai prétendu
établir que la néceffité de donner aux Gentils-
hommes feuls les emplois Militaires.

CHAPITRE VIII.

Appointement & folde des Régimens d'Infanterie,
de Cuiraffiers, de Dragons & d'Huffards.

IL faut que l'Officier vive de fon emploi ;
étant fait pour la place, fes appointemens doivent lui procurer l'exiftence que lui donne fon
rang. Des différences fenfibles doivent être établies entre les appointemens des différens gra-

des. Il faut que le Capitaine foit mieux traité que le Lieutenant. Le Lieutenant mieux que le Sous-Lieutenant, ainfi de fuite. Il n'eft point de fervice en Europe où le Capitaine jouiffe d'un état plus lucratif qu'en Pruffe. Dans cette conftitution vraiment Militaire on n'a négligé aucun des moyens propres à établir une fubordination abfolue entre chaque grade, & Fréderic a penfé avec raifon que le traitement pécuniaire déterminant la maniere de vivre, établiroit néceffairement les diftinctions qui font la baze de fa difcipline, & donneroit en même tems au fubalterne l'ambition de jouir à fon tour d'un bien-être auquel il eft fûr de parvenir avec le tems. Cette politique lui affure des vieux Officiers à la tête de fes Corps.

En Pruffe les gros appointemens tiennent lieu de retraites. Le Roi n'en accorde jamais qu'à fes Généraux. Il dit à fes Capitaines, qui ont jufqu'à huit & neuf mille livres d'appointemens, *faites des économies, confervez long-tems votre emploi. & vous aurez dequoi vivre, lorfque l'âge & les infirmités vous obligeront de quiter mon fervice.* Là les caiffes deftinées aux dépnfes de la Guerre ne font jamais obérées comme en France par la multiplicité des penfions, dont la plus grande partie chez nous eft furprife plutôt que méritée.

Que les Militaires me fachent gré de chercher un autre moyen d'affurer leur retraite. Je ne m'élève contre l'abus des penfions, que parce qu'étant illimitées & devenant tous les jours plus confidérables, elles mettront indubitablement les Miniftres des Finances & de la

Guerre dans le cas de ne plus les payer où de les réduire (1).

Le fiftéme le plus ... rable à l'ordre des Finances de la Guerre, feroit fans doute celui qui détermineroit d'une maniere précife les articles & le montant des dépenfes annuelles, celui auffi qui réuniffant différens objets en un feul, diminueroit le maniement des efpeces & par conféquent le nombre de filieres fur lefquelles elles ne paffent jamais fans s'altérer.

Qu'importe que j'augmente la paye des troupes, les appointemens des Officiers & le traitement des maffes, pourvû que d'une autre part je fupprime cette infinité de dépenfes extraordinaires, fi indéterminées, fi ruineufes & dans lefquelles il fe gliffe tant d'abus; pourvû en un mot que je préfente un tableau plus fimple, plus ftable & plus économique que celui du jour. Voilà ce que j'efpere prouver par la fuite, mais il ne s'agit en ce moment que de déterminer un tarif & un état, que je rappellerai lorfque je comparerai l'adminiftration actuelle avec celle que je propofe.

----

(1) En 1760, le tréfor royal fut dans l'impoffibilité de payer les penfions des officiers retirés. La maffe ou la fomme de ces penfions n'étoit point alors auffi confidérable à beaucoup près qu'elle l'eft aujourd'hui, pour fe munir contre un pareil événement, les penfionnaires ont demandé à être payés en appointemens; toutes ces reffources peuvent être bonnes pour diffimuler un inftant la réalité de la dette, mais il faut toujours qu'elle fe découvre & que les charges réelles fe faffent fentir.

Tableau. N°. I.

TABLEAU GÉNÉRAL

De la Paie & des Appointemens des Troupes d'Infanterie.

	Par jour.	Par an.	Par Régim.	Total.
		Liv.	Liv.	
Capitaine.		3000 × 18.	54,000.	
Lieutenant.		1500 × 18.	27,000.	
Sous-Lieutenant.		1000 × 18.	18,000.	
Sergent.	1 liv. .. s .. d.	360 × 36.	12,960.	
Caporal.	... 12. ...	216 × 108.	23,328.	
Appointé.	... 9. ...	162 × 108.	17,496.	L. 300,528.
Grenadier.	... 8. 4 d.	150 × 60.	9,000.	
Chasseur.	... 7. . 4. .	132 × 60.	7,920.	
Soldat.	... 7. ...	126 × 992.	124,992.	
Tambour.	... 9. ...	162 × 18.	2,916.	
Musicien.	... 9. ...	162 × 18.	2,916.	
Colonel.		6000.	6,000.	
Lieutenant Colonel.		5500.	5,500.	
Major.		5000.	5,000.	
Quartier-maître.		1500.	1,500.	20,740.
Enseigne.		1000.	1,000.	
Adjudant.		600 × 2.	1,200.	
Tambour-Major.	1 liv.	360.	360.	
Armurier.	... 10. ...	180.	180.	
Chirurgien-Major.		1200.	1,200.	1,800.
Aumônier.		600.	600.	
				Liv. 323,068.

TABLEAU GÉNÉRAL.

De la Paie & des Appointemens de la Cavalerie, Cuirassiers, Hussards & Dragons.

	Par jour.	Par an.	Par Régim.	Total.
		Liv.	Liv.	
Capitaine.		3200 × 12.	38,400.	
Lieutenant.		1700 × 12.	20,400.	
Sous-Lieutenant.		1200 × 12.	14,400.	
Maréchal des Logis.	1 liv. 4 s.	432 × 36.	15,552.	
Brigadier.	... 12. ...	216 × 72.	15,552.	L. 208,128.
Carabinier.	... 9. ...	168 × 72.	12,096.	
Cav. Huss. & Drag.	... 8. 4 d.	150 × 576.	86,400.	
Trompette.	... 12. 4. .	222 × 12.	2,264.	
Maréchal.	... 12. 4. .	222 × 12.	2.264.	
Colonel.		6200.	6,200.	
Lieutenant Colonel.		5700.	5,700.	
Major.		5200.	5,200.	
Quartier-maître.		1700.	1,700.	22,832.
Porte-Enseigne.		1200.	1,200.	
Adjudant.		800 × 3.	2,400.	
Trompette-major.	1 liv. 4 s.	432.	432.	
Chirurgien-major.		1400.	1,400.	2,200.
Aumônier.		800.	800.	
				L. 223,150.

Supplémens fixes d'Appointemens.

A chaque Capitaine de Bataillon ou d'Escadron Liv. 300. { Liv. 600. Pour l'Infanterie.
900. Pour la Cavalerie.
A chaque Commandant présent au Corps ..... 600. ... 600.

Le décompte de cette derniere fomme feroit toujours fait par jour à l'Officier préfent, elle eft deftinée à fubvenir aux charges de fa place, & lorfque les Régimens feroient divifés, cette fomme le feroit auffi en parties proportionnelles entre les Commandans des différentes parties des Troupes.

Je motiverai les raifons qui ont déterminé ce tableau, foit au Chapitre de la comptabilité, où je parlerai des maffes & retenues faites fur la paye du Soldat, foit au Chapitre où je propoferai l'établiffement d'une banque Militaire pour les retraites des Officiers.

CHAPITRE IX.

De l'habillement des Troupes.

DAns un pays où l'habillement fuit les modes & où les modes varient fans ceffe, parce que le goût du moment les détermine, fans qu'on puiffe définir les principes de ce goût, le coftume qui ne fe rapproche pas de la mode emporte avec lui le ridicule. C'eft peut-être la raifon pour laquelle le coftume Militaire a varié autant que les différentes coupes des habits de nos petits maîtres. Tour à tour larges & amples, courts & ferrés, nos vètemens ont été trouvés agréables & ridicules.

Depuis cinq ans furtout on ne s'eft pas borné à changer les coupes d'habits, habit-veftes, redingottes, gilets, manteaux &c., on a même varié continuellement les couleurs, & ce n'est que notre inexactitude à suivre les Ordonnances qui nous a garanti de la bigarrure complette que l'on trouveroit aujourd'hui dans tous les Régimens, & que l'on ne remarque que dans quelques-uns.

Rien ne cessera de changer lorsque le joli sera notre seul guide. Il faut donner au Militaire un costume déterminé par l'utilité & la commodité; alors ce costume raisonnable, ne variera pas plus que les causes qui l'auront décidé & les yeux s'y accoutumeront. L'expérience démontre qu'ils s'accoutument à tout.

Coëffure.

L'homme de Guerre a la tête exposée à tous les frimats; s'il a été quelque tems à la pluye, son habit est sec que ses cheveux sont encore mouillés; accablé de fatigue, il s'endort dans cet état & se réveille malade; le suif, la poudre, le blanc même délayé dans la cole, sont les ingrédiens dont le Soldat se sert pour arranger ses cheveux, ingrédiens qui font sur sa tête des placards aussi sales que malsains, & dont l'achat joint à celui des *mandrins*, des *rubans de queue*, des *rosettes* ou des *crapauds*, se prélevent sur sa solde. Cette dépense est en elle-même très-modique sans-doute, mais elle est considérable relativement à la paye & aux autres besoins du Soldat. (1)

Je

---

[a] Le soldat a 6 s. 4 den. par jour.

Je crois bien que la frifure que l'on exige
du Soldat peut fe foutenir dans un Camp de
plaifance; mais cette toilette, qui pour être uniforme & telle qu'on le défire, demande plus
de tems que celle de l'Officier même, eft - elle
praticable à la Guerre? Là on exigera envain
que le Soldat entretienne fes cheveux proprement. Croit - on qu'accablé de laffitude & de
fommeil, il s'occupera à lever l'appareil de fa
frifure avant de s'endormir? Non & on le
verra toujours rongé par la gale & la vermine:
fi l'on vient à battre la Générale à minuit, chacun alors ne fe coifera-t-il pas de la maniere
la plus promte? L'un oubliera fon ruban de
queue, celui-ci fa rofette, un autre fon peigne
&c. & pourroit-on raifonnablement attendre
autre chofe du Soldat au milieu des ténèbres
& dans le tumulte d'une alerte.

Pour couvrir cette belle frifure nous avons
eu alternativement grands & petits chapeaux,
chapeaux à quatre cornes, cafques de cuir bouilli,
bonnets de peau d'ours, cafques de cuivre.
Toutes ces coëffures ont été trouvées belles ou
laides fuivant la différente maniere de voir,

On lui retient. Pour linge & chauffure. — 8 d.
Pour le pain. . . . . 2 f.
Blanchiffage & frater. . . . . — 4 d.
Il faut qu'il s'entretienne encore de
   tabac, poudre, fuif, graiffe, noir } 4 f. 2.
   ou cirage, peignes & broffes,
   j'eftime tous ces objets. . . . 1 —
Prefque partout d'un chapeau. . . — 2.

Il ne refte donc net à plufieurs foldats que 2 f. 2 d. à
   mettre au pret.

Partie I.   E

mais peut-on dire qu'aucune ait rempli l'objet défiré? Les chapeaux auxquels on femble être revenu exigent une retapure difficile pour ne pas dire impoffible à entretenir; fi les cornes des côtés font trop grandes, elles gênent le Soldat dans le port d'Armes & dans l'exercice des feux, fi elles font trop courtes elles ne deviennent plus d'aucune utilité. La matiere qui entre dans la compofition des chapeaux, étant d'une mauvaife qualité & très-fpongieufe, reçoit & conferve long-tems une quantité d'eau confidérable (1); de là une humidité continuelle fur la tête de l'homme, dont une partie des cheveux refte toujours à découvert.

Le Soldat ne peut dormir avec fon chapeau, la retapure l'en empêche, & d'ailleurs il ne tient pas fur fa tête. La pofition verticale du chapeau permet à l'adverfaire d'affener un coup de fabre d'à-plomb, par conféquent avec toute la force poffible & de la maniere la plus meurtriere; la calotte que reclament les partifans des chapeaux n'évite point cet inconvénient & occafionne un contre-coup furieux, fouvent plus dangereux que la bleffure. Voilà les inconvéniens généralement reconnus qu'emportent les cheveux & la coifure de nos troupes en ce moment.

Trouver une toilette de tête premiérement qui ne coute rien au Soldat, qui ne coute pas plus au Roi que le chapeau, troifiémement qui préferve le Soldat de la vermine, quatriéme-

---

(1) Le chapeau à 4 cornes étant fec pefoit 18 onces. Expofé à la pluie il prenoit & portoit 7 onces d'eau. J'en ai fait l'expérience.

ment qui garantiſſe ſa tête de l'eau , de l'humidité & du froid , cinquiémement qu'elle ſoit
d'une tenue facile & aiſément uniforme , ſixié-
mement que le Soldat ſoit parfaitement coifé
en une ſeconde & ſans miroir , ſeptiémement
qu'il puiſſe ſe coucher & dormir , ſoit ſur un
lit de camp , ſoit ſur la paille ſans crainte de la
perdre ni de la déformer , huitiémement que
par ſa forme & ſa poſition ſur la tête il ſoit
difficile d'y aſſener un coup de ſabre , neuviéme-
ment enfin qu'elle grandiſſe l'homme & ſoit
facile à remplacer.

Pour réſoudre ce problême il ne faut s'attacher qu'à la recherche des neuf qualités de-
mandées , ſans égard aux mots *beau* & *laid* dont
le ſens n'eſt pas encore ſuffiſamment déterminé
en fait de coifures. Un Officier Général en
1766 propoſa peut-être le ſyſtême le plus rai-
ſonnable , mais pour s'y être mal pris il fut
hué , & perſonne depuis n'a oſé parler de couper les cheveux (1). La coifure que je vais

---

(1) M. Le Marquis de Boufflers arriva à Metz ayant
les cheveux des faces & de la queue coupés , & enga-
gea pluſieurs officiers à ſuivre ſon exemple ; comme il
n'avoit que peu de partiſans , il n'eut que peu d'imita-
teurs , leur complaiſance devint un ridicule qu'ils n'o-
ſerent ou ne purent ſoutenir , il fallut reprendre ſes
cheveux. Puiſſe cet exemple ſervir à jamais de leçon à
ceux qui ſont deſtinés à commander. Si une choſe eſt
juſte & néceſſaire , il faut que le chef l'*ordonne* , c'eſt
ſa maniere de parler. Si l'innovation eſt injuſte ou inutile , il vaut mieux qu'il ſe taiſe que d'y inviter. Le
Maréchal de Saxe a écrit. *Les cheveux ſont un orne-*
ment très-ſale pour le ſoldat , & quand la ſaiſon plu-
vieuſe eſt une fois arrivée ſa tête ne ſéche plus.

propofer n'oblige point à ce facrifice , mais les couvrant abfolument je doute qu'on voulut les garder pour en avoir l'embarras.

Nouveau cafque.

Ce cafque eft de cuir noir & fort fans aprêt, fait en forme de cône tronqué, ayant huit pouces & demi de hauteur, emboitant la tète à la maniere des turbans; fa partie inférieure eft garnie d'un bourrelet de cuir moëleux qui la tapiffe en dedans & d'un retrouffis au dehors en peau d'animal à poil raz, il eft un peu élevé par la matelaffure. Ce bourrelet prend exactement le contour de la tète & eft fufceptible de fe refferrer, & de fe relâcher au moyen d'une petite boucle par derriere. L'intérieur eft garni d'une coife de toile forte, qui fe refferre au moyen d'un cordon, elle doit porter entierement fur la tête, de maniere qu'il fe trouve environ quatre pouces entre le fommet de la tête de l'homme & le fommet du cafque, qui eft fermé par un ovale du même cuir, portant environ cinq pouces & demi dans fon plus grand diametre. Sur la partie antérieure du cafque au-deffus du retrouffis, qui diminue de largeur en cet endroit, eft appliqué folidement & à demeure un écuffon en cuivre, portant trois fleurs de lys, & le numero du Régiment. Autour du bourrelet font fixés trois crochets ou agraffes pour pouvoir y ajufter une vifière en cuir, mais cette vifière, inutile les trois quarts & demi de l'année, refteroit dans le porte-cartouche, & on lui pratiqueroit un compartiment pour le recevoir. Ce casque est porté obliquement sur la tête, dont il suit la forme naturelle.

Conjointement avec ce casque, le Soldat auroit un capuchon de camelot gris, portant une espèce de fraise ou ruban, qui couvriroit le col & les épaules. Ce capuchon se mettroit toutes les fois qu'on seroit exposé long-tems à la pluye.

L'homme de guerre ne quitteroit jamais son casque que lorsqu'il seroit assuré de dormir, auquel cas il auroit un petit bonnet de laine, qui avec le capuchon dont je viens de parler se rouleroit sur la traverse du porte-giberne, & n'embarrasseroit nullement.

L'officier, qui n'a pas toujours le costume militaire, ne porteroit son casque que sous les armes, mais le Soldat n'auroit jamais d'autre coiffure, & pour cette raison auroit les cheveux absolument coupés.

Le casque que je viens de décrire grandit l'homme, & est d'une fabrication fort simple ; les Régimens ont toujours avec eux des cordonniers, & les moins habiles de ces ouvriers sauroient le construire, une caisse de vingt pouces de large sur vingt-six de long & vingt-huit de hauteur, peut contenir cent casques coupés, & prêts à être montés.

Pour l'entretien de cette coiffure, il ne faut qu'un morceau de cire noire, & de la même espèce de celle dont on se sert aujourd'hui pour les porte-cartouches.

Outre les conditions énoncées au problème, que cette coiffure me paroît remplir ; elle a un

avantage qui feroit fuffifant pour la faire préférer à toute autre ; elle deviendroit un obfta-
cle à la défertion, puifque l'homme fe trouveroit décélé par la perte de fes cheveux, & deviendroit fufpect partout où il pafferoit.

Capuchon.

Par deffus le cafque fe mettroit, dans l'arriere faifon & en tems de pluye, un capuchon
de camelot qui emboiteroit le cafque, & auquel
feroit attaché un colet en forme de rabat qui
boutonneroit fous le menton, & s'étendroit fur
le col & les deux épaules, pour les garantir
de l'eau. Ce capuchon, ne formant qu'un très-
petit volume, fe rouleroit à la traverfe de la
banderole de la giberne, avec un autre petit
bonnet de laine dit pokalem, tel que l'ordonnance de 1776 en donne aujourd'hui à la cavalerie : il ferviroit au foldat, lorfqu'il peut
quitter fon cafque en fe couchant.

Col.

Le col feroit de crin noir monté fur un cuir.

Habit.

Le meilleur habillement de l'homme de guerre,
eft celui qui, le préfervant des injures des faifons, laiffe à fon corps le plus d'agilité pour fes
exercices militaires. Tout ce qui ne peut le couvrir & le garantir du froid doit donc être re-
jetté, de même que ce qui ferre & ce qui gène

les mufcles & la circulation ; il faut auffi que
l'habillement du foldat foit d'un entretien facile.
Celui qu'il porte aujourd'hui n'offre aucun de
ces avantages ; il confume beaucoup d'étoffe , il
a une longueur qui devient inutile , puifqu'elle
ne peut fe boutonner au - deffous des revers ,
& quand on le feroit boutonner , les bafques
ne rempliroient pas encore leur objet ; elles feroient infuffifantes pour couvrir les cuiffes &
les genoux ; & elles ne ferviroient qu'à gêner
l'homme dans fa marche. Cet habit eft très-in-
commode pour les exercices ; le foldat ne peut
pas le fupporter l'été : auffi avons nous vu tous
les régimens fe mettre en vefte fix mois de l'année , & ménager leurs habits qui, fans cette
économie , fe trouvent en peu de tems percés
entre les épaules & aux coutures des coudes.
L'homme n'eft point habillé de la maniere la
plus faine, ayant l'été & l'hiver le même vêtement.

Vefte.

Au lieu d'habit, le foldat auroit une vefte de
drap blanc coupée à la maniere hongroife, c'eft-
à-dire à taille , fe boutonnant avec aifance dans
toute fa longueur qui auroit pour mefure de
defcendre, étant boutonnée, à deux pouces au-
deffous de la ceinture de la culotte ; cette vefte
auroit un collet montant, des revers & paremens de couleur, pour marque diftinctive des
régimens ; le parement feroit fermé par deux petits boutons ; il y auroit fur toutes les coutures
de la vefte & des manches, une gance en poil
de chevre blanc, de la largeur de trois lignes ;

on pratiqueroit aux coins des basques de chaque devant, une petite poche suffisamment grande pour contenir un mouchoir seulement. Cette veste auroit deux épaulettes de drap de la couleur distinctive ; elle feroit doublée de cadis blanc, & garnie de boutons de métal jaune au numéro du régiment. Je la préfere à l'habit-veste, en ce qu'il y a un tiers à gagner fur la consommation de l'étoffe ; que les basques de cette derniere font absolument inutiles, ainsi que les retroussis de couleur, dont la tenue est difficile, puisque cette partie de la doublure porte fur une culotte qui doit être blanchie. Les gances fur les coutures conservent infiniment l'habit. Je préfere les boutons jaunes, parce que les blancs font toujours d'un métal trop tendre, qu'ils durent peu , & noircissent très-promtement. Le grenadier auroit pour marque distinctive, deux épaulettes de laine de la couleur tranchante de l'uniforme ; les foldats auroient auffi des épaulettes, mais fans houpe au bout ; ces épaulettes auroient en deffous trois chaînettes de fer appliquées fur un cuir ; leur objet est de garantir les épaules du foldat. Cette idée est de l'auteur de l'effai ; elle doit être adoptée, parce qu'elle ne peut avoir qu'une utilité fans inconvéniens.

Gilet.

Chaque foldat auroit un gilet d'estamette blanche façonné, fans poches & fans manches, & defcendant jufqu'à la couture de la ceinture de la culotte.

Culotte.

La culotte de drap blanc, faite en pantalon, coupée à la hongroife, fans couture en dedans, bridée fous le pied par une bretelle de drap à boucle. Il n'y auroit d'autres boutons que trois à la ceinture, & trois au pont-levis, deux boucles derriere pour la ferrer , la ceinture fort large & montant au-deffus des hanches. La grande couture recouverte comme la vefte d'une treffe blanche en poil de chevre, & de trois lignes de largeur. Cette culotte feroit doublée jufqu'à quatre doigts au-deffous des genoux d'une toile douce. C'eft toujours entre les cuiffes que le frottement ufe d'abord les culottes : en y fupprimant les coutures, on en prolongera néceffairement la durée; mais lorfqu'elles perceront en cet endroit, on les répareroit par des entre-cuiffes & peau, ainfi que cela fe pratique dans quelques Régimens de Huffards.

Chauffure.

La chauffure feroit une paire de bottines à l'Anglaife, c'eft-à-dire à retrouffis abaiffé, fans cirage. Ces bottines feroient d'un cuir liant, montant au-deffus du molet, à-peu-près à deux pouces de la pointe de la rotule. Lorfque ces bottes font bien faites, elles tiennent d'elles-mêmes, mais on pourroit les fixer à la maniere anglaife, par une boucle derriere la genouillere, & une courroie à la culotte. Le foldat chaufferoit ordinairement ces bottines à cru. L'expérience ayant appris que tous les marcheurs en ufent ainſi : mais pour l'hiver ſeulement, il auroit une paire de chauſſettes ou demi bas de laine, qui monteroient juſqu'au milieu de la jambe. Par la maniere d'entretenir ces bottines, en ſubſtituant un cirage à la graiſſe, (1) qui détériore tous les cuirs, il eſt démontré que cette chauſſure entretiendroit le pied de l'homme ſec, malgré l'eau & la boue dans leſquelles il eſt ſouvent obligé de marcher des journées entieres.

Cette maniere de chauſſer le fantaſſin, plus ſimple que celle d'aujourd'hui, évite les bas, les guêtres, les jarretieres de culotte, jarretieres de guêtres, 48 boutons au moins à oter & à mettre toutes les fois que le ſoldat ſe chauffe, les boucles des ſouliers, les deux paires de ſouliers, &c. car on doit chercher à diminuer le poids de toutes ces hardes que le ſoldat porte dans le havre-ſac, comme on doit chercher à économiſer les frais de leur achat, qui ſont toujours prélevés ſur une ſolde modique. Si les bottes étoient reconnues gênantes, par la difficulté de ſe procurer des cuirs très-doux, on pourroit y ſubſtituer le brodequin.

Surtout.

Le ſoldat auroit pour l'hiver un ample ſurtout de drap blanc, qui ſe fermeroit par deux rangs

---

(1) C'eſt par habitude & par pareſſe que l'on graiſſe toujours les cuirs au lieu de les cirer, la liberté que le cavalier a d'acheter où il veut les ingrédiens néceſſaires à ce graiſſage, fait qu'il ſe détermine toujours pour le meilleur marché. Il achette à vil prix de mauvaiſes huiles & des graiſſes rancies dans leſquelles l'acide eſt développé, ce qui corrode le cuir, entretient une humidité continuelle & le pourrit bientôt.

de boutons, qui defcendroit au-deffous du ge-
nou, & auroit les mêmes marques diftinctives
que la vefte.

Ceinture.

Sur la jonction du gilet & de la culotte feroit
une ceinture de drap bleu, de 5 pouces de large,
qui fe ferreroit par derriere au moyen de deux
boucles. Cette ceinture, commode à l'homme,
auroit d'ailleurs l'avantage de garantir la partie
la plus faliffante du gilet.

Havre-fac.

Chaque foldat feroit pourvu d'un havre-fac à
deux poches, fuffifantes pour contenir fans plus
les effets fuivans ; favoir, dans l'une le furtout
d'hiver, & dans l'autre deux chemifes de flanelle ou trois de toile, 3 mouchoirs, 2 paires
de chauffettes, 1 paire de bottines ou brodequins,
1 tire-boure, une broffe, 1 décrotoir, 1 bâton
de cire, 1 fac à pain, 1 rafoir & une pierre à
détacher.

Chevaux de Compagnie.

Il y auroit par compagnie des chevaux pour
porter les tentes, les uftenfiles du campement
& les marmites ; ces mêmes chevaux porteroient
auffi les couvertures de laine qui feroient diftri-
buées aux foldats de fix en fix, ainfi qu'en ufe
le Roi de Pruffe.

Armement.

L'armement feroit femblable à celui qu'a aujourd'hui l'Infanterie. Le fufil auroit 50 pouces depuis le talon de la croffe jufqu'au bout du canon, & la bayonnette 20 pouces en y comprenant la douille. Le foldat auroit un ceinturon & un fourreau, pour porter toujours la bayonnette en guife d'épée ou fabre, qui feroit fupprimé dans toute l'infanterie, même aux grenadiers (1), auxquels ils font auffi inutiles qu'aux autres. Le fabre deviendroit la marque diftinctive des Officiers & bas-officiers. Les foldats & grenadiers n'auroient jamais la bayonnette au bout du canon qu'en faction, au moment d'une charge, ou pour une infpection & défilés en parade, dans tout autre tems elle eft inutile, & fon poids eft nuifible lorfque le foldat tire.

Les Officiers & bas-officiers auroient toujours & dans tous les cas la bayonnette au bout du canon, & ne la porteroient jamais au côté. Ce feroit une diftinction qui n'a nul inconvénient pour eux.

HABILLEMENT, EQUIPEMENT ET ARMEMENT DU CUIRASSIER.

Vefte.

Les Cuiraffiers auroient une vefte femblable pour la forme & la taille à celle de l'Infanterie ;

---

(1) A moins que l'on ne jugeât que ces fabres leur font utiles pour couper des haies, faire des facines, &c.

elle feroit de drap bleu , doublée de ferge, ample
dans toutes fes parties , afin de recevoir pendant
l'hiver une doublure en peau de mouton, que
le Cuiraffier porteroit toujours avec lui, & qui
feroit difpofée pour être mife & ôtée avec beaucoup de facilité : le Cavalier n'ayant point de
furtout comme le fantaffin , il eft néceffaire que
fa vefte puiffe y fuppléer en le préfervant du
froid. Tout le monde fait ce que nos troupes
ont cruellement fouffert pendant la guerre derniere, où l'on étoit encore en campagne au mois
de février. La Cavalerie eft fi mal vétue aujour-
d'hui, que pendant les deux tiers de l'année ,
on ne peut la faire fortir à caufe du froid : la
doublure que je propofe, peu chere, & d'un
entretien aifé, remédie à cet inconvénient. (a)
La vefte des Cuiraffiers n'auroit point de revers, mais elle auroit environ un pouce de
croifure ; elle fe fermeroit au moyen d'un rang
de boutons & de gances de chaque côté ; ces
boutons, coufus à trois pouces du bord de la
vefte, feroient de métal jaune, larges & extrê-
mement plats & minces, portant le numero du
Régiment. Il eft néceffaire qu'ils foient très plats
& très-minces, afin de ne point bleffer par la
preffion de la cuiraffe, qui doit fe porter fur
la vefte , & non deffous. Le parement feroit
en pointe à la polonoife, fermé par trois petits
boutons de côté ; fa couleur feroit tranchante
& diftinctive. Le colet feroit renverfé & taillé

(a) Lorfque Guftave prévoyoit que fon armée pafferoit l'hiver fous la toile , il faifoit diftribuer à chaque foldat un jufte au corps doublé de peau de mouton.

en pointe, il feroit d'une couleur tranchante.
Pour aider à la diftinction des Régimens, les
Cuiraffiers auroient de plus fur l'épaule gauche
une aiguillette de couleur différenciée.

Gilet.

Le gilet fans poche & fans manche feroit
façonné à la maniere de celui de l'Infanterie ;
mais il feroit de drap blanc, doublé de ferge
blanche ; la raifon eft toujours que le Cuiraffier
n'ayant point de furtout, doit avoir une vefte
& un gilet plus chauds que celui du fantaffin.
Les boutons de ce gilet feroient unis & plats,
de même métal que ceux de la vefte.

Culotte.

La culotte feroit de drap blanc ou de peau
blanche, femblable en tout à celle de l'Infanterie. C'eft pour les hommes à cheval fur - tout
que cette forme de culotte eft commode : puifqu'elle évite les manchettes de botte, les boutons de culotte & les boucles de jarretieres. Les
boutons & les boucles font des corps durs qui
bleffent les genoux du Cavalier dans l'Efcadron,
& lui rendent la preffion douloureufe & infup-
portable : avec l'accoutrement d'aujourd'hui,
qu'une troupe manœuvre un peu vivement pendant une heure ou deux, le frottement des genoux dans l'Efcadron déchire les manchettes de
bottes, arrache les boutons, caffe les boucles ;
c'eft ce qu'on remarquera toutes les fois qu'on
voudra y faire attention.

Bottes.

Nos bottes ne font pas fujettes à moins d'inconvéniens. Pour remédier aux fouffrances des génoux & aux déchiremens des culottes dans cette partie, on a imaginé des genouilleres rapportées, d'un cuir très-fort, & montant très-haut, mais ces genouilleres, à raifon de leur dureté, bleffent le cavalier, & coupent fouvent la manchette de botte, la culotte & le bas. Si le cavalier met pied à terre, elles le gênent prodigieufement dans fa marche ; noircies jufques en haut, les culottes blanches font fur le champ graiffées, & chaque fois qu'un homme monte à cheval, il faut que fa culotte foit blanchie à neuf. Toutes ces raifons me font donner la préférence à la botte à l'angloife, montant jufqu'au pli du jarrèt. L'expérience nous apprend que les genoux des hommes fouffrent moins de leur preffion réciproque, que lorfqu'il fe rencontre des corps durs entr'eux. La genouillere de la botte étant rabattue fans être noircie, n'aura point l'inconvenient de graiffer les culottes & l'équipage du cheval, que nous verrons difpofé auffi d'une maniere relative à la chauffure.

Ces bottes auroient des éperons de fer, adaptés à demeure au talon de la botte, par le moyen d'une broche qui le traverfe, & qui eft rivée aux deux bouts, ce qui eft beaucoup plus folide que les courroies & la boucle dont on fe fert aujourd'hui, qui ne peut réfifter au frottement continuel de l'Efcadron.

Le Cuiraffier chaufferoit fes bottes à cru, ex-

cepté dans l'arriere faifon, où il auroit des chauffettes de laine comme dans l'Infanterie.

Ceinture.

La ceinture pareille à celle de l'Infanterie.

Coëffure.

La coifure des Cuiraffiers feroit comme celle
de l'Infanterie un cafque de cuir emboitant
toute la tête, ayant douze pouces de haut au
lieu de dix.

Capuchon.

Le Capuchon & le Pokalem feroient parfaitement femblables à ceux de l'Infanterie.

Manteau.

Le Cuiraffier auroit un manteau de drap
pareil à ceux qu'a aujourd'hui la Cavalerie
Françoife.

Surtout de Culotte.

Il auroit auffi un furtout de culotte de treil-
lis écru & une chemifette de toile pour couvrir fa vefte lors du panfement des Chevaux
& en général pour le fervice des Ecuries. Je
préfére infiniment ces dernieres aux furtouts
de tricots qu'ont aujourd'hui les troupes à cheval, en ce qu'elles font moins embaraffantes,

moins

moins couteufes & rempliffent mieux l'objet, garantiffant non-feulement la vefte mais encore le gilet du Cuiraffier, qui ne peut en tems de Guerre porter deux habits avec lui & d'ailleurs doit toujours être en uniforme.

Gants.

Chaque Cuiraffier auroit une paire de gants de peau de Mouton fabriqués de maniere à couvrir le parement.

Porte-Manteau.

Le Porte-Manteau feroit fait de maniere à ne contenir que les effets néceffaires au Cuiraffier. Ce Porte-Manteau auroit dans fon milieu & fa longueur une féparation avec deux ouvertures oppofées. Dans l'un des côtés feroient trois chemifes, une paire de chauffons de bottes, trois mouchoirs, une broffe à habit, dans l'autre les deux facs à avoine, les cordes à fourrage, le baton de cire, la broffe à poliffoire, l'étrille, broffe, peigne à criniere, éponge, boëte à graiffe, tire-botte & une paire de bottes de rechange. Entre la patte du Porte-Manteau & le Porte-Manteau, on mettroit la chemifette & la grande culotte.

Armement.

Tous les Officiers, bas-Officiers & Cuiraffiers porteroient la cuiraffe quand ils feroient fous les armes, parce que nous voyons qu'elles embarraffent à la Guerre les hommes qui n'y ont pas été habitués à la paix. Les Romains ne s'apperçurent du poids de leur casque & de leur cuirasse que quand ils perdirent l'esprit Militaire & que la molesse gagna leurs armées; ce fut sous l'Empereur Gratien qu'ils eurent la permission de s'en défaire (1).

La giberne pareille à celle qui existe aujourd'hui, ainsi que le ceinturon destiné à porter l'épée.

Le mot sabre seroit supprimé pour être remplacé par celui d'épée; elles ne sauroient être trop bien choisies tant pour la forme que pour la qualité; on peut déterminer la maniere de faire combattre le Cuirassier par l'arme qu'on lui donne. Les épées d'aujourd'hui lui conviennent fort. Destinés à combattre en ligne, il est essentiel qu'ils pointent, & les lames droites & longues ne lui laissent pas l'option sur la maniere de s'en servir; je désirerois seulement que la monture différente mit le poignet un peu plus à couvert, rendit l'épée plus légere, & comme l'on dit vulgairement mieux à la main, parce qu'il faut qu'elle puisse être maniée pour aller à la parade & se défendre. La monture seroit en cuivre.

(1) L'auteur de l'essai conseille de reformer les cuirasses comme inutiles & embarrassantes. Je ne puis être ici de son avis, je les regarde comme très-utiles en ce qu'elles sauvent la vie à beaucoup d'hommes, peu embarrassantes lorsqu'on habituera le cavalier à les porter en tems de paix & un grand avantage que je lui crois encore, c'est d'augmenter la hardiesse de l'homme par la confiance.

Le Mousqueton seroit semblable à celui que
la Cavalerie a actuellement ainsi que le pistolet.

Des Chevaux des Cuirassiers & de leur équipement.

Les Cuirassiers ne doivent jamais être montés plus bas que sur des chevaux de onze pouces sous la potence, la Cavalerie Françoise est
aujourd'hui ridiculement basse en comparaison
de celle des autres nations, c'est un désavantage énorme, [voyez le chapitre sur l'espece
des Chevaux propres aux différentes troupes
à cheval].

Selle.

La Selle ne sauroit être assez simple & assez
légere, je ne la choisirois pas du modele qui
vient d'être adressé aux Régimens de Cavalerie
& de Dragons, il ne faut que la peser & la
démontrer pour la condamner à jamais : je n'en
ferai point ici le détail, tous les Officiers de
Cavalerie la connoissent, quelque bien ferrée,
nervée & conditionnée qu'elle puisse être, elle
est sujette à des réparations infinies & plusieurs
dégradations inévitables à la Guerre mettent le
Cavalier à pied. Il faut une boutique de sellier
à la suite d'un Régiment : qu'un cheval se
couche & casse un arçon, il faut trente-six heures au moins pour le changer, à supposer encore
qu'on a avec soi des arçons, ainsi que des fer-
rures &c. Malgré que cette selle soit bien faite,
mesurée sur le dos du Cheval, elle le blesse

pourtant, si l'on ne met une couverte dessous ;
enfin pour terminer l'éloge de cette selle, elle
pese trente deux livres poids de marc & coute
quarante-cinq livres; l'expérience devroit pourtant nous apprendre combien le poids dont on
charge un Cheval influe sur le service qu'on en
retire; voyez ces courses où les Chevaux se
disputent le prix de la vîtesse, ces courses dont
la rapidité semble égaler celle des vents, avec
quels soins ne pese-t-on pas ce que doivent porter les Jouteurs; si l'un a la supériorité sur
l'autre, on compense son avantage en lui donnant du poids; & une livre de plus a un effet
aussi sensible sur un de ces Chevaux qu'elle en
auroit sur le plateau d'une balance qui les pe-
seroit.

Encore une fois adopter des Selles de trente
deux livres, c'est renoncer à tirer tout l'avantage qu'on peut attendre de la Cavalerie : celle
que je propose pourvue de tous les attirails
nécessaires au Cavalier ne pése que dix à douze
livres, ne coute que quinze livres, & a
l'avantage de ne point casser même lorsque le
Cheval se couche, & de pouvoir être remplacée sur le champ par la facilité qu'on a d'en
porter avec soi une certaine quantité en relai.

Cette Selle est composée de quatre pieces de
bois, savoir, deux bandes, un pommeau & une
pelle artistement emboités de maniere qu'il n'y
a aucune ferrure : Les deux bandes larges &
épaisses accompagnent le dos du Cheval & ont
vingt-deux pouces de longueur, le pommeau
& la pelle s'emboitent sur ces bandes & entre
les points de leur jonction il y a dix pouces

de diſtance. Les deux voutes du pommeau &
de la pelle ont entr'elles quatorze pouces. Le
pommeau eſt élevé perpendiculairement de dix
pouces ſur la ligne horizontale de la baze de
la Selle poſée ſur ſes bandes. La pelle n'eſt élevée que de huit pouces ſur cette même baze.

Les deux bandes ſont réunies pour former
ſiege, par un fort lacet en cuir ſur lequel repoſe
un petit couſſinet fixé par quatre points, les
étrivieres ſont attachées par des trous faits aux
bandes & très - en - avant, de maniere que les
étriers tombent perpendiculairement entre l'é-
paule & le ventre du Cheval.

La fonte eſt attachée à la partie antérieure
de la bande droite, & le porte-bout du mouſ-
queton à la bande gauche ainſi que l'outil.
Deux courroies ſont attachées aux côtés de l'arcade du pommeau pour ſerrer le manteau, qui
ſe trouve porter ſur le milieu des fontes ſans
en cacher l'embouchure & emboité ſous le
pommeau de la Selle.

A la voute du Trouſſequin ou pelle eſt attaché un couſſinet large & long pour ſupporter
le porte-manteau, caché ſous la pelle & retenu
par deux courroies fixées aux côtés de l'arcade.

Sous cette Selle on met une couverte pliée
en douze & arrêtée aux deux arcades par deux
petits cordons, il y a des ſangles de cordes à
deux courroies réunies au même paſſant. Cette
ſangle eſt attachée à la bande, il y a une fonte
à droite portant un piſtolet & un outil à gauche garni de ſon étui. Sur la fonte & ſur l'étui
il y a une petite ſacoche pour le pain & la
viande & un fer dans le fonds. La totalité de

l'équipage eft recouverte d'une chabraque affez longue pour couvrir entiérement le piftolet, l'outil devant, & le porte-manteau derriere ; on voit qu'il n'y a befoin ni de houffe ni de chaperons, un furfait de corde & non de cuir ferre & fixe la chabraque par le milieu. Cette chabraque eft en tapifferie, mais la partie qui fe trouve fous l'affiette de l'homme eft en veau afin d'éviter les incommodités de l'échauffement. Il y a à cette Selle poitrail & croupiere.

Bride.

Les Chevaux feroient embouchés avec de fimples canons (voyez traité d'équitation), la monture de bride faite de maniere à fervir de licol, au moyen d'une courroye qui figure la martingale lorfque le Cheval eft bridé & fert de longe pour l'attacher. Le mords fe défait par deux boucles & fe remet de même, le filet fe défait auffi par le moyen de deux boucles & fe remet de méme, il n'y a par conféquent ni licol ni bridon d'écurie, la monture de bride remplit tous ces objets.

Il eft aifé de voir qu'au moyen de cette bride le Cheval eft infiniment plutôt bridé & débridé.

L'équipage des Officiers doit être femblable à celui des Cuiraffiers, la qualité de la chabraque & fa garniture ferviront feules de diftinction.

De l'Habillement, Equipement & Armement du Dragon.

Choqué de voir les Dragons habillés & équipés comme la Cavalerie ; c'eft en m'occupant de les alléger que je fis faire l'équipage que je viens de décrire & que j'ai indiqué même pour les Cuirassiers, n'ayant trouvé qu'un très-grand avantage à diminuer du poids au Cheval, qui porte quelquefois son Cavalier douze ou quinze heures de suite.

Veste.

La veste des Dragons ne différeroit de celle des Cuirassiers qu'en ce qu'elle seroit de drap vert foncé, & susceptible de recevoir l'hiver la doublure de peau de Mouton. Le colet, le parement & l'éguillette serviroient de distinction.

Gilet, Culotte & Surtout.

Le gilet, la culotte, les bottes, la ceinture, les chaussettes comme dans les Cuirassiers, ainsi que le surtout de culotte & la chemisette pour le pansage des Chevaux, le manteau de même.

Casque.

Le casque construit dans les mêmes proportions que celui des Cuirassiers auroit de plus pour distinction une criniere sans être frisée, le coqueluchon, le pokalem, les gants, le porte-manteau & tout ce qu'il contient semblable aux Cuirassiers.

Armement.

La giberne semblable à celle que les Dragons ont aujourd'hui. Le ceinturon du sabre seroit fait de maniere à pouvoir fe mettre en baudrier lors du fervice à pied. Le fabre d'un modele différent des épées de la Cavalerie, parce que nos Dragons fans ceffe aux prifes & combattant individuellement avec cet effain d'Huffards ennemis qui ont des fabres, doivent avoir des armes qu'ils puiffent manier aifément pour parer & ripofter : Ceux que je préférerois auroient trente quatre pouces de lame, feroient renverfés dans la poignée & légérement courbés à dix pouces de la pointe éfilée des deux côtés, le refte de la lame étant à dos depuis la poignée jufqu'à la courbure ; la poignée courte, quarrée & garnie de deux branches. Cette arme eft parfaitement en main & peut fervir à pointer avec autant d'aifance qu'une lame droite ; les fufils des Dragons feroient fupprimés comme très-embaraffans à cheval, & d'une utilité à pied qui peut être remplacée par des moufquetons femblables à ceux de la Cavalerie, mais armés d'une bayonnette forte & longue de maniere à égaler les fufils ordinaires armés de leur bayonnette ; cette bayonnette feroit portée au même ceinturon que le fabre étant à cheval, & mife au bout du canon lorfqu'on voudroit charger à pied.

Des Chevaux des Dragons & de leur équipement.

Les Dragons doivent avoir des Chevaux qui ayent au moins neuf pouces fous la potence & d'une tournure lefte & nerveufe [voyez

le chapitre fur l'efpece de Chevaux propre
aux différentes troupes à cheval].

Selle.

Si j'ai préféré une efpece de batine pour la
felle de la Cavalerie, à combien plus forte raifon l'adopterai-je pour les Dragons, troupe qui
doit être effentiellement légere & faite pour obtenir de fes Chevaux un fervice étonnant par
la longueur & la vivacité de fes marches. La
felle dont j'ai donné les proportions feroit donc
la felle de toutes les troupes à cheval, étant la
plus fimple, la plus légere, la moins couteufe,
la moins caffante & la plus aifée à réparer. Par
les proportions fixées entre les arçons on eft
parfaitement affis & à fon aife deffus, on eft
près du corps du cheval. La maniere de placer l'équipage eft la plus commode, ne gênant
point le Cavalier pour monter comme nos charges actuelles que l'on ne peut enjamber fans
être un coloffe : Tout mon équipage ne fe
trouve pas plus élevé que les arçons de ma
felle ; ainfi le Cheval à la Guerre n'eft pas plus
difficile à monter qu'au manège. Le manteau
placé en avant eft à la feule place qui lui con-
vienne, puifqu'il doit être plié & déplié fouvent
& fans arrêter dans quelque allure que l'on
foit, il a de plus l'avantage dans cette pofition de faire point d'appui aux genoux & cuiffes du Cavalier, qui pour lors peut s'élever fur
fes étriers, chofe qu'il lui eft impoffible de faire
quoiqu'on en puiffe dire avec nos felles françoifes.

Habillement , Equipement & Armement des Huſſards.

Ces troupes d'origine Hongroiſe ſont diſtinguées par un habillement & un équipement qui leur eſt propre & auquel elles ſont attachées : quoiqu'il ne ſoit pas ſans inconvénient, & que je lui préféraſſe l'uniformité avec le reſte de la Cavalerie, je conſeille de laiſſer les Huſſards ce qu'ils ſont, ne fut-ce que par la ſeule raiſon qu'ils tiennent à leurs uſages, & que les changemens ne doivent jamais être que la ſuite d'une néceſſité bien démontrée.

CHAPITRE X.

Tenue en général des hommes & des chevaux, moyens de tenue des différentes parties de l'habillement, armement & équipement.

Tenue dans l'homme eſt propreté. *Tenue* dans l'habillement eſt propreté & entretien. D'après ces définitions il eſt aiſé de voir combien on a abuſé de ce mot. On s'eſt peu embaraſſé de cette propreté néceſſaire à la ſanté du Soldat [1] ; au contraire, les ingrédiens & les matieres adoptées pour la tenue ſont toutes malſaines ;

____

(1) Dans ce chapitre pour ne pas répéter toujours les mots ſoldats, Cuiraſſiers, Dragons, Huſſards, lorſqu'il n'y aura point d'exceptions, je me ſervirai ſeulement du mot générique *ſoldat* qui les renferme tous.

tels d'abord les côles & les plâtres qui maſti-
quent les cheveux, les coifures de cuivre qui,
en concentrant la chaleur, forment des alam-
bics dont le moindre inconvénient eſt d'occa-
ſionner de violens maux de tète ; les cols dont
la hauteur & la dureté gênent la circulation,
compriment les glandes & ont ſouvent occaſionné des accidens. On fait peu d'attention
en tems de paix à la gène de cet accoutrèment,
mais lorſque l'homme à la Guerre ſera obligé
de marcher & travailler pendant les plus vio-
lentes chaleurs, on ſentira alors combien il eſt
important de lui donner un vêtement qui ne
le gêne point. Le Soldat doit avoir trois chemiſes, mais veille-t-on à ce qu'il en change
au moins tous les huit jours ? J'en ai vû garder
la mème chemiſe un mois ſur leur corps. L'ocre
& le blanc qu'il employe pour ſon gilet & ſa
culotte ne tardent pas à les tamiſer, forment
ſur tout ſon corps un enduit auſſi ſàle que mal
ſain, & il en réſulte des furoncles & une gâle
toujours exiſtante dans toute l'armée & dans
tous les tems.

Les effets du Roi ne ſont pas plus ménagés ;
on uſe & on détériore tout par un frotement
continuel, mais comme il faut malgré cela que
chaque partie arrive au terme fixé pour ſon
remplacement, c'eſt par un ſecond abus qu'on
remédie au premier : par exemple, en mettant
ſix mois de l'année le Soldat en veſte & le Cavalier dans un ſarot qui ne devroit lui ſervir
que pour le panſement de ſon Cheval. La tenue
d'une troupe miſe en parade peut en impoſer
aux femmes & à ceux qui ne ſont pas du mé-

conduit & qui reſtent ſans ſecours. L'ordre
que les Régimens mettroient à cet exercice pré-
viendroit les accidens , & le Soldat s'accoutu-
meroit à ne point craindre l'eau.

Cheveux.

Les cheveux du Soldat feroient coupés & le
dedans de ſon caſque garni d'une toile en forme
de coëfe.

Mouſtaches.

La mouſtache donne l'air martial & terrible
à l'homme de Guerre. Il n'y a pas plus de
cent trente ans que tout le monde portoit la
mouſtache en France, les Tartares, les Chinois
& tous les Orientaux la portent encore. Caton
vouloit, *que l'homme de Guerre fut non-ſeulement rude & âpre aux coups-de main, mais auſſi
effroyable au ſon de la voix & au regard,
terrible à l'ennemi.*
Les Sauvages de la partie Septentrionale de
l'Amérique ſe colorent le viſage quand ils vont
à la Guerre, ils appellent cela ſe *mattacher*, &
ils donnent pour raiſon que n'étant pas toujours
maîtres des premiers mouvemens de la nature,
leurs ennemis pourroient appercevoir ſur leur
viſage, lorſqu'ils vont au combat, quelqu'air de
pâleur & de crainte ; ils ſe ſentent par-là forti-
fiés & ſe battent avec une intrépidité ſurpre-
nante. Mais ſi j'adopte la mouſtache comme
donnant un air très-Militaire au Soldat, je blâme infiniment l'uniformité qu'on a voulu leur

donner dans la Cavalerie. Par quelle bizarrerie veut-on que celui qui a les fourcils & les cheveux blonds ait la mouſtache noire ? Cela eſt auſſi ridicule que de vouloir que tous les hommes ſe reſſemblent ; on a pourtant tirannifé les Cavaliers & les Grenadiers pour ſe ſatisfaire ſur cet article, en leur faiſant poiſſer la lévre ſupérieure avec des cirages deſtinés aux bottes. Chacun doit porter la mouſtache telle que la nature la lui donne.

Chemiſes.

Les chemiſes des Soldats doivent être ſans manchettes, ornement très-inutile & fort ſale lorſqu'on ne change de chemiſe qu'une fois tous les huit jours. Le Soldat auroit la liberté d'avoir, au lieu de linge, des chemiſettes de flanelle ; il eſt démontré que cet uſage éviteroit une infinité de fluxions de poitrine & d'intranſpirations, maladies les plus familieres au Soldat. L'expérience que quelques - uns en feroient accréditeroit bientôt cet uſage.

Cols.

Les cols ne doivent & ne peuvent être uniformes pour la hauteur non plus que pour la longueur, ils doivent être pour les cols & les cols ne ſont point égaux ; il faut que les hommes n'en ſoient point incommodés.

Veſtes, Gilets, Culottes de drap blanc.

Les veſtes, gilets & culottes de drap blanc doivent être entretenues ſans taches & blanchies

aü fon chaud & un peu de blanc, on ne doit
pas exiger que le blanc foit toujours frais, parce
qu'on ne peut entretenir cette blancheur que
par un frottement très-répété, ce qui détériore
l'étoffe & la râpe promtement : il doit fuffire
que ces parties de l'habillement ne foient ni
fales ni percées.

Veftes bleues & vertes.

Ces veftes de couleur, ainfi que les différens
revers & paremens feront détachées & jamais
lavées comme cela fe pratique dans prefque toute
l'armée, faute de connoître un moyen plus fimple. Toutes les taches qui fe font fur les habits
des Soldats font de graiffe ou d'huile ; il ne s'agit
que de réduire ces corps gras dans l'état favo-
neux, & de leur préfenter un abforbant pour les
enlever. Pour cet effet il faut humecter la tache
avec de l'eau chaude, puis étendre deffus une
couche légére de la terre à détacher faite avec
partie égale *d'argile bleuatre connue fous le nom
de terre à foulon* & blanc de troye ; fur chaque livre de ce mèlange ajoutez deux gros de
fel de tartre & une once d'effence de thérében-
tine, on fait du tout une pâte, que l'on divife
en boules de la groffeur d'un œuf ; chacune de
ces boules pourra couter environ deux fols, &
une feule fuffit à une chambrée pour fort long-
tems.

Bottes.

Les bottes de la Cavalerie doivent leur peu
de durée à la maniere dont on les entretient.
la

la plus grande partie prennent l'eau parce que les coutures font pourries par l'excès des graiſ-ſes dont elles font imprégnées & noircies, pourvu que les bottes du Cavalier foient noi-res, on ne fait pas attention aux moyens qu'il employe, les fourniſſeurs ainſi que les ouvriers chargés de les réparer ſe gardent bien d'aver-tir des cauſes du mal. On graiſſoit autrefois & par habitude on continue à graiſſer. Pour con-ſerver les bottes il s'agit de maintenir la fou-pleſſe du cuir & le rendre impénétrable à l'eau, c'eſt à quoi l'on parviendra en faiſant uſage d'une cire forte qui fait l'effet d'un vernis : on la compoſera avec de la cire commune mêlée ſimplement avec un peu de noir de pêches. Je ſais que cette méthode néceſſite à remplir la botte pour la nettoyer, & que l'on pourra faire naître delà un obſtacle à adopter le cirage que je propoſe, mais je répondrai 1°. que ce n'eſt point des embôchoirs qui ſont néceſſaires, mais ſeulement des buches groſſierement arrondies ſans aucuns fraix par les Cavaliers mêmes, qui d'ailleurs peuvent s'en paſſer les trois quarts du tems, lorſque les bottes ont déjà un fonds de cirage qui n'exige plus qu'on l'étende à force de bras ; au reſte, néceſſité n'a point de loi, voilà pourquoi je me préſerve de tout ſyſtème excluſif, je veux prouver qu'il vaut mieux ſe ſervir de cire que de graiſſe, mais lorſque les circonſtances ne laiſſent pas la liberté de ce choix, elles le décideront.

Caſque.

J'ai indiqué à l'article de la coifure, la maniere dont le casque doit être remplacé ; quant à son entretien, il ne faut qu'un morceau de cire noire, la même que celle qui sert à l'entretien du porte-cartouche & des bottes.

Fusils, Mousquetons, Pistolets.

Les canons des fusils, mousquetons & pistolets seroient bronzés & noircis au feu & à la corne. Je ne m'arrêterai pas à la description de ce procédé connu de toutes les troupes, mais dont malheureusement elles n'ont pas toujours fait usage, aussi le frottement continuel du polissoir a-t-il usé l'armement entier de nos troupes, qui ne pourroient entrer en campagne sans le renouveller. Les montures comme capucines, grenadieres seroient aussi en fer & brunies pour éviter tout ce qui donne de l'éclat & fait voir de très - loin des troupes que l'on veut cacher, & qui deviennent par cet éclat des points de mire pour l'Artillerie, la baguette & platines seroient entretenues polies avec l'émeri & le polissoir.

Chevaux.

Après la tenue des hommes, celle des chevaux mérite sans doute le plus d'attention, puisque la force & la vigueur de cet animal en dépendant, les services que nous en retirons à la guerre sont toujours en raison de ces qualités. Dans tous les chapitres relatifs à la Cavalerie, & surtout dans le traité de l'art de monter à cheval, j'espère y avoir démontré des prin-

cipes furs. Je ne parlerai donc dans celui-ci que
de quelques préceptes qui n'ont pas dû trouver
place ailleurs, & qui font plus particulièrement
du reffort de ce qu'on appelle vulgairement tenue. Tels que fur la nourriture, la ferrure,
les précautions contre les maladies & les accidens les plus communs.

Age.

Pour obtenir de vrais fervices du Cheval
fans le ruiner, il faut attendre *que fa bouche
foit faite*, ou qu'il ait au moins cinq ans, non
qu'avant ce tems on n'en puiffe faire aucun
ufage ; à trois ans & demi, quatre ans, on doit
le monter, l'accoutumer au poids de l'homme
& à l'obéiffance, mais tout doit être inftruction plutôt que fervice (1).

Nourriture.

La Cavalerie a l'ancien ufage de mettre tous
les ans un tiers de fes chevaux au verd, méthode

____

(1) Si quelques-uns de mes lecteurs étoient étonnés
du tems que je laiffe le cheval à l'école, je les prie
de fe fouvenir que tous mes raifonnemens font toujours fubordonnés à la néceffité, à la guerre, par exemple, où les remplacemens font trop confidérables &
trop fréquens, où l'on a befoin de tous les chevaux,
je dis ; faites des remontes de 5 ans fi vous le pouvez,
de 4 ans fi cela eft néceffaire, & même de 3 fi vous
ne pouvez faire mieux ; vous uferez le douple & le tridle de chevaux, mais il faut de la cavalerie à quel prix
que ce foit (voyez le chapitre fur l'efpece de chevaux
propres aux différentes troupes à cheval).

pernicieufe , ou pour le moins inutile au cheval qui a cinq ans faits & qui n'eſt pas malade.
Ce régime lui fait toujours tort ; il ne convient
qu'aux très-jeunes chevaux ; j'entends parler ici
du verd pris à l'écurie , car je luis très-partifan
de celui que l'on fait prendre en rendant le cheval à la nature & à la liberté des prairies ; c'eſt
même un des plus grands remedes & le feul
efficace dans nombre de maladies , & particuliérement dans celles des jambes.

Dix livres de foin , dix livres de paille & les
deux tiers du boiſſeau de Paris en avoine , fuffifent pour la nourriture de tous les chevaux ,
c'eſt la ration fixée par l'Ordonnance du 9 Mars
1778. Les fupplemens font abſolument inutiles ,
lorſque les Officiers de Cavalerie apporteront
l'intelligence & l'activité néceffaires pour que
chaque cheval mange exactement fa ration ; mais
il faut pour cela, autant que faire fe peut , mettre enfemble les chevaux qui mangent lente-
ment. Les foins que donne au cheval celui qui
le panfe contribuent particuliérement à la fanté
de cet animal , & il n'y a point de Régiment où
l'on ne faffe la remarque que tel Cavalier a toujours fon cheval dans le meilleur état poffible.
Je n'entrerai point ici dans les différens foins de
l'écurie ; ils font connus de tout le monde , &
la Cavalerie a des moyens d'ordre & de difcipline qui font fûrs pour les faire prendre & exécuter : je me bornerai à quelques remarques
qu'une attention longue & fuivie m'a mis dans
le cas de faire. Je confeille , par exemple , à la
Cavalerie de ne pas faire un ufage continuel de
l'abreuvoir , il faut profiter de toutes les occa-

fions que l'on peut avoir de faire boire les chevaux aux auges, l'hiver furtout. Il fuffit de mener les chevaux à la rivière deux ou trois fois
par femaine l'été ; alors il feroit à defirer qu'on
eût des abreuvoirs affez commodes pour faire
nager fans danger les chevaux & les hommes.
Il faut furtout interdire abfolument l'eau aux
chevaux qui auroient des difpofitions à avoir
des crevaffes, des folandres, des malandres, &c.
Les pieds, je veux dire, les fabots du cheval,
fe defféchent, la corne devient caffante & fu-
jette à s'écailler par le trop fréquent ufage de
l'abreuvoir. Il faut au contraire l'entretenir
liante en mettant tous les huit jours fur la couronne à la naiffance du fabot, l'onguent de pied
fait avec la graiffe de mouton, la cire jaune, de
chacune une livre, ajoutez huile d'olive & miel
de chacun 4 onces & deux onces de théreben-
tine, faites fondre le tout enfemble & bouillir
légérement. Le camboui & le vieux oing fuffifent quand on ne peut pas faire mieux.

Pied.

Le pied du cheval eft fujet à une infinité de
maladies qui le font boiter & qui nous privent de
fes fervices. Le maréchal fouvent ignorant ne
découvre point le fiége du mal & va chercher
dans la jambe, l'épaule ou le jarret une caufe
qui provient la plûpart du tems de la ferrure.
J'engage ici les amateurs de chevaux à prendre
une connoiffance particuliere du pied ; car ce
n'eft qu'après cette connoiffance qu'on peut raifonnablement parler de la ferrure, & fe précau-

tionner contre la foule d'accidens qui en pro-
viennent. En effet, comment adopter une méthode, comment fe faire un fyftème exclufif ?
lorfque les plus célèbres hypiatres différent entiérement dans leurs opinions. L'expérience,
utile fans doute en tout, eft ici infuffifante, vû
la quantité d'exceptions ; on pafferoit fa vie à
en faire, fans être plus avancé, fi elles n'étoient
précédées de ces vérités de raifonnement auxquelles l'homme fenfé ne peut fe refufer. Le fer
eft deftiné à préferver & garantir la muraille de
l'ufure qu'occafionneroit la marche, fur-tout
fur un terrein dur & pierreux ; on doit donc fe
borner à lui faire remplir cet objet. D'après ce
raifonnement, il doit être le plus léger & le
plus court poffible, jamais plus épais ni plus
large dans une partie que dans une autre, à moins
que le cheval marchant d'une maniere deffec-
tueufe ufe plus d'un côté. Je fixe la pefanteur
du fer à 7 onces pour le cheval de monture. Le
boutoir ne doit enlever que la partie morte de
la muraille qui fe trouve garantie fous le fer ; il
faut abattre très-légérement & très-également
les talons que le fer ne doit jamais preffer, mais
accompagner, de maniere qu'ils pofent légérement à terre dans les terreins gras, & point du
tout dans les terreins pierreux & les longues
marches. Quant à la fole & à la fourchette il
n'eft aucun cas où le boutoir doive parer ces
parties, que la nature deftine à toucher terre,
augmenter la bafe & faire la folidité de la marche du cheval. Lorfque la fourchette eft élevée
de terre il peut en réfulter des accidens très-
fâcheux, parce qu'elle doit fervir d'appui, & pour

ainsi dire , de coussin aux tendons , appui qui ne peut être assuré qu'autant que le terrein lui servira de base. Laissant porter les talons on augmente la solidité du cheval, il marche plus d'àplomb , & posant moins de fer il est moins sujet à glisser ; mais quoique la nature ait fait le talon d'une partie spongieuse propre à se renouveller , si le frottement étoit excessif, la marche trop longue , le terrein trop pierreux , je conseillerois d'allonger les éponges pour les préserver ; c'est ainsi que je l'ai toujours pratiqué avec succès. D'après l'étude que j'ai fait du système de Mr. La Fosse , je conseille encore à la Cavalerie de legers crampons aux pieds de derriere , ils aident & retiennent les chevaux dans les descentes.

Maladies des chevaux.

Malgré les sages précautions prises par le gouvernement pour former des maréchaux dans les écoles vétérinaires , la Cavalerie perd beaucoup de chevaux. La pulmonie, le mal de feu , le rhumatisme dans les épaules , le farcin & la morve , la perte de la vue & les écarts sont les maladies & les accidens les plus fréquens que l'art de nos hypiatres ne guérissent point. Les Etudians du Château d'Arfort prennent sur leurs bancs le même esprit systématique & exclusif que nos jeunes Médecins prennent à Montpellier. Les opérations & les médicamens les plus simples autrefois entre les mains de nos maréchaux praticiens , sont devenus des traitemens longs , compliqués & très-couteux par l'emploi d'une pharmacie très-recherchée. C'est le défaut

de tous les arts dans leur naiſſance de s’enve-
lopper d’un voile ſcientifique. Si nos doƈteurs
de chevaux ne parlent pas latin , ils ſuppléent à
cet idiôme par un langage encore plus énig-
matique. Je ne prétends point déclamer contre
les écoles , mais dire ſeulement qu’à l’anatomie
près nos doƈteurs de chevaux n’y apprennent
rien , il faut en être convaincu malgré ſoi , en
voyant aujourd’hui la totalité des maladies grâves & incurables. Je laiſſe à nos doƈteurs à chercher des remedes & des panſemens qu’ils n’ont
point encore trouvés , ce travail n’entre point
dans mon plan , mais je dois parler ici de quelques précautions pour conſerver nos chevaux
& diminuer des dépenſes inutiles.

La médecine des hommes & celle des chevaux différent en ce point , que l’une ne doit
jamais être arrêtée par la prévoyance d’un traitement long & couteux , parce qu’il n’y a rien de
trop cher pour ſauver la vie à un homme ; au lieu
que l’autre doit combiner le tems & les fraix du
traitement avec l’importance de la conſervation
de l’animal. L’une peut être ſatisfaite d’obtenir
une demi cure , un ſoulagement même ; tandis
que l’autre ne doit entreprendre qu’une cure
complette. Prolonger la vie quoique chancelante
d’un de nos ſemblables , peut être dans certains
cas un chef-d’œuvre de médecine. Mais conſerver avec beaucoup de ſoins , d’embarras &
d’argent la vie d’un animal qu’une imparfaite
guériſon privera de ſes forces & de la faculté de
nous rendre les mêmes ſervices que nous en
obtenions avant , c’eſt faire un faux calcul , c’eſt
ce que la maréchalerie ne devroit jamais entreprendre.

Si les Compagnies fuſſent reſtées aux Capitaines, chacun auroit eu ſon maréchal médecin, chacun auroit fait ſes obſervations, chacun auroit eû ſes recettes, & dans les cas ordinaires on auroit conſulté l'expérience de douze praticiens, & dans ces occaſions là, les plus heureux en cure, ſont ceux dans leſquels on place le plus volontiers ſa confiance. Mais le Capitaine intéreſſé à combiner ſes dépenſes avec leur utilité, n'auroit point laiſſé entreprendre ces traitemens longs & diſpendieux, ſi contraires à l'économie. Il eſt plus d'un cas où il vaut mieux ſacrifier le cheval que d'entreprendre de le guérir, car la privation des ſervices de l'animal, les fraix de ſa nourriture, ceux de ſon panſement, s'il eſt hors d'âge ſurtout, tout cela doit déterminer à le remplacer plutôt qu'à le traiter. Mais dans la régie actuelle d'autres principes déterminent. Il n'y a dans chaque régiment qu'un maréchal médecin. Il eſt inſtruit dans les écoles royales, il eſt envoyé par le Roi; il faut le croire & s'en rapporter à lui. S'il n'eſt que peu inſtruit, il s'égare ſans ceſſe, mais tant qu'il eſt maréchal expert, il faut l'en croire. S'il aime ſon art, s'il eſt confiant, préſomptueux & travailleur, il eſt plus dangereux encore, car il ne condamnera le cheval que lorſqu'il ſera las de le ſoumettre aux expériences; voilà ce qui eſt, & que l'on peut vérifier dans tous les corps, en examinant ce qu'il en coûte à la maſſe générale en mémoires d'apothicaires, & en pertes réelles. C'eſt pourquoi dans ma formation, je ne reconnois point de maréchal expert, mais un maréchal particulier à chaque compagnie, & l'intérèt du Capitaine me répond qu'il prendra tous les moyens en son pouvoir pour se procurer un homme capable.

Précautions générales.

Toutes les maladies des poumons se manifestent par l'altération du flanc du cheval ; elles sont ordinairement produites par une grande sécheresse, un appauvrissement du sang, ou à la suite de quelques maladies par un dépôt. Dès qu'on s'apperçoit de l'altération il faut humecter beaucoup, donner la fleur de souffre dans l'avoine & faire usage de l'eau de goudron. Si l'on juge que c'est une humeur refluée, il faut passer quelques sétons. Si le cheval jette, il faut le séparer & s'en défaire, c'est le meilleur parti. Les fourages trop desséchés & remplis de poussière font tousser les chevaux & finissent par leur attaquer le poumon. Il faut donc toujours les secouer avant de les jeter dans le ratelier, & quelquefois les humecter avec un peu d'eau que l'on jette légérement dessus avec la main. Il faut aussi autant qu'on le peut secouer l'avoine, la vanner feroit encore meilleur avant de la donner au cheval.

La maladie appelée mal de feu, différemment définie par beaucoup d'hypiatres, a des symptômes très-variés, elle est produite par une grande chaleur qu'une violente fievre accompagne. Prise dans son principe on la guérit quelquefois par des saignées fréquentes, des lavemens & des sétons à la tête, au poitrail & au plat des cuisses : comme cette maladie est violente elle est bientôt déterminée. Il ne faut point

employer les médicamens en breuvages, qui généralement détruifent plus de chevaux que les
maladies mêmes. Le cinquieme jour de ces maladies le cheval eft ordinairement mort ou hors
de danger. Une nourriture trop féche, un travail forcé, une écurie privée d'air, telles en
font communément les caufes.

Le rhumatifme dans les épaules eft quelquefois naturel, c'eft-à-dire, héréditaire dans les
poulains provenus d'étalons ayant cette maladie.
Les chevaux Anglois y font plus fujets que d'autres ; j'ignore pourquoi, mais c'eft un fait, &
l'on ne fauroit être trop délicat fur le choix de
ces chevaux, qui peuplent prefque feuls à préfent nos haras de Normandie & du Poitou. J'ai
vû des poulains pris dans les épaules deux mois
après avoir quitté les herbages & avant d'avoir
été montés. Comme cette maladie paffe par divers
périodes avant d'être à fon plus grand dégré
d'accroiffement, on la confond fouvent dans le
jeune cheval avec la roideur & la maladreffe dans
le mouvement de fes épaules & de fes jambes ;
j'avoue qu'il eft même très-difficile de n'y être
pas pris. Il faut beaucoup d'ufage pour former
l'œil du connoiffeur, mais il lui faut abfolument
en fus un tact que l'on n'acquiert qu'en montant beaucoup à cheval. Les épaules du cheval
s'embarraffent auffi accidentellement, & communément par les intranfpirations ou le paffage
fubit du chaud au froid & de la grande action
au grand repos. Il ne faudroit jamais rentrer à
l'écurie des chevaux trop échauffés, mais les
tenir en action en les promenant au pas jufqu'à
ce que cette grande tranfpiration foit effuyée.

Les Anglois font fidèles obfervateurs de ce principe, ils couvrent même exceffivement leurs
chevaux.

Le farcin eft une maladie dont les fymptômes ne font pas équivoques, mais dont la caufe
eft inconnue. Les maréchaux varient dans la
méthode du traitement; j'en ai vu fuivre de différens; j'ai vu le mal pallié, les fymptômes dif-
paroître, mais rarement une guérifon parfaite.
Prefque toujours les cordes reviennent, ou l'humeur forme un dépôt interne qui caufe la mort
ou la pulmonie. Très-fouvent auffi le cheval
devient morveux avant l'année révolue.

De toutes les maladies des chevaux la morve
eft fans contredit la plus communicative, la plus
incurable, & par conféquent la plus à craindre.
Il y a par-tout des exemples terribles des ravages occafionnés par cette pefte. On a été obligé
fouvent de faire tuer des compagnies entieres &
quelquefois même tous les chevaux d'un régiment. Les plus célèbres hypiatres ont fur cette
maladie des opinions diamétralement oppofées.
Mr. La Foffe prétend qu'elle eft locale, & que
fon fiége eft dans la membrane pituitaire. Mr.
Bourgelat prétend qu'elle eft interne, & que le
virus qui la produit eft dans la lymphe & le
fang. Le premier a fait des expériences, préfenté des mémoires à l'Académie, il a obtenu les
fuffrages des Commiffaires nommés pour fuivre
fes démonftrations. Le fecond, dans fes leçons
publiques de Charenton, a réfuté le Sr. La Foffe
en préfence des hommes les plus inftruits dans
la médecine & dans la chirurgie. Le Sr. La Foffe
en a appelé à l'expérience, prétendant guérir la

morve par les topiques, les injections & le trépan. Le Sr. Bourgelat a prétendu la guérir aussi par les remedes internes, & en travaillant la masse du sang : qu'à produit le choc de ces deux opinions ? Des rivalités, des disputes, des injures ; mais ils ne nous ont donné l'un & l'autre ni une théorie certaine, ni un spécifique assuré. Une fâcheuse expérience nous porte à tuer tous les chevaux atteints de ce mal redoutable. Mais comme ce parti est violent, il est bien essentiel de ne s'y déterminer qu'avec connoissance de cause, c'est-à-dire, que quand on est physiquement assuré que le cheval a réellement la maladie appelée morve. Il n'est point de maréchal qui ne sache que le cheval jette par les naseaux dans les maladies appelées gourme, fausse gourme, morfondure, pousse & pulmonie. C'est ce qu'il faut prendre garde de confondre, & nous avons heureusement des remarques sûres qui doivent nous garantir de l'erreur. Je dois prévenir que quelle que soit la cause de l'écoulement, la précaution la plus sage & la plus généralement recommandée est de séparer sur le champ le cheval qui jette. Quand les glandes de dessous la ganache sont dures, squirreuses, insensibles, adhérentes soit d'un côté de la ganache soit des deux à la fois ; lorsque l'écoulement est séreux, verd & sanguinolent, que le cheval a la membrane pituitaire chancrée, il est indubitablement morveux. C'est perdre de l'argent & risquer une contagion universelle que d'essayer de le guérir. Il faut le tuer.

Il est très-possible que dès les premiers momens où un cheval est atteint de cette maladie,

on ne s'en apperçoive pas ; alors on doit avoir
de justes craintes sur la contagion, & ne rien
épargner pour en préserver les chevaux qui
avoient communication avec le malade.

Nous devons à Mr. le Baron de Zind un électuaire préservatif contre cette maladie. J'en ai
vu les plus grands succès. Mr. D'Auvergne,
Lieutenant-Colonel de Cavalerie, commandant
l'équitation de l'Ecole-Royale militaire, a été dans
le cas d'en faire plusieurs fois des épreuves en
grand & en détail ; elles lui ont toujours réussi.
J'ai eu la curiosité & la satisfaction de faire avec
succès celle dont je vais rendre compte.

Après avoir traité pendant plusieurs mois un
cheval farcineux, le maréchal expert parvint à
faire disparoître les symptômes de cette maladie, mais, de bonne foi sur cette cure, il me
dit que le cheval deviendroit vraisemblablement
morveux dans peu de tems, parce qu'il avoit
constamment remarqué que, soit par la quantité
de remedes qu'on étoit obligé d'administrer dans
cette maladie, soit parce qu'il reste toujours un
levain du virus farcineux ; les chevaux, quoique guéris en apparence, périssoient communément de la morve, qui ne tardoit pas à se mani-
fester. Dès-lors je regardai ce cheval comme
perdu. J'en avois un autre bien reconnu morveux & fortement chancré. Je profitai de l'occasion pour essayer le préservatif sur ce cheval qui
avoit déja toutes les dispositions à la morve.
J'enfermai donc le farcineux avec le morveux
dans une très-petite écurie, les faisant manger &
boire dans la même auge & dans le même seau,
& j'ordonnai de leur donner deux fois par jour

à l'un & à l'autre l'électuaire de Mr. De Zind. Le cheval morveux jeta confidérablement, la matière fut moins fanguinolente ; au bout de quelques jours elle finit par devenir blanche ; les glandes diminuerent. Un mois après les glandes étoient prefque dans leur état naturel, les chancres fe cicatriferent, l'écoulement devint limpide & fe réduifit à très-peu de chofe. On continua le préfervatif encore pendant trois femaines & en plus petite dofe. Tous les fignes de morve difparurent enfin, à un petit écoulement près, dont la matière reffembloit parfaitement à celle qu'on appelle vulgairement des fraîcheurs. Le cheval farcineux ne jeta point & n'eût aucun figne de la maladie, dont je ne doute pas que l'électuaire le préferva. Cette expérience fut faite en Mai & Juin 1778, & le cheval eft encore aujourd'hui en 1780, fain, bien portant & dans toute fa vigueur. Il n'en eft pas de même du cheval morveux ; foit qu'il n'ait pas été parfaitement guéri, foit qu'il ait repris la morve depuis, après avoir joui en apparence d'une parfaite fanté & avoir fervi pendant un an avec fa vigueur ordinaire, la morve au bout de ce tems s'eft manifeftée par les plus violens fymptômes & on l'a fait tuer fur le champ.

Le détail que je viens de donner peut être attefté par plufieurs perfonnes. Il feroit fans doute à défirer que Mr. le Baron de Zind eut bien voulu rendre publique la compofition de fon électuaire. Quoique j'en aye obtenu la décompofition faite par feu Mr. Rouelle, je ne crois pas pouvoir me permettre de la donner ici fans être autorifé par la permiffion de fon inventeur.

Il réfulte de ces réflexions fur la morve, premiérement, qu'il faut avoir grand foin d'examiner fouvent les nafeaux & la ganache des
chevaux. Secondement, qu'il faut féparer très-
promtement tout cheval qui jette & dont les
glandes de deffous la ganache deviennent fenfibles & s'abfcèdent. Troifiémement, qu'il faut
tuer tout cheval chancré. Quatriémement, qu'il
faut faire prendre l'électuaire préfervatif à tous
les chevaux fains que l'on foupçonneroit avoir
eu quelque communication avec les morveux.
Cinquiémement, que toute écurie dans laquelle
il y a eu des chevaux morveux doit être lavée
& blanchie avec l'eau de chaux-vive.

CHAPITRE XI.

*Des Drapeaux, Etendarts, Guidons, Enfeignes
& Porte-Enfeignes de l'Infanterie & de la
Cavalerie.*

POUR ne rien négliger & tendre toujours à
l'unanimité du langage, je fubftituerai aux mots
Drapeaux, Etendards & Guidons, celui d'*Enfeigne,* qui devroit être général pour les différentes
armes & les différens corps.

Les Enfeignes font de la plus grande utilité
à la guerre & dans les combats, toutes les nations en ont dans leur armée ; elles font & doivent être refpectées & précieufes : l'honneur
d'un corps y eft attaché, & comme le dit le
Maréchal

Maréchal de Saxe, *le soldat doit se faire une religion de ne jamais les abandonner.*

Plus on attache d'honneur à ses Enseignes, plus il est essentiel de les assurer & de les défendre : je les voudrois donc moins nombreuses, très-apparentes & plus portatives. A quoi servent par exemple ces énormes drapeaux qu'a aujourd'hui l'Infanterie ; ils sont si incommodes & l'air les rend si difficiles à porter, qu'on les tient presque toujours roulés ; dès cet instant ils deviennent inutiles. S'ils sont déployés, ils empêchent cinq ou six files à droite & à gauche de tirer, & en donnant dans le visage des soldats les embarrassent dans leur marche. Dans l'Ordonnance d'aujourd'hui, il y a douze bas-officiers employés à la garde de chaque drapeau : c'est 24 bas-officiers occupés inutilement.

Je propose de n'avoir qu'une enseigne par régiment, elle suffit. Cette enseigne doit être confiée à un ancien militaire, comme adjudant par exemple, auquel cet honneur seroit donné pour récompense. Le Porte-enseigne doit surveiller les adjudans rélativement au service, à la discipline & en toutes les fonctions qui peuvent s'accorder avec sa place, qui lui donneroit rang de Sous-Lieutenant.

Pour qu'une enseigne soit visible, il faut qu'elle soit montée sur une lance de huit pieds. Cette lance doit être d'un bois léger, garnie de lames de fer. L'Enseigne doit être de deux doubles de taffetas ou de satin d'environ trois pieds quarrés. Il seroit utile, sans doute, de différencier chaque enseigne d'une maniere assez distinctive pour qu'on pût reconnoître

Partie I.   H

de loin le corps auquel elles appartiennent.

Sur le coin de chaque enseigne seroit le numero du Régiment. Toutes les broderies & les dévises actuelles seroient supprimées ; une seule frange légère d'or ou d'argent, afin de n'en pas empêcher le déploiement à l'air, en orneroit le tour. Les Régimens qui se distingueroient à la guerre, par quelqu'action éclatante, seroient seuls autorisés, par un brévet du Roi, à mettre sur leur enseigne une dévise qui rappelleroit cette action ; ceux qui en auroient le plus seroient les plus distingués. *Il doit y avoir une masse de gloire pour le Corps qui se distingue : car la gloire n'est pas l'objet de chaque soldat en particulier, elle est l'objet de la multitude réunie ; un Légionnaire pense en homme, mais une Légion pense toujours en héros, & ce qu'on appelle esprit de corps ne peut avoir d'autre aliment, d'autre mobile que la gloire.* [Marmontel.]

Lorsqu'une enseigne seroit prise à la guerre, il ne seroit plus permis de remettre les anciennes dévises sur la nouvelle, il faudroit acquérir & avoir de nouveaux droits. Cette marque de distinction seroit toujours demandée par le Général & à l'issue même de l'action.

Au-dessus de l'enseigne seroit une flamme en taffetas d'environ 6 pieds.

La couleur de la lance & celle de la flamme seroit toujours la couleur des armes du Colonel, qui auroit encore la prérogative de faire mettre son écusson à côté de la dévise qui auroit été gagnée sous son commandement. Cette marque de distinction seroit bien aussi flatteuse que le placard de leurs armes relevé en bosse aujourd'hui fur tous ces guidons , qui n'en font pas plus parés.

L'enfeigne feroit toujours dépofée chez le Commandant, dont elle ne fortiroit qu'avec l'efcorte indiquée : on ne fauroit, je le répéte , y attacher trop d'honneur & de diftinction ; Mr. De Montécuculi , & après lui , le Maréchal de Saxe, parlant des enfeignes, ont dit : qu'il falloit que le Général en eut toujours une devant lui comme une marque de fa dignité , & afin que dans les batailles on fut où le trouver lorfqu'on a befoin de lui. Nous n'adopterons pas abfolument cette idée, comme pouvant avoir de grands inconvéniens , mais elle peut être employée momentanément, & dans telle circonftance où le Général le jugeroit néceffaire. Les enfeignes des Cuiraffiers & des Dragons feroient la même chofe que celles de l'Infanterie.

Des Recrues & de leur choix.

D ans un militaire conftitué felon le principe que nous avons expofé au Chap. III, il n'y auroit jamais befoin de faire de nouvelles levées. Toute la prévoyance de l'adminiftration fe borneroit à entretenir les Corps & les Régimens complets ; mais l'examen des moyens à employer pour cet objet eft bien digne de toute l'attention de nos lecteurs. Ceux dont on fe fert aujourd'hui paroîtront auffi faux qu'infuffifans, fi l'on veut remarquer les difficultés que nous trouvons à nous completter dans ce moment de

paix malgré la réduction des compagnies [1].
On voit d'un côté la lie de la nation remplacer de braves soldats qui, excédés d'innovations, désertent de toutes parts, ou réfusent
de se rengager. De l'autre, le paysan abandonner la campagne pour venir prendre à la ville
une livrée qui l'exempte de la milice. L'éloigne-
ment que le François montre en ce moment
pour la profession des armes, est la suite inévitable d'une mauvaise constitution militaire. Quand
l'état de l'homme est arbitraire il croit n'en plus
avoir, & malheureusement dix-huit années
de paix n'ont que trop démontré la défiance
qu'on doit avoir des promesses ministérielles.
Le soldat a vû successivement détruire & les
Ordonnances de 1762 qui lui assuroient la moitié de sa paye après 16 ans de services, & les
Ordonnances de 1762, qui lui assuroient sa paye
entiere après 24 ans. Il a vû en 1776 renvoyer
un tiers des invalides auxquels leur âge & leurs
infirmités avoient donné droit à un asyle dans
cet hôtel. Enfin le soldat sait que la raison ou
le prétexte économique fait rompre aujourd'hui
tous les engagemens ministériels. Comment donc
parler des moyens de recruter les armées, avant
de prouver la nécessité de faire renaître une
confiance que les ministres ont détruite, par le
mépris qu'ils ont toujours eû pour les loix de
leurs prédécesseurs, & souvent encore pour
celles qu'ils avoient eux-mêmes rédigées.

----

(1) Que seroit-ce, si nous devions être portés au
numérique indiqué par les ordonnances de 1776. Il
faudroit lever 179413 hommes ; ce projet seroit une
monstruosité, s'il n'étoit pas une chimere.

Qu'eſt-ce qui peut faire renaître la confiance générale ? ce n'eſt qu'un code permanent , dans lequel la premiere loi à inſtaller eſt la garantie d'un Etat dont il faut que chaque particulier s'honore. A meſure que la difficulté de faire des recrues s'eſt augmentée, on eſt devenu moins délicat ſur le choix des hommes. *Il en faut,* a-t-on dit , *& quand la néceſſité commande, on n'y regarde pas de ſi près.* Mais qu'attendre de ces ramaſſis des grandes villes , de ces rebuts des familles & de la ſociété ? que des baſſeſſes & des vices. Après les avoir fait chaſſer de partout , ce ſont ces mêmes vices qui les obligent à venir ſe réfugier ſous nos drapeaux. On a oſé dire qu'il étoit égal d'avoir pour ſoldat l'honnête citoyen ou l'homme le plus vil, des Colonels ont avoués qu'ils préféroient cette derniere eſpece. Et comment craindroit-on de ſe montrer ſectaire d'un pareil principe, lorſqu'un Miniſtre en donne l'exemple ! Tout le militaire ne ſait-il pas que des malheureux voués à l'infamie & déclarés indignes de ſervir le Roi, ont été tirés de leur cachot & débarraſſés de leurs chaines pour marcher de pair avec nos Grenadiers [1] ? Ah ! puiſque nos Ordonnances nous citent les Romains ſi célebres, qu'il me ſoit permis de rappeler un principe dont ils ne s'écarterent jamais dans les beaux jours de la république. *C'eſt au choix ſcrupuleux de nos ſoldats,* dit Vegece, *que nous dûmes nos conquêtes & la gloire du nom Ro-*

---

(1) En 1778, M. Le Prince de Naſſau obtint l'agrément de lever une Légion ; on lui permit de prendre 150 forçats de la chaîne établie en 1775.

H iij

main. Rappelons la réponse du Sénat à Mar-
cellus, lorsqu'il proposa de recruter son armée de
tous les malheureux qui avoient pris la fuite à la
bataille de Cannes. *Rome n'a pas besoin d'hommes*
lâches pour la défense de ses drapeaux , si Mar-
cellus veut en employer il le peut, mais à condi-
tion qu'ils n'auront aucune part aux récompenses
de la valeur, quoiqu'ils puissent faire pour l'obte-
nir. Jamais il ne se départit de ce principe. Le
soldat Romain , dit Montesquieu , tiré du sein
d'un peuple si fier, si orgueilleux, si sûr de
commander aux autres, ne pouvoit gueres penser à s'avilir jusqu'à cesser d'être Romain. Il faut
donc, par-tout où l'on veut avoir un militaire ,
fixer & améliorer l'état du soldat. En élevant
l'âme de celui-ci, *on l'accoutume à estimer sa pro-*
fession & à se croire annobli par elle [1]. Quelle
chimere ! va-t-on dire ; les revenus de l'Etat
seroient insuffisans pour donner à l'homme de
guerre une solde proportionnée à ses services.
Eh! Messieurs , c'est cette impossibilité même
qui nous oblige à payer en considérations ce que
nous sommes hors d'état de payer en argent ;
eh! quelle nation se contente plus facilement de
cette monnoie que la mienne. Rien de moins
douteux que la facilité de recruter les armées
ne dépende des institutions militaires plus ou
moins faites pour attirer ou éloigner l'homme
du métier de la guerre, *car il faut être bien fou,*
bien misérable pour faire un métier que l'on n'aime
pas. C'est donc dans le plan général de cet ouvrage que l'on trouvera l'intime liaison des prin-

---

(1) L'essai de tactique.

cipes qui faciliteront la levée & l'entretien d'une armée nombreuse & choisie. Ce chapitre particulier ne peut que se borner à quelques remarques générales à cet égard.

De toutes les manieres d'enrôler, l'engagement libre & volontaire est préférable & l'emporte indubitablement par la solidité du fondement qu'il établit ; car quel fondement plus sûr peut avoir l'obligation parmi les hommes, que le libre engagement de celui qui s'oblige. *On peut disputer tout autre principe*, dit Rousseau, *mais on ne peut disputer celui-là*. Toute supercherie doit donc être bannie & réputée odieuse, non-seulement parce qu'elle expose injustement celui qui est lèzé à la rigueur des loix ; mais encore parce qu'elle inspire une défiance faite pour éloigner les hommes d'un métier dans lequel il craint toujours d'être surpris ou violenté. Il n'est pas moins injuste de méconnoître les conditions réciproques de l'engagement. Celui qui vend sa liberté, met un terme à son esclavage, ce terme une fois expiré, le contrat est anéanti ; nulle puissance ne peut empêcher que le soldat redevienne essentiellement libre. La nécessité, cette vaine excuse dont on veut souvent couvrir les injustices, ne suffira jamais pour légitimer aux yeux de l'humanité & de la raison, l'abus d'autorité qui faisoit autrefois condamner à mort celui qui vouloit rentrer dans les droits d'une liberté qui n'étoit plus aliénée.

Il est reconnu de tout tems que pour avoir les meilleurs soldats, il faut charger les Capitaines de recruter leurs compagnies ; ceux-ci sont les plus intéressés au choix scrupuleux des hommes qu'ils commandent & dont leur réputation dépend souvent. Je renvoie au chapitre de la comptabilité, les conditions du Roi avec les Capitaines de ses troupes ; mon objet principal est ici l'espece des hommes & leur taille la plus convenable au service de chaque arme.

Tout homme de guerre, à quelque genre de service qu'il soit destiné, doit être d'une taille proportionnée & d'une complexion forte & vigoureuse. Les bons militaires ont toujours préféré les laboureurs aux artisans, parce que ces premiers plus sobres, plus forts, plus accoutumés au travail, sont aussi plus attachés à leur patrie par les propriétés qu'ils y conservent, tandis que les seconds, amolis par une vie sédentaire, courant de ville en ville & de boutique en boutique, ne contractent d'attachement pour aucun lieu, assurés par-tout de leur subsistance ils se regardent comme les citoyens du monde ?

Mais dans les tems de paix, où l'on semble si souvent oublier sa véritable destination, dans ces tems où l'on ne s'occupe que d'exercices & de tenue, on préfere la taille mince & la jolie figure à l'air martial & à la tournure mâle. On ne dit plus, ce Régiment a *une excellente espece d'hommes*, mais ce Régiment a *de jolis soldats*. On ne songe pas que ces jolis soldats ne sont que des libertins amolis & efféminés dans nos villes. Aussi les fiévres & les maladies détruisent-elles plus de François dans une campagne que le fer & le feu de l'ennemi dans deux.

Si nous nous occupions au moins à rémedier à la nécessité de prendre de tels soldats ! Si nos travaux de paix étoient des simulacres de guerre,

nos jambes & nos corps feroient plus vigoureux lorfqu'il s'agiroit de faire des marches for-
cées, foutenir des fatigues & refifter à l'intem-
péric des faifons.

Comme il n'y a point de loix qui déterminent
la taille des recrues, on s'attache indiftincte-
ment dans toutes les armes à l'élévation des
hommes, chofe ridicule. N'eft-ce pas un contre-
fens de vouloir des géants pour Dragons &
Huffards ? Les Colonels d'Infanterie difputent
à prix de rufe & d'argent ces hommes grands
& vigoureux qu'ils enlèvent à l'Artillerie & à
la Cavalerie, où ils feroient vraiment néceffaires.
L'homme de fix pieds & celui de cinq font également reçus dans nos Régimens d'Infanterie ;
ce feroit même une vraie difparate, fi les chefs,
faifant toujours leur premiere occupation du
coup-d'œil, ne cachoient pas cette inégalité en
mettant les plus petits hommes dans le rang du
milieu. Ce placement eft abfolument contraire
à la raifon, car comment un homme de cinq
pieds un pouce peut-il ajufter & tirer fur l'é-
paule d'un Chef de file qui a cinq pieds fept à
huit pouces ? Comment peut-il fe fervir des
mêmes armes, faire les memes pas ? Voilà ce
que les Colonels diffimulent, mais lorfqu'on
voudra férieufement s'occuper de rendre plus
meurtrier le feu de notre Infanterie, que l'on
confulte l'Artillerie, ce corps vraiment inftruit,
& le feul qui depuis la paix fe foit préfervé des
colifichets & des inutilités.

La taille du fantaffin François doit être de 5
pieds 1 à cinq pieds 4 pouces. C'eft cette claffe
d'hommes qui fe trouve en général la mieux

proportionnée & la plus propre à foutenir les fatigues de la marche. C'eft d'ailleurs la taille commune de la nation, & encore une fois quelle eft
l'utilité d'un grand homme dans l'Infanterie ?
Nulle : on en fait des Grenadiers, on en pare
fon premier rang, qui font deux chofes également vicieufes, parce que ces places d'honneur
doivent appartenir à la bravoure, aux fervices
& à l'ancienneté. Autrefois les Grenadiers avoient
le droit de choifir leurs camarades. Eh ! qui nous
juge mieux que nos femblables ! Alors il étoit
impoffible d'être élu fans cette délicateffe d'honneur, & cette bravoure qui caractérifent l'élite
de la nation : choix bien effentiel, puifque c'eft
de ces compagnies raffemblées dont un Général
fe fert pour ces coups extraordinaires d'audace,
de vigueur & de partis. Combien de fois nos
Généraux n'ont-ils pas éprouvé qu'avec de tels
hommes on peut tout entreprendre. Pourquoi
donc priver du bonnet ce foldat qui faute le premier dans le chemin couvert ? Sa taille médiocre figureroit mal dans votre brillante compagnie. Amour du coup-d'œil, que ne nous fais-
tu pas faire ! Nos compagnies de Grenadiers,
belles il eft vrai, font prefque par-tout des compagnies de recrues.

C'eft en nous écartant des premieres loix de
nos inftitutions, bonnes dans leur origine, que
nous parvenons à n'en plus tirer aucun avantage. Qui eft-ce qui ne conivent pas que le corps
des Carabiniers, en 1694 [1], ne fut d'une compofition plus militaire qu'en 1780.

____

(1) Les Carabiniers étoient d'anciens cavaliers connus par leur valeur, ils portoient une marque de dif-

Je sais que l'on objectera la difficulté d'af-
signer des loix sur la taille pour les différentes
armes, parce qu'en engageant des enfans, souvent après leur enrôlement, ils se trouvent avoir
une taille bien au‑dessus de celle qu'ils avoient
lorsqu'on les a engagés. Mais si la loi est utile,
rien de si aisé que de la faire suivre. Voici l'idée
d'un réglement que l'on pourroit étendre & perfectionner sur cet objet.

ARTICLE PREMIER.

On n'engageroit jamais une recrue avant l'âge
de 18 ans, parce qu'avant cette époque un homme
est rarement assez fort pour soutenir les fatigues
de la guerre.

ART. II.

Les Officiers‑généraux lors de leurs revues
réformeroient exactement tout Cavalier qui n'auroit pas 5 pieds 5 pouces $\frac{1}{2}$, pieds-nuds.

ART. III.

Réformeroient tout Dragon & Hussards qui
n'auroit pas 5 pieds 4 pouces.

---

tinction. C'est parmi eux qu'étoient choisis les bas Officiers. En 1660 on les réunit dans chaque corps, pour
en former une compagnie ; & en 1694, de toutes ces
compagnies, on en forma un seul corps qui, quoique
différemment composé, en porte encore aujourd'hui le
nom. L'ordonnance de 1776 supprime ceux qui étoient
restés dans les compagnies; de Cavalerie. C'étoit un
grade qui faisoit un objet d'émulation. Tous les militaires l'ont vu supprimer avec chagrin.

Art. IV.

Réformeroient tout Fantaſſin qui n'auroit pas 5 pieds 1 pouce.

Art. V.

Donneroient une cartouche de paſſe pour les Dragons, Huſſards ou la Cavalerie à tout Fantaſſin ayant plus de 5 pieds 5 pouces.

Art. VI.

Donneroient une cartouche de paſſe pour la Cavalerie à tous Dragons & Huſſards, au-deſſus de 5 pieds 6 pouces.

Art. VII.

Tout Soldat, Cavalier, Huſſard & Dragon, ayant une cartoucbe de paſſe, choiſiroit le Régiment où il doit finir ſon congé, & prendroit ſon rang d'ancienneté dans la compagnie où on le mettroit.

Art. VIII.

Les Régimens qui recevroient des Soldats, Dragons ou Huſſards avec des cartouches de paſſe rembourſeroient aux Régimens d'où ces Soldats, Dragons ou Huſſards ſortiroient la ſomme de 13 liv. par chaque année de ſervice qui leur reſteroit à faire.

Art. IX.

Les Cavaliers, Huſſards & Dragons qui n'auroient pas la taille preſcrite par les articles ci-
deſſus ſeroient de même renvoyés avec des cartouches de paſſé, & payés ſur le même taux par
les Régimens qui les recevroient.

Ce réglement eſſuyera bien des critiques, &
paroîtra dur aux Chefs qui ont l'ambition d'a-
voir une troupe élevée, mais il en réſulteroit
pour le bien du ſervice des avantages qui doivent faire paſſer ſur ces clameurs particulieres.
Le militaire gagneroit plus qu'on ne penſe à
l'établiſſement de ces loix. On ne verroit plus
dans l'Infanterie ces parades & ces gardes choi-
ſies que l'on peut appeler des maquignonages
ridicules. Le petit ſoldat qui eſt en plus grand
nombre ne ſeroit plus humilié par les préférences que l'on donne ſans ceſſe à la taille. On ne
verroit plus des Huſſards & des Dragons gigan-
teſques montés ſur de petits chevaux qu'ils écra-
ſent par leur poids, & ruinent en peu de tems
par la diſproportion de la force au fardeau.
L'Artillerie & la Cavalerie enfin, d'une taille ſi
médiocre à préſent, recouvreroient l'avantage de
ſe recruter & de ſe completter en hommes grands
& forts ſi utiles dans ces deux armes.

Je ne dois point terminer cet intéreſſant chapitre ſans indiquer toutes les ſources qui peuvent
contribuer à entretenir un militaire nombreux
& complet. Le Roi prend ſoin des enfans de
ſoldats, il ſeroit facile de créer des établiſſemens
peu conteux pour leur donner une éducation
rélative à la profeſſion des armes, à laquelle leur

naiffance les deftine. Cette pépiniere pourroit être augmentée par un choix d'enfans de 14 ans, pris dans ces maifons d'orphelins, entretenus dans nos grandes villes. Ces établiffemens indiqués par l'humanité & la raifon feroient tout à la fois avantageux au militaire, à l'agriculture & à la population. Mais comme toutes les parties de la conftitution que j'offre font relatives & concourent à la parfaite organifation de la machine, on ne peut faifir la facilité de différens projets que lorfqu'on connoîtra tous les chapitres de cet ouvrage.

De la comptabilité des Régimens.

IL n'y a que deux manières d'établir toutes les opérations de finance quelconques, favoir, par entreprife ou par régie. On s'eft fervi de ces moyens pour l'entretien de l'armée du Roi. Par le premier, les Capitaines font les entrepreneurs de leur compagnie. Par le fecond, le Roi fait régir toutes les dépenfes par l'Etat-Major de fes régimens.

Pour avoir toujours pris un de ces fyftèmes exclufivement à l'autre, on eft tombé dans des inconvéniens dont on auroit pû fe garantir, en joignant des modifications aux principes. L'ordre fuit fouvent les notions fimples auxquelles nous voudrions l'amener, & pour l'établir il faut par fois des exceptions.

Préfere-t-on l'entreprife? Il ne fuffit pas comme on l'a fait autrefois de paffer avec le Capitaine un marché vague , dont l'incertitude allarmant fes intérêts le porte néceffairement à y facrifier le bien du fervice. C'eft avec raifon que l'on a vive-ment remontré les abus de l'ancienne compta-bilité. Préfere-t-on la régie des Etats-Majors ? Les inconvéniens qui s'enfuivent ne font pas moindres , car alors le détail devient, d'autant plus obfcur qu'il eft immenfe. Il n'y a ordinai-rement qu'un Officier initié dans les opérations myftérieufes de cette comptabilité. Le Chef en fouftrait aifément la connoiffance à l'Infpecteur , en fubftituant des états menfongers aux états réels. Dans chaque régiment il y a toujours deux tableaux de la dépenfe , le premier factice , pro-duit de l'adreffe du Chef & du Quartier-maître. Le fecond réel connu feulement de l'Etat-Major. Ce dernier ne paroît jamais , la Cour l'ignore , c'eft celui qui dirige les recrues , les remontes , l'habillement , les achats de toute efpece , la vente frauduleufe & vexatoire des congés ; celui enfin qui produifant toujours un argent & une maffe cachée , fournit aux dépenfes de befoin ou de fan-taifie auxquelles les Ordonnances s'oppofent & que les Infpecteurs ne pourroient autorifer. C'eft cette différence entre le tableau factice & le tableau réel que nous nommons *revirement des parties*. Le Quartier-maître qui a le plus d'art eft celui qui fouftrait les fommes les plus for-tes des objets auxquels elles étoient deftinées ; celui enfin qui trompe le plus le Roi afin de le mieux fervir.

Ce fyftème eft pourtant préféré , il eft foutenu par les cris infatigables des Etats-Majors, qui ne ceffent de mettre en avant les difficultés qu'ils rencontreroient à foumettre les Capitaines à leurs devoirs. Ces raifonnemens bons autrefois, décèlent aujourd'hui, ou bien peu de connoiffance fur cette partie de la conftitution militaire, ou un ardent defir de conferver une liberté fans bornes pour enfreindre toutes les Ordonnances, & tromper les Infpecteurs, qui avouent eux-mêmes, ne voir que ce que le Chef veut bien leur montrer.

L'obfcurité qui réfulte néceffairement de la comptabilité actuelle n'eft pas le feul défaut qu'elle offre à nos regards ; elle rompt encore cette chaîne qui fert à lier les hommes dans tous les pays, cette chaîne qui uniffant l'intérêt particulier à l'intérêt général attachoit plus particuliérement le Capitaine à fa compagnie. Autrefois l'intérêt du foldat étoit le fien propre & l'avantage de ce puiffant motif eft incomparable. Aujourd'hui le Capitaine eft abfolument étranger aux hommes qu'il commande, il n'a avec fa compagnie que le même rapport que le Lieutenant & le fous-Lieutenant : amovible comme eux (1), il paffe à chaque mutation d'une compagnie à une autre ; n'ayant rien à régir, fon autorité eft réduite à avoir fans-ceffe la verge à la main, & fa bouche ne peut prononcer que des arrêts de condamnation. S'il y a un congé de grace à donner, c'eft l'Etat-Major qui le marchande

____

(1) Dans les variations des Capitaines, on les fait paffer d'une compagnie à une autre. C'eft toujours les deux derniers qui commandent les compagnies colonelles & lieutenant-colonelles.

chande & le vend. S'il y a une place de bas-
Officier vacante, c'est encore l'Etat-Major qui
y nomme. Que reste-t-il donc au Capitaine ? A
peine l'autorité qu'un Maréchal-des-Logis avoit
autrefois. Tous ces raisonnemens seront, comme
ils l'ont déja été, traités de paradoxe par ceux qui
ont intérêt de ne les pas recevoir, mais la nécessité commandera ce qu'ils n'auront pû persuader. C'est à la guerre où l'on verra tous les
défauts des régies d'Etat-Major, & les moyens
frayeux qu'elles seront obligées d'employer pour
entretenir les Régimens.

Pour régir avec économie il faut de l'argent
& du crédit, & l'expérience n'a que trop prouvé
la perte inévitable des effets royaux, sur-tout en
tems de guerre. Il faudra donc que ce négociant,
ce marchand de chevaux, pour spéculer raisonnablement, survende ses fournitures afin de réparer la perte que lui occasionne le retard, &
souvent la diminution du paiement de sa créance.

Le crédit diminuera à mesure que les caisses
se vuideront, parce que l'on sait qu'avec le Roi il
n'y a point d'hypothèques sûres. C'est alors que,
manquant d'argent & de moyen, on voudra,
mais trop tard, changer d'administration; après
avoir ruiné les créanciers on ruinera les Capitaines, en les forçant à reprendre des compagnies
incomplettes & délabrées, & dans un tems où
l'on aura le moins de facilité pour les refaire. Je
suis trop convaincu de l'infaillibilité de ces pré-
dictions, pour ne pas me déterminer en faveur
de l'entreprise. Ce genre de comptabilité se présente d'ailleurs sous un point de vue infiniment
plus simple que l'autre, car le Roi ayant une

Partie I.   I

fois fait fon marché avec les Capitaines, il n'entre dans aucun des détails d'exécution. Les Prépofés, Officiers-généraux, Infpecteurs, chefs de
Corps ne font plus chargés que de voir les réfultats, tenir la main à ce qu'ils ayent lieu &
en rendre compte. Tandis que par la régie il
s'établit une correfpondance d'écritures indéfi-
nies avec les bureaux de la guerre; les fous-
ordres s'y multiplient, & les chefs de ces bureaux, toujours intéreffés à fe rendre néceffaires
au miniftre, s'entourent d'un cahos d'écritures
dans lequel ils fe perdent fouvent eux-mêmes.
Que l'on ne répéte plus cette objection ufée,
ce lieu commun fur l'ancienne difcipline des
Capitaines, parce que tout le monde fait aujour-
d'hui, qu'il y a plus de moyens qu'il n'en faut
pour obliger le fubalterne à fon devoir, au lieu
qu'il eft réellement très-difficile de contenir le
chef dans le fien.

Ce n'eft cependant point les anciens ufages
que je veux rétablir; c'eft un fyftème excellent
dans fes principes & dans fes conféquences que
je propofe de modifier, de corriger & de reprendre.

La formation que j'ai indiquée (1) comme
la plus favorable à la difcipline, me femble auffi
la plus avantageufe pour l'adminiftration qui
fuit.

____

(1) Pour ne pas m'appéfantir fur une infinité de détails que l'on peut aifément fuppofer, il ne fera queftion ici que des compagnies à cheval. L'adminiftration
des compagnies à pied fera déduite des mêmes principes, & fera bien plus facile, puifqu'elle n'aura pour
objet que l'entretien des hommes.

Les douze Capitaines font douze entrepreneurs qui traitent féparément avec le Roi, &
prennent chacun en particulier l'engagement
de completter & entretenir leur compagnie en
hommes, chevaux, habillement & équipement.
L'armement feul refte au compte de Sa Majefté,
parce qu'il eft néceffaire qu'il fe fabrique dans
fes arfenaux.

Les Capitaines doivent prendre leurs compagnies complettes, montées & équipées en tout
point.

Le Roi accorderoit à chaque Capitaine 2 f. 6 d.
par homme & 4 f. par cheval, ce qui formeroit
pour chaque compagnie une maffe de 21 liv. 2. f.
6. d. par jour, & 7605 liv. par an ; maffe fur
laquelle fe préleveroit les 4. d. pour livre de la
folde générale de la compagnie. Ladite maffe
feroit remife tous les mois aux quartiers-maîtres
des régimens avec les appointemens & folde, pour
être repartie par lui, favoir, la maffe à chaque
Officier ou chef de chambrée. Il eft intéreffant
de diftinguer la maffe de 2 f. 6 d. affectée à
l'homme, & celle de 4 f. affectée au cheval,
parce que dans le cas d'incomplet, la retenue feroit
toujours faite fur ce tarif (1).

Afin que les Capitaines euffent toutes les facilités néceffaires pour fe completter, & pourvoir
aux accidens qui leur font perdre des hommes
& des chevaux, on leur pafferoit la folde & la

---

(1) L'Infanterie auroit une maffe de 2 fous 2 d. Je l'é-
tablis moindre de 4 d. que celle de la Cavalerie, parce
que dans cette derniere arme, l'efpece d'homme plus
élevée & par conféquent plus rare doit coûter davantage.

maffe de deux furnuméraires lorfqu'ils exifte-
roient. Les Capitaines s'arrangeroient entr'eux
pour fe céder mutuellement un homme ou un
cheval dont ils auroient un befoin preffé. Au
moyen de ce, les variations ne pourroient donc
jamais rouler que fur les 24 furnuméraires, &
elles n'occafionneroient qu'un détail infiniment
fimple. En tems de guerre ces 24 hommes formeroient le fonds d'une compagnie auxiliaire
que l'on augmenteroit fuivant les befoins. Elle
feroit régie en commun au compte des Capitaines, mais le décompte de chacun feroit toujours proportionnel à ce qu'il en auroit tiré.
Cette compagnie refteroit toujours au quartier
du régiment.

Pour s'affurer de la plus grande exactitude
dans les états de fituation, chaque Capitaine
rendroit à la parade fon compte journalier par
écrit au Major. Chaque Adjudant rendroit auffi
au quartier-maître le compte de fon efcadron.
Ces deux états feroient toujours confrontés, &
le Major, après les avoir vérifiés, les figneroit
pour en répondre en fon nom (1). Il les remettroit au Commandant du corps, qui les figneroit
après lui.

Il eft clair que d'après ces redditions de comptes journaliers, & par écrit, le contrôle du mois
fe trouveroit fait. Le remettre au net, feroit la
feule préparation aux revues.

(B) En Pruffe le Colonel eft refponfable que tout
fon Régiment foit complet; fous peine d'être caffé,
(ordonnance pour la Cavalerie Pruffienne 1744).

Les places vacantes feroient toujours retenues au compte du Roi , tant la folde que la
maffe.

La paye des hommes envoyés aux hôpitaux
feroit non-feulement retenue en fon entier, mais
encore la maffe de 2 f. 6 d. par jour, pour être
donnée aux mêmes hôpitaux , en fupplément
de la paye , parce qu'il faut que le Capitaine
foit porté par fes intérêts à la confervation de
la fanté des hommes qu'il commande.

Au moyen de cette maffe de 6 f. 6 d. par jour,
le Capitaine feroit chargé , comme nous l'avons
dit , de recruter, remonter & entretenir fa compagnie en tout point. C'eft ce qu'il s'agit de
déterminer de la maniere la plus précife.

Le nombre de chevaux à reformer tous les
ans en tems de paix feroit fixé au 10e. ; le Roi
fuppléeroit aux cas extraordinaires.

Que l'on ne foit pas étonné de cette fixation,
il eft plufieurs raifons qui la déterminent. La
premiere eft de fubftituer par-tout la précifion
à l'arbitraire, qui occafionne toujours le foupçon de l'injuftice. La feconde eft d'établir une
comptabilité fimple , qui n'éprouve que le moins
de variations poffible dans fes dépenfes annuelles. La troifieme eft d'être certain d'avance de
la confommation qui fe fait , du nombre des
remplacemens qu'il doit y avoir, afin d'employer
plus de tems & de moyens à fe pourvoir. Laiffer
la liberté à l'Infpecteur de réformer autant &
auffi peu de chevaux qu'il le jugera à-propos ;
c'eft s'expofer à une incertitude continuelle, qui
fait que les régimens font toujours incomplets ;
mais un plus grand abus encore peut en réful-

ter : c'eſt qu'une compagnie ou un régimen
n'ayant eû, pendant pluſieurs années, qu'un
très-petit nombre de chevaux reformés, il doi
néceſſairement arriver un terme auquel il ſ
trouvera une très - grande quantité de chevaux,
que leur vieilleſſe & leurs défauts obligeroient
de remplacer ; alors le régiment eſt pendant deux
ou trois ans affoibli par ces remontes, qui ne
peuvent fournir le ſervice des chevaux faits.
Nous avons vu pluſieurs fois depuis la paix
l'exemple de cet inconvénient, dont je propoſe
de ſe garantir par la nouvelle loi. On remarquera encore, que ſi la maſſe peut être plus ou
moins chargée par un objet auſſi conſidérable
que celui des remontes, le Capitaine ſera ſans
ceſſe effrayé ſur ſes intérêts par le plus ou le
moins de travail que l'on voudra exiger de ſes
chevaux, au lieu qu'aſſuré qu'il ne peut avoir
chaque année que ſix chevaux à remettre, on
ne pourra jamais le ſoupçonner d'avoir un intérêt à s'oppoſer à l'inſtruction & au bien du ſervice. Qu'importe pour le Roi que dans cette
reforme annuelle de 72 chevaux par régiment,
il perde quelques-uns de ces chevaux encore en
état de ſervir deux ou trois ans ! Ce n'eſt pas
le réſultat particulier qu'il faut voir, c'eſt le
réſultat général ; & rien de plus à ſouhaiter,
ſans doute, pour la Cavalerie, que de la voir
aſſujettie à la conſtante loi du complet en neuf
dixiemes de chevaux faits, de l'âge de la plus
grande vigueur & en un dixieme de chevaux
neufs bien choiſis. Qu'importe encore au Capitaine qu'on lui reforme de bons chevaux ! qu'y
perdra-t-il ? rien, puiſqu'il aura l'aſſurance de

ne jamais fournir que le même remplacement.

J'ai choiſi le dixieme pour le lot de la reforme, parce que je ſuppoſe que chaque cheval l'un dans l'autre donne environ dix ans de ſervice. Si cette précaution n'étoit pas juſte, ſans rien changer au traitement déſigné pour les Capitaines, on pourroit prendre le huitieme au lieu du dixiéme, parce qu'alors, comme il ſe réformeroit néceſſairement de meilleurs chevaux, leur vente hauſſeroit auſſi. Je parlerai ailleurs des remontes & des loix qui pourroient les faciliter.

Nous avons déja dit que les compagnies ſeroient recrutées par les Capitaines, parce qu'il n'y a point de ces Officiers qui n'ait plus de moyens & de reſſources qu'il ne lui en faut pour compoſer ſa troupe d'hommes ſûrs, lorſque cette troupe lui appartiendra, & ſur-tout, lorſqu'il conſervera ſur l'homme qu'il aura engagé le pouvoir d'annuller ſon engagement. Il n'eſt queſtion que d'empêcher cette liberté de devenir abuſive, & cela eſt facile en lui donnant des bornes. Chaque Capitaine pourroit donner quatre congés de grace par an, & il ſeroit libre ſur le prix du dégagement comme ſur celui de l'engagement. Il n'y a pas de doute que les Capitaines entrepreneurs ne fiſſent une bien moins grande conſommation d'hommes que les Etats-Majors ; l'intérêt multiplieroit les ſoins. Les hôpitaux ſeroient auſſi moins peuplés & moins couteux au Roi.

Il eſt de même néceſſaire pour l'ordre, que la durée des principaux effets à l'uſage des Cavaliers ſoit exactement déterminée ; & que nulle raiſon ne puiſſe en retarder ni en dévancer le remplacement.

La veſte , le gilet , la ceinture , la culotte & les botes ſeroient fournies neuves tous les deux ans ; c’eſt-à-dire , que chaque année le Capitaine habilleroit à neuf la moitié de ſa compagnie (1).

Le Manteau ſeroit fourni à neuf tous les 4 ans ; c’eſt-à-dire , que chaque année le Capitaine en metroit un quart de neufs dans ſa compagnie.

La couverture qui doit être pliée ſous la ſelle ſeroit auſſi fournie par le Capitaine , mais tous les huit ans ſeulement.

Pour s’aſſurer de la tenue & des ſoins particuliers de chaque Cavalier à la conſervation de ſes effets , le plus ſûr moyen eſt de les laiſſer à ſon entretien. Pour ce , la maſſe de linge & chauffure ſeroit augmentée & s’appelleroit maſſe d’entretien. On continueroit à la retenir ſur la ſolde ; cette maſſe reſteroit entre les mains du quartier-maître-tréſorier ; le Major & les Capitaines , chacun pour leur compagnie , veilleroient à ſon emploi.

La retenue ſe feroit dans les proportions ſuivantes. A chaque Maréchal-des-Logis ayant 1 liv. 4 ſ. il ſeroit retenu 10 ſ, par jour, à chaque Cavalier ayant 8 ſ. 4 d. par jour , il ſeroit retenu 20 den.

La demi-ſolde de tous les hommes abſens par congé ou ſemeſtre ſeroit réunie à cette maſſe

---

(1) Toutes les troupes de Pruſſe Infanterie & Cavalerie ſont vêtues tous les ans , c’eſt peut-être un abus , mais il eſt encore plus grand de ne les vêtir en France que tous les ſix ans.

fixée à 20 liv., qui refteroient toujours en caiffe ; & le décompte de l'excédent feroit fait tous les quatre mois, ainfi que cela fe pratique aujour- d'hui.

Sur cette maffe feroit pris l'achat du linge, du furtout d'écurie, du furtout de culote, du po- kalem ou bonnet pour la nuit, & l'entretien de tout l'habillement ; celui de la couverture d'é- quipage, de la monture de bride & reffemelage des botes.

Au terme prefcrit pour la durée de chacun de ces effets, il appartiendroit au Cavalier ; mais en lui permettant d'en tirer parti, on prendroit les précautions néceffaires pour que ce même effet ne put être remis à la place d'un neuf.

Les chevaux reformés feroient abandonnés au Capitaine pour en tirer tel parti qu'il juge- roit à-propos. L'Infpecteur feulement qui en auroit ordonné la reforme leur feroit couper la queue devant lui.

Des loix fixes détermineroient la taille des hommes & des chevaux, ainfi que l'âge auquel on pourroit les recevoir ; il ne pourroit y avoir rien d'arbitraire à cet égard.

Chaque partie de l'habillement & de l'équi- pement auroit un modele cacheté dépofé à l'Etat- Major de chaque régiment, & les Capitaines feroient obligés de s'y conformer fcrupuleufe- ment.

Les effets d'équipement dont nous n'avons pas parlé ne nous paroiffent pas d'une nature à devoir être invariablement fixés dans leur durée. L'Infpecteur feroit juge fur ces derniers objets.

Les Capitaines étant abfolument refponfables

de tout entretien, ils feroient libres dans tous leurs moyens pour fe fournir. L'Etat-Major & les Infpecteurs ne prendroient connoiffance que des réfultats.

Si quelque Capitaine inexact dans fes paiemens faifoit porter des plaintes contre lui; le Commandant du corps feroit autorifé à lui demander la reddition de fes comptes & de fa conduite. S'il la jugeoit mauvaife ou inexacte, il s'empareroit de tous les papiers, argent, effets de ladite compagnie; l'inventaire en feroit fait par le Major qui en donneroit la décharge au Capitaine, & celui-ci feroit fur le champ envoyé aux arrêts pour les garder jufqu'à ce que l'Infpecteur, inftruit par la plainte du Colonel, eut pris lui-même connoiffance de la fituation de cette compagnie; alors l'Infpecteur ordonneroit qu'elle fut adminiftrée jufqu'à nouvel ordre par les foins de l'Etat-Major.

On voit combien ce genre de comptabilité eft favorable à l'ordre, & avec quelle facilité il fe prête aux circonftances. Le jour où un Infpecteur juge d'un dérangement, le jour où il fe trouve mécontent de la tenue d'une compagnie, il en remet le détail à l'Etat-Major pour le tems qu'il juge à-propos; cela ne complique rien, cela ne change rien au fyftème, qui eft toujours effentiellement le même.

En tems de guerre, la comptabilité feroit toujours la même rélativement à tous les détails de confommation ordinaire; mais pour indemnifer les Capitaines de la perte que leur occafionneroient les hommes & les chevaux tués, & pour détruire le foupçon d'un trop grand ménagement à cet égard, Sa Majefté remplaceroit à fes fraix tous les hommes & les chevaux tués feulement, fans égard à leurs équipages. Nous avons vu que la conftitution que j'ai propofée pour la milice a directement cet objet. Ces bataillons feroient ou ne feroient pas affemblés, mais ils fourniroient toujours les remplacemens, foit aux régimens auxquels ils feroient affignés, foit à la compagnie auxiliaire de Cavalerie qui feroit déterminée. Le Roi payeroit fi l'occafion le rendoit préférable 120 liv. par homme, & les chevaux fur le pied de 300 liv.

Récapitulation de la comptabilité.

Tous les mois les Tréforiers remettroient aux Quartiers-maîtres fur le contrôle de revue
1°. Les appointemens.
2°. La folde.
3°. La maffe générale pour le Capitaine.
Les Tréforiers auroient gardé les retenues de capitation & des 4 d. pour livre. Plus, la retenue des foldes & maffe de l'incomplet du dernier mois.
Les Quartiers - maîtres - Tréforiers 1°. diftribueroient fur le champ les appointemens des Officiers. 2°. Ils remettroient aux Capitaines la maffe générale. 3°. Ils feroient le prêt & l'enverroient chez le Capitaine tous les cinq jours. 4°. Ils retiendroient 20 d. par jour fur la paye de chaque bas-Officier ou Cavalier, conferveroient en caiffe la maffe complette de 20 liv., & tous les quatre mois leur feroient le décompte du revenant bon.

Chaque bas-Officier & Cavalier auroit ſa feuille de dépenſe chez le Quartier-maître, où feroit inſcrit l'argent qui lui feroit avancé pour l'achat ou réparation des effets à la charge de ladite maſſe, & chaque Cavalier auroit auſſi le double de ce compte, afin que la plus grande évidence régnât toujours dans cet emploi.

Montant de la maſſe générale pour l'entretien.

Pied de guerre, ſurnuméraires y compris.

	jour.	an.	Cgnie.	Régim.	Total.
Pour chaque bas-Officier, Grenadier, Chaſſeur ou Soldat.	2 f. 2 d.	39 l.	3042 l.	54,756 l.	6,570,720 l.
Pour chaque bas-Officier, Cuiraſſier, Dragon, Huſſard.	6 6	117	7605	91,260	4,106,700

Total pour l'Infanterie & la Cavalerie, 10,677,420 l.

Nous verrons au chapitre de la diſcipline & des revues, les moyens que je propoſe pour l'exactitude & le maintien de cet ordre invariable. La maniere d'établir un cautionnement pour les Capitaines ſera auſſi träitée au chapitre de la banque militaire ; mais avant d'y paſſer, il nous reſte à parler de deux objets eſſentiels. Les remontes & la nourriture des chevaux.

CHAPITRE XII.

Des remontes. De l'espece de chevaux la plus pro-
pre au service de la Cavalerie.

Reflexions sur les Haras.

Les avantages de la Cavalerie consistant principalement dans sa vîtesse , dans sa force & dans
son élévation ; c'est du choix des chevaux que ces
qualités dépendent primitivement , & on ne doit
rien négliger pour se les procurer de la meilleure
espece ; mais on sera privé de ce choix 1°. Si
la consommation faite dans le Royaume excede
la production. 2°. Si le prix haussant tous les
jours par la rareté de l'espece ne permet plus à
nos moyens militaires que le rebut des autres
consommateurs. C'est à-peu-près la position où
nous nous trouvons en France dans le moment
où j'écris. Nulles loix , nuls moyens pour entretenir la balance entre les prix accordés par le
Roi , & ceux fixés par le vendeur. Point ou
presque point d'encouragemens donnés pour
élever des chevaux dans le Royaume où l'on
en consomme le plus , & où le sol est le plus généralement susceptible d'en produire. Que doit-il
arriver de là ? que nous faisons avec l'étranger le
commerce le plus désavantageux, en lui portant
notre argent pour ses chevaux. L'Angleterre, &
particuliérement l'Allemagne , fait un grand profit sur cet échange. Quelque énorme que soit
la consommation des chevaux, comparée à al

quantité que le Royaume en produit, cette dif-
proportion n'eſt pas frappante dans ce moment,
par la facilité que nous avons à en trouver chez
nos voiſins ; mais que la guerre ſe déclare en
Allemagne, que nous la faſſions nous-mêmes,
cette reſſource nous ſera enlevée, & dans cet
inſtant où nos beſoins venant à augmenter,
nous manquerons abſolument de reſſources ;
cela eſt aiſé à prévoir. La Cavalerie Françoiſe,
compoſée aujourd'hui d'environ 16,000 chevaux, a au moins 8000 chevaux Allemands ; ſi
la guerre ſe déclare, il faut que notre Cavalerie
ſoit portée de 35 à 40 mille. Les équipages de
l'armée, l'Artillerie & les vivres exigent au-moins
40 mille chevaux ; je demande où on les prendra ? quels fonds & quels moyens pourront ſuffire à la conſommation de la guerre ? Il ſera trop
tard alors de s'appercevoir que la quantité & la
qualité de l'eſpece nous manquera ; commandés
par la néceſſité, le choix ne nous ſera plus permis : il faudra tout faire ſervir, & la conſommation ſe multipliera en raiſon de la foibleſſe des
chevaux que nous employerons. (1) Il ſeroit

---

(1) J'ai eû entre les mains un mémoire, fait par
un Colonel de Dragons, qui prévoyant comme moi
que nous manquerions de reſſources pour augmenter
notre Cavalerie ſi la guerre ſe déclaroit, propoſoit de
charger chaque maître de poſte du royaume de l'entretien d'un Cavalier & d'un cheval. L'auteur ne m'a pas
permis de le nommer, mais il ne peut s'oppoſer à ce que
je cite ici cette idée comme très-avantageuſe ; & le
jour ſous lequel il la préſente, m'a perſuadé de l'utilité que l'on trouveroit à la mettre en pratique. Le Roi
de Pruſſe ſe ſert d'un moyen à-peu-près ſemblable

donc fage de faire des loix fur les haras, &
de s'occuper du rétabliffement de l'efpece, qui
diminue tous les jours. Une feule Province (la
Normandie) femble jufqu'à préfent, avoir attiré
l'attention du gouvernement. C'eft, fans doute,
par l'immenfité de fes herbages & la qualité
reproductive de fon fol, qu'elle a été regardée
comme la plus propre à élever des chevaux. Mais
n'a-t-on point pris la quantité pour la qualité ?
c'eft ce dont on fera perfuadé, quand, au lieu
de répéter fans connoiffance de caufe que le
cheval normand eft le meilleur cheval françois,
on voudra examiner avec foin les haras & les
productions de cette Province. Un fol gras &
fécond donne abondamment des fourrages, mais
la qualité fe reffent du terroir qui les produit;
l'herbe, très-abondante en fucs, fournit une nourriture propre à engraiffer en peu de tems tous
les herbivores. Les chevaux nourris dans ces
fonds fe reconnoiffent par les formes arrondies
de leurs mufcles ; le tiffu en eft plus lâche que
tendineux, plus mou que compact. Tous les
chevaux normands font chargés de chairs &
d'épaules ; ils ont rarement les articulations fé-
ches & déliées, & prefque toujours la vue graffe.
Ces chevaux ne font ni vites ni courageux. Ils
font beaucoup plus propres au trait qu'à la
monture. Malgré les foins des prépofés, les ex-
traits reffemblent rarement à ces fuperbes animaux tirés de tous les pays du monde, raffem-

---

pour fes attelages d'Artillerie. Des laboureurs s'en char-
gent en tems de paix, & les lui fourniffent en tems de
guerre.

blés à grands fraix au haras du Roi. La qualité trop nourrissante des pâturages de Normandie n'est pas la seule cause de la médiocrité des chevaux de cette province. Quelques amateurs qui ont mis l'expérience à profit, parent même à cet inconvénient, en faisant choix d'herbages situés sur des terreins élevés & secs, pour y placer les poulains de trois ans, ce qui s'appelle dans ce pays les affiner; & ceux-là, en effet, réussissent mieux que les autres. Mais un soin généralement négligé dans cette province, c'est le choix des meres. De quinze mille jumens, couvertes chaque année, on peut attester qu'il n'y en a pas deux cent qui méritent l'accouplement de ces superbes étalons. Non-seulement elles manquent de figure, mais encore de taille; j'affirme cette vérité, parce qu'ayant habité long-tems cette province, je me suis trouvé deux années de suite au haras dans le tems de la monte, & j'ai été frappé, comme tout le monde, d'un abus contre lequel on ne prend aucun moyen; on diroit qu'il est sans remede. Ce n'est point ici le lieu d'en proposer, ni de parler d'une nouvelle administration des fonds destinés aux haras. On sait que ceux qui sont assignés à la province de Normandie sont énormes; il me suffit de démontrer que le découragement du Fermier & la diminution de l'espece sont une suite inévitable de l'administration du jour, & que passé certain terme, c'est un argent mal dépensé que celui que l'on employe à vouloir inutilement augmenter une production, au-delà de la mesure prescrite pour l'intérêt de cette Province. En effet, tant que le pro-

priétaire

priétaire aura un profit plus sûr & plus démontré à faire le commerce des bœufs que celui
des chevaux, il seroit absurde de se flater de
lui faire préférer la spéculation la plus dange-
reuse à la plus certaine & la plus lucrative.
La Normandie élèvera toujours une certaine
quantité de chevaux; ce n'est point à multiplier ce nombre qu'il faut donner ses soins. Je
le répéte, ces efforts seroient inutiles, l'intérèt
y tiendra toujours la balance, qu'on ne peut
faire pancher que par un intérèt plus grand:
le commerce du monde entier est fondé sur
cet axiome. Que la quantité varie donc, cela est
inévitable, mais l'amélioration est aussi inévi-
tablement soumise aux moyens que l'on em-
ployera. Que l'on substitue des jumens de race
& de taille à ces bringues qui ne peuvent produire que leur image; que des étalons sains,
libres dans leurs membres & surtout dans un
autre régime que celui du haras, couvrent ces
nouvelles poulinieres, on aura indubitablement
de meilleurs chevaux. Mais que de préjugés
s'opposent encore à nos succès! si l'on repro-
che aux Inspecteurs des Haras de conserver des
étalons communs & mal faits, ils vous répon-
dent qu'il faut des chevaux de toutes les espè-
ces, pour les proportionner aux jumens & fournir à tous les consommateurs : comme si le
bon, l'excellent n'étoit pas toujours préférable
lorsqu'on peut se le procurer. *C'est ces chevaux
manqués*, me disoit un jour un de ces préposés, *qui servent à remonter vos Dragons, il en
faut comme cela.* Eh! Messieurs, où seroit donc
l'inconvénient que nous fussions tous montés

Partie I.   K

fur des chevaux femblables à *Kingpepin* (*a*) &
à fa progéniture ! en coute-t-il davantage pour
élever un bon cheval qu'un mauvais, & le bon
n'eſt-il pas bon pour la Guerre comme pour
la chaſſe ? D'après ce principe, l'expérience a eu
beau démontrer que pluſieurs étalons [*b*] ne faifoient que de mauvais chevaux, ils ont été
confervés auſſi long-tems que les meilleurs. Si
l'on commet des fautes ſi eſſentielles dans l'adminiſtration des Haras de Normandie, c'eſt bien
pis dans les autres Provinces du Royaume, où
cette partie eſt abſolument négligée faute de
Loix & d'encouragemens, car nous ne pouvons
douter que le Limouzin, l'Auvergne, le Berry,
le Dauphiné, la Lorraine, l'Alſace, la Bour-
gogne &c. ne puiſſent nous fournir d'excellens
chevaux lorſqu'on le voudra. La Province du
Poitou montre l'exemple aux autres, c'eſt par
les foins & l'activité de quelques Amateurs que
fes Haras s'augmentent chaque jour, & quand
nous le voudrons, les rives de la Saone, de la
Loire & de la Garonne feront couvertes de chevaux ; mais que faut-il pour cela ? des foins &
une adminiſtration différente que celle des Intendans de Province. Il faut que ces MM.
renoncent à choiſir les étalons, & qu'ils fe bornent à régir la comptabilité ; qu'on élève dans
chaque diſtrict des établiſſemens pour raſſembler des étalons, que ces étalons y foient maintenus dans un régime & un exercice propres à

(*a*) Fameux étalon anglois, donné au haras du Roi
par M. Le Comte d'Artois.
(*b*.) L'allerion & l'accompli.

entretenir leur vigueur, qu’on fupprime les
garde-étalons, les droits de monte, & par conféquent tous les abus qu’entretiennent aujour-
d’hui l’intérêt. Après s’être occupé de la repro-
duction de l’efpèce, qu’on établiffe des loix fur
la confommation, qu’elles ayent pour objet de
réléguer les jumens chez le cultivateur, comme
cela eft exactement fuivi en Efpagne; que ces
loix fixent de plus le tems de la caftration,
qu’elles l’ordonnent pour les chevaux au-deffous
de huit pouces, & l’affujettiffent à un impôt
pour ceux au-deffus de cette taille. Alors la
France deviendra la partie de l’Europe la plus
peuplée en chevaux, le confommateur ne for-
tira pas fon argent du Royaume, la Cavalerie
trouvera à fe remonter, elle doublera fes avantages & acquerra une fupériorité décifive fur
celle des autres Puiffances. Les Cuiraffiers mon-
teront des Chevaux de cinq pieds, les Huffards
& les Dragons des chevaux de neuf à dix pouces. Le François, plus familiarifé avec les chevaux, les aimera davantage, fera plus entre-
prenant & en tirera plus de parti. On verroit
des Régimens montés fur des chevaux entiers
bien choifis & bien exercés faire des marches
étonnantes par leur longueur & leur difficulté.
Toutes ces chofes arriveront un jour puifqu’elles font poffibles, alors on fera furpris de la
maniere dont nous nous fervons aujourd’hui
de notre Cavalerie. Je prédis qu’il en viendra
une tellement choifie, montée, équipée & exer-
cée, qu’elle fera en fix heures le chemin que
nous faifons en fix jours; mais cette révolution fera longue, parce que pour l’opérer il faut

vaincre les préjugés qui s'y oppofent. Dans le traité de l'art de monter & de dreffer les chevaux, que je placerai à la fuite de cet ouvrage, je m'étendrai fur les principes & les moyens de tirer les plus grands fervices des chevaux que nous avons entre les mains, mais une opération antérieure à celle-la eft de les bien choifir. Nous venons de voir les précautions qui font du reffort du Gouvernement pour augmenter & améliorer l'efpèce, il faut après laiffer à chaque Capitaine le foin de choifir & de pourvoir fa Compagnie. Son intérêt répond de fon activité à cet égard. La taille des chevaux feulement feroit déterminée comme nous l'avons dit ci-deffus, & Mrs. les Infpecteurs feroient juges de la figure convenable. Dans les pertes confidérables de la Guerre, le Roi indemniferoit les Capitaines par des recrues & remontes effectives. Nous avons fait voir que les milices fourniroient les hommes fans augmentation de charge pour les fonds de la Guerre. La levée des chevaux pour cette occafion feulement fe feroit par entreprife, elle feroit peu chere au Roi, & ferviroit d'encouragement pour les Haras du Royaume, duquel ces fonds ne devroient jamais fortir. On les jetteroit de préférence dans les Provinces qui en auroient le plus de befoin. Je ne m'arrêterai point ici à parler du choix des chevaux, & à donner des préceptes fur les fignes caractériftiques de la force & de la bonté de cet animal. Affez d'autres ont traité amplement cette matiere. J'y renvoye mes lecteurs, non pour s'y inftruire en adoptant aveuglément les fyftèmes & les principes qu'ils trouveront

dans ces livres tous calqués les uns fur les autres, mais je les y renvoye pour mettre ces
principes fans cesse en parallèle avec ce que
l'expérience leur apprendra chaque jour. Ce
n'est que l'expérience qui nous dévoile les jeux
bizarres de la nature, que nous voulons envain
foumettre à un ordre classique & à une division
à laquelle fa variété fe réfuse. Nous rencon-
trons fans cesse d'excellens chevaux construits
dans des proportions différentes de celles que
nous avons imaginé être les feules qui dussent
produire l'accord parfait des forces, & par conféquent, donner la plus grande bonté, & nous
trouvons aussi dans ces belles proportions, des
animaux hors d'état de rendre les fervices qu'on
fembloit avoir droit d'en attendre [1]. L'hypiatrique, fans doute, deviendra un art utile ,
mais fes progrès feront lents parce que les conjectures en tracent les principes, & que l'expérience feule peut les asseoir. Les qualités du
cheval ne fe dévoilent pas à l'expérience avec
l'évidence que tous les auteurs nous annoncent;
mais celui qui achette n'a que deux manieres

____

(1) L'accompli, étalon du haras du Roi, a fervi de
modele à un hypiatre qui l'a fait graver avec foin ,
pour que fes proportions fervissent de regle. Ce cheval avoit tous les défauts qu'on doit reprócher au cheval normand. Il étoit chargé de chair, les os gros, la
tête grasse, les articulations rondes ; il ne démentoit
point ces fignes qui annoncent un cheval mou, une de
fes productions est encore au haras. Ce cheval ressem-
ble à fon pere & ne produit que de mauvais poulains ;
mais le préjugé des Normands même est fi favorable
aux grosses jambes, qu'ils preferent donner leurs jumens
à des chevaux de cette structure.

K iij

de juger ; la premiere par l'infpection de l'extérieur, qui eft le feul moyen pour le poulain
jufqu'à l'age de trois ans ; la feconde par le tact
fin de l'effai qu'il peut mettre en ufage pour
le poulain de quatre ans ; ici il faut plus que
des connoiffances d'hypiatrique. L'Ecuyer voit
& fent dans l'action des mufcles des chofes inconnues au refte des hommes ; c'eft par l'effet
qu'il remonte aux caufes, au lieu que l'hypiatre plus incertain effaye de prédire l'effet par
la caufe. Sans connoître les allures du cheval
& leur mécanifme, comment ofe-t-on donner
des régles fur la *bonté* ? Ce mot n'eft-il pas l'expreffion qui qualifie la perfection du fervice
qu'on en attend ? Meffiez-vous de ces connoif-
feurs qui tâtent les jarrets au lieu de voir marcher & de monter le cheval. Je n'entreprendrai
pas de développer une nouvelle doctrine fur la
connoiffance des chevaux, il faut que vingt
années d'expérience confirment encore les idées
neuves que je puis avoir fur cet objet. Les
Officiers de Cavalerie accoutumés aux achats,
& les marchands qu'on aura l'adreffe d'intéref-
fer à une fourniture honnète, font les hommes
dans lefquels on doit mettre fa confiance. Ce
qui n'eft ni problématique ni indéterminé, c'eft
l'avantage que la Cavalerie tire de fon élévation,
& les Dragons & Huffards de leur légéreté. Les
chevaux au-deffous de quatre pieds neuf pouces à la toife devroient être rejettés de la Cavalerie Françoife. Je terminerai donc cet article en recommandant l'attention la plus fcrupu-
leufe, foit dans les achats, foit dans les réformes. L'incertitude des principes à cet égard

doit infpirer une jufte défiance à ceux qui font
chargés de recevoir ou de prohiber ; car l'homme de cheval un peu expérimenté ne s'accoutume point à voir un Infpecteur décider à la
premiere vue, & prononcer un arrêt de condamnation fans un examen récidivé.

CHAPITRE XV.

Nourriture des Chevaux de Cavalerie. Adminif-
tration des fourrages.

SI l'on confidére que la plus grande dépenfe
de la Cavalerie eft la nourriture des chevaux,
& que de la qualité de cette nourriture dépend
la force ou la ruine de cette Cavalerie, on regardera l'adminiftration des fourrages comme
un objet qui mérite l'attention la plus férieufe.
On en eft actuellement fur cet article au même
point que fur prefque tous les autres. On a
effayé de tous les moyens, il ne s'agit que de
les comparer, pour adopter définitivement celui
qui eft le plus avantageux aux intérêts du Roi,
& réfoudre enfin ce problème, s'il vaut mieux
adminiftrer les fourrages des armées par entreprife que par régie. Nous avons toujours vu
la premiere de ces adminiftrations excéder de
beaucoup les dépenfes de l'autre. Il faut que
les traitans gagnent, & leur gain eft toujours
proportionnel à la maniere dont ils rempliffent
leur marché. Ici leur intérêt perfonnel eft fans
ceffe en oppofition avec le bien du fervice,

plus ils font exacts fur le poids & la qualité, moins ils font de profit. Leur bénéfice au contraire augmente toujours dans la raison inverfe.

Le gain de l'entrepreneur eft fi confidérable, & les moyens de l'augmenter font fi multipliés, que dans tous les tems le Miniftre a été perfécuté par les Financiers, les Intrigans & les Ufuriers. Que d'intéreflés à le tromper ! Tout ce qui l'approche lui tend des pieges. Ses commis même, corrompus par les cadeaux ou les parts, abufent de fa confiance, qui eft toujours d'autant plus grande, que le Miniftre eft moins éclairé fur les immenfes détails de fon département (1). Les corps ont beau faire des repréfentations, le Commis les fouftrait ou fe charge d'y répondre ; le Miniftre cède enfin, le marché fe pafle & l'intérêt du Roi en eft toujours le prétexte. Ce n'eft point avec cet Entrepreneur ou cette Compagnie que les troupes ont à faire, fouvent même elles ne le connoiffent pas ; le premier traitant fe réferve deux ou trois fols par ration, & abandonne fon privilege à un fous-traitant, qui fe contente d'un profit plus modefte, & met un troifieme Entrepreneur en fon ieu & place ; quelquefois la cafcade va encore

------

(1) M. Le Comte de St. Germain a avoué lui-même que lorfqu'il rompit le marché des fourrages, qui étoit très-onéreux au Roi, les entrepreneurs, qui faifoient des profits immenfes, avoient fait jouer tous les refforts imaginables pour le faire renoncer à ce projet, & qu'ils ont cherché long-tems à féduire par des intérêts & de l'argent tout ce qui l'environnoit (Mémoires page 34.)

plus loin. Les Juifs qui fournissoient les troupes de Lorraine en 1775 étoient les quatriemes Fermiers, & offrirent aux Régimens de leur abandonner leur entreprise, moyennant un bénéfice net de six deniers par place. Il n'y a pas de Régiment à cheval qui ne puisse fournir des exemples de pareils monopoles, & qui n'ait souffert de la nécessité où sont toujours ces derniers traitans, de ne s'approvisionner que du rebut des pailles, foins & avoines.

Indépendamment de ces voleries indécentes en tems de paix, nous avons vu plus d'une fois nos armées, pendant la derniere guerre, se trouver dans les situations les plus critiques par la disette des fourrages; les entrepreneurs gêner sans cesse les opérations des généraux, & ceux-ci souffrir patiemment toutes les contrariétés que pouvoit susciter l'avidité des commettans. En voici un exemple : à la fin de la campagne de 1760, M. le maréchal de Broglie, voulant garder la Hesse pour en faire la tête de ses quartiers-d'hiver, fut obligé de changer cette disposition, ou du moins de s'étendre beaucoup plus qu'il ne l'avoit compté, par les difficultés que lui firent éprouver les entrepreneurs des fourrages, intéressés, sans doute, à ce que M. le maréchal prît une position qui leur fût plus commode ou plus avantageuse. Le roi de Prusse faillit tirer avantage de cette circonstance, & sans les plus habiles dispositions de la part de M. le maréchal, le prince Ferdinand & lui pénétroient dans l'intérieur de nos quartiers. Mais il ne suffisoit pas d'avoir chassé les ennemis de la Hesse, il falloit, pour s'y soutenir, y établir

de nouveau un corps de troupe, & s'affurer de
fa fubfiftance. Voilà le moment favorable aux
entreprifes ; quelques magafins avoient été brû-
lés, la Heffe étoit dépourvue, on ne pouvoit
tirer des fourrages que de la Thuringe & de la
Saxe, il y avoit des rifques à courir ; les difficultés augmentant, les entrepreneurs virent
qu'on ne pouvoit fe paffer d'eux, & demande-
rent que la ration leur fût payée 50 fols, fans y comprendre les fraix de manutention, & les accidens toujours fréquens entre les mains de ces
meffieurs. On a évalué que la ration feroit re-
venue au roi à 3 livres au moins, tandis que,
par les nouveaux moyens pris par le maréchal,
tous les fraix compris, elle ne revint au roi
qu'à 19 fols 6 deniers. La quittance en forme
des régiffeurs en fait foi (1).

M. le maréchal de Broglie, convaincu du peu
de confiance qu'un général d'armée doit avoir
dans les entrepreneurs, s'occupa d'un nouvel
arrangement, qui fut une adminiftration militaire
des fourrages, à laquelle il joignit celle des voitures. Ce général & M. le comte de Broglie,
fon frere, travaillerent conjointement à ce plan,
qui fut exécuté avec toute l'intelligence, la facilité & l'économie poffibles, puifque l'approvi-
fionnement fait, il y eut plus de 200 mille rations de refte pour l'hiver fuivant. Ces généraux donnerent par-là un exemple fans replique

------

(1) Le même exemple d'économie s'eft montré,
lorfque M. de St. Germain rompit le marché des fourrages. La premiere année, le bénéfice pour le Roi
fut de près d'un million. (Mémoire du Comte de St.
Germain, page 34).

(155)

fur les avantages de ce genre d'adminiftration,
préférable à tous égards aux entreprifes, toujours
ruineufes pour l'Etat, & fâcheufes pour le général.

J'ai été bien aife de citer cet exemple, pris
des dernieres campagnes, par la facilité qu'on a
toujours d'apporter en oppofition le tems de
guerre à celui de paix, qui, dit-on, exige des
moyens bien différens. Combien de gens fe laif-
fent féduire par ce langage (1).

Si nos maîtres nous ont démontré non-feulement poffible, mais même le plus utile de mettre les fourrages fous une régie militaire, il ne
refte plus à celui qui travaille & cherche à démontrer le bien, qu'à faifir des moyens fûrs,
& les adapter au plus grand nombre de circonftances poffibles.

On a toujours droit de fe méfier d'un fyftème

------

(1) Je confeille à tous les militaires de lire tout ce
qu'ils pourront recueillir des inftructions manufcrites,
ou autres de M. Le Maré chal de Broglie & particuliérement :

Le mémoire fur l'adminiftration militaire des fourrages & des voitures, & fur les avantages qui en réfulterent depuis leur inftitution jufqu'à la fin de la derniere guerre.

Inftructions fur les fourrages d'une armée.

Inftructions pour les troupes légeres.

Inftructions pour les commandans des corps d'avant-
garde, des corps détachés de l'armée, & des corps en
réferve.

Inftruction pour la veille & le jour d'une affaire.

Inftruction pour les commandans des détachemens
& efcortes du convoi.

Inftructions générales pour les cantonnemens.

préfenté exclufivement; & le meilleur eft, fans
doute, celui qui eft fufceptible de fe modifier,
pour fe prêter à toutes les circonftances, qui varient fouvent plus qu'on n'a pu le prévoir.

La régie militaire des fourrages, fubftituée à
l'entreprife financiere, fe montre fous différentes formes, & en change facilement pour les
adapter aux befoins. Dans le calme de la paix,
la cavalerie, difperfée dans les différentes provinces de France, a fuffifamment de moyens
pour s'approvifionner, fans que le miniftere s'en
occupe. L'objet intéreffant eft l'économie pour
le roi, & elle eft fûre, lorfqu'il payera les denrées aux prix marchands de tous les confom-
mateurs de fon royaume. Les entreprifes ont
toujours été au-deffus de ce taux, cela feroit
aifé à prouver.

Nous avons vu, par la conftitution & la comptabilité propofée pour les troupes, que le traitement des capitaines eft abfolument féparé &
indépendant de la nourriture des chevaux : le
roi peut donc, fans leur faire aucun tort ni rien
changer à leur état, leur accorder cette entreprife, & la leur ôter fuivant les circonftances.
En chargeant les capitaines du foin de nourrir
leurs chevaux à la ration fixée, on multiplie les
agens, on augmente par conféquent les moyens
de fe mieux pourvoir. Et qui eft-ce qui peut &
qui doit apporter plus de foins à la qualité des
fourrages, que les capitaines auxquels les chevaux appartiennent? Le roi, en faifant fixer le
prix des rations fur la valeur relative des denrées dans chacune de fes provinces, & étant,
pour ainfi dire, maître de ces prix, en augmen-

tant ou en diminuant la confommation, eft affuré de ne payer cette fubfiftance, que felon là
valeur réelle qu'elle doit avoir dans le royaume;
on fent par-là que la répartition des quartiers de
cavalerie doit être faite fur ces principes.

Cette maniere de régir les fourrages en tems
de paix & dans ces quartiers, me paroît donc la
plus fimple, la plus propre au bien de la chofe
& la plus économique; elle offre encore un avantage inappréciable, qui eft d'exercer le militaire
à fe pourvoir & à régir ce genre de fubfiftance.
De forte que les troupes fe réuniffant, foit pour
les camps de paix, foit pour faire la guerre, on
trouveroit la plus grande facilité (par le grand
nombre d'officiers exercés à ce genre d'adminiftration) à former une régie générale femblable
à celle que Mrs. de Broglie employerent avec
tant de fuccès pour les intérêts du roi en 1761
& 1762. Cette adminiftration a été fi parfaitement traitée par ces généraux, qu'il ne nous
refte qu'à admirer, étudier leurs inftructions,
& nous taire.

CHAPITRE XVI.

*De l'établiffement des quartiers pour les troupes
dans le royaume.*

QUELLE que foit la forme de la conftitution &
de la comptabilité militaire, l'entretien de l'armée demande un remplacement fucceffif & continuel d'hommes, de chevaux, d'habillement &

d'équipement. L'inftruction demande auffi dans chaque régiment une école perpétuelle, pour former la recrue & le cheval de remonte; il faut donc des magafins & des boutiques continuellement ouvertes pour la fabrication des différens effets, des maneges & des hangars pour les différens exercices. Or, il eft peu d'ufages auffi contraires au bien du fervice, que celui que nous confervons en France, de faire voyager fans ceffe les troupes d'un bout du royaume à l'autre, fans autre objet que celui de les changer de garnifon & de quartiers. L'inftruction en fouffre, le foldat s'endette. Il ufe non-feulement fes effets, mais encore ceux qui font au compte du roi. Le tranfport des équipages, celui des magafins ne fe font jamais fans perte & fans des frais confidérables. L'officier eft accablé par les dépenfes que lui occafionnent ces déplacemens, pour lefquels le roi, loin de lui faire un traitement particulier, le prive encore des fecours néceffaires pour le tranfport de fes équipages & de fes valets. Ces mutations continuelles font que l'officier ne peut vivre nulle part avec l'économie qu'exigeroit fa modique paye: par-tout il eft traité comme un étranger, & fe trouve comme tel, réduit aux cheres reffources de l'auberge. Le peuple eft foulé par le paffage continuel des troupes qu'il a la charge de loger. Les étapes, qui font une très-groffe charge auffi pour les provinces, augmentent d'environ deux millions les dépenfes de la guerre. En fixant l'établiffement des troupes, il en réfulteroit une grande économie pour le roi, pour les officiers & pour le foldat. Les villes deftinées à devenir

quartiers, feroient bientôt conſtruire des cazernes plus ſaines, plus commodes & plus favorables à la diſcipline. On auroit des hangars, des
maneges qui faciliteroient l'inſtruction qu'on ne
peut donner dans la plupart de nos quartiers
actuels. Des magaſins vaſtes nous permettroient
d'être toujours munis des attirails de guerre,
dont on ne peut ſe pourvoir à préſent, par l'embarras de les traîner avec ſoi. L'officier, enfin,
jouiroit des mêmes reſſources que le citoyen, il
pourroit vivre à auſſi bon marché, en faiſant
dans les tems les plus favorables toutes les pro-
viſions de ſa conſommation. C'eſt ainſi que cela
ſe pratique en Allemagne, en Pruſſe ; mais,
malgré l'évidence de l'avantage qu'il y auroit à
imiter ces deux Etats, vraiment militaires dans
cette ſage politique, je trouverai, ſans doute,
le plus grand nombre des anciens officiers contraires à ce principe. Ils réclament ſur cet objet,
comme ſur tant d'autres, l'antique uſage de ces
promenades devenues néceſſaires à la diverſion de
leur oiſiveté & de leur ennui. Les uns diront
que ces changemens ſervent à éviter le dégoût
que le ſoldat François eſt ſi ſujet à prendre pour
une vie que la diſcipline rend déjà ſi uniforme.
Les autres diront que le ſoldat, étant ſédentaire,
formeroit des liaiſons trop ſolides, qui le diſ-
trairoient des devoirs de ſon métier. Mais, que
l'on réfléchiſſe ſérieuſement ſur la futilité de ces
objections communes, qui paſſent de bouche en
bouche, & que l'on répette machinalement. Si
le ſoldat deſire quelquefois ſortir du quartier ou
de la garniſon qu'il occupe, c'eſt que ſon établiſſement y eſt mauvais, c'eſt que les vivres y

font chers, c'eft qu'il y eft trop fatigué par le fervice (1). Quand eft-ce qu'un régiment fe plaint de fon quartier ou de fa garnifon? C'eft prefque toujours dans les premiers mois de fon arrivée, parce qu'alors il a moins de moyens & moins de reffources, parce qu'il eft reçu avec humeur par le bourgeois qu'il gêne, & auquel il eft à charge. Si le régiment eft difcipliné, au bout de quelques mois l'humeur & les plaintes s'appaifent, la ville s'habitue à la garnifon, & la garnifon à la ville. J'ai toujours vu, qu'à moins qu'il n'y eût des caufes femblables à celles que j'ai cité ci-deffus, lorfque l'ordre routinier du changement arrivoit, le bourgeois étoit fâché de perdre le foldat qu'il connoiffoit, & le foldat fâché de perdre l'hôte dont il avoit à fe louer. De ce que le foldat s'accoutume & fe plaît dans fon quartier, en conclure qu'il perdra le goût de fon métier, & fe diftraira de fes devoirs, c'eft précifément déduire une conféquence inverfe de celle que je crois raifonnable d'en tirer.

Chaque miniftre a d'autant plus volontiers maintenu cet ufage de faire voyager les troupes, qu'il devient une reffource pour tirer du tréfor royal deux millions, en excedant des fonds affignés pour le département de la guerre. Ceci eft une de ces rufes d'adminiftration, un de ces
rev
iremens

---

(1) Dans nombre de garnifons, en effet, ne fait-on pas, au mépris des ordonnances, monter deux ou trois gardes au même homme en 8 jours. (Il faut vérifier cette note fur les ordonnances du fervice des places).

reviremens de parties qui se pratiquent en grand, mais dont le résultat est comme celui de la comptabilité actuelle de nos régimens, je veux dire, de tromper le roi, afin de le mieux servir.

Lorsqu'un bureau de l'hôtel de la guerre calcule mal, lorsque la dépense excede la recette, lorsqu'il y a quelques gratifications extraordinaires à accorder, ou quelques dépenses tacites à faire, le commis chargé du mouvement des troupes, présente le tableau d'un changement de quartiers & de garnisons, qui met trente ou quarante mille hommes en route pendant un mois, donne un bénéfice net de la retenue totale des appointemens & de la solde de ces troupes, car alors elles sont défrayées par l'étape. Les contrôleurs-généraux, choqués d'une charge que le ministre de la guerre rejette à volonté sur le trésor - royal & sur les provinces, auroient voulu remédier à cet abus, mais ils n'ont osé élever la voix contre un usage dont l'origine est aussi ancienne, & que le bourdonnement de l'hôtel de la guerre certifie être aussi nécessaire. M. Necker fit pourtant, en 1777, une nouvelle tentative pour mettre fin à ce désordre. Il fit proposer à M. le comte de St. Germain de supprimer les étapes, & lui offrit en indemnité une augmentation de six cent mille livres pour les fonds de la guerre. Un officier général fut chargé de traiter cette affaire entre les deux ministres; mais les bureaux détournerent bientôt le principe d'ordre & de justice qui rendoit le ministre de la guerre attentif à la proposition: on décida celui-ci à demander un million cinq cent mille livres. On ne tomba point d'accord. M. de St.

Germain quitta en ce moment. Le directeur des finances, occupé d'opérations plus vastes & plus essentielles, semble au moins avoir suspendu le projet d'une réforme aussi intéressante, mais ne pourroit-on pas réveiller son attention, en entrant dans des détails qui serviront de plus en plus à le convaincre de l'inutilité des étapes. Il est assez bien prouvé qu'il est avantageux au roi, au militaire & aux provinces, de donner aux troupes des établissemens permanens dans le royaume, parce qu'alors, si un régiment marche pour cause de guerre, il n'emmene jamais que ce qui est en état de la faire, il ne déplace point ses magasins, son quartier est toujours son dépôt, il y renvoye ce qui lui est à charge, & en fait venir ce qui lui est utile : purgé de tout ce qu'il y a d'infirmes & d'esclopés, il sémera moins de malades dans les hôpitaux, & occasionnera moins de charges aux provinces pour les corvées de voitures & de chevaux.

Que l'on ne soit point étonné de la proposition que je fais de réformer les étapes. Avant Louis XIV, les troupes voyageoient, & n'en avoient pas ; mais, comme le militaire étoit alors sans discipline, le soldat pilloit pour économiser sa paye ; ce fut la raison qui détermina Louis XIV à faire fournir aux gens de guerre la subsistance en pain, vin & viande. En 1718, le marché des étapes fut sans doute trouvé ruineux : le roi le supprima, en accordant aux troupes une augmentation de paye, lorsqu'elles seroient en route. En 1727, il y avoit sans doute comme aujourd'hui beaucoup d'intéressés au désordre, ils parvinrent à persuader de la nécessité de faire rétablir un marché qui les enrichiſſoit, & ce marché tient encore. Il faut le ſupprimer une ſeconde fois, parce qu'il eſt pour le moins auſſi coûteux au roi en ce moment, qu'il l'étoit il y a ſoixante-deux ans.

Le marché des étapes eſt véxatoire pour les officiers, & il favoriſe la mauvaiſe foi & l'uſure de l'entrepreneur. Les ordonnances de 1727 & de 1737, qui accordent un certain nombre de places de bouche & de fourrages aux officiers, leur défendent en même tems d'en diſpoſer, & laiſſent à l'étapier ſeul la liberté du rachat. Celui-ci les évalue donc toujours au plus vil prix; car on ne peut pas plus le forcer à les payer plus, qu'on ne peut les vendre à d'autres. C'eſt être indécemment à ſa diſpoſition.

Une ordonnance de 1763 prévoit le cas où des troupes viendroient à marcher ſur des routes où les étapes ne ſeront pas établies, elle accorde un ſol par jour à chaque ſoldat, 3 ſols pour chaque appointé, 4 ſols pour chaque caporal, & 8 ſols pour chaque ſergent. Que l'on ſe ſerve de cette loi générale, en changeant pourtant le tarif. Que l'on accorde 2 ſols d'augmentation au ſoldat, cavalier, appointé, caporal & brigadier, & 4 ſols au ſergent & maréchal-des-logis. Je réponds que les chambrées, vivant dans l'ordre preſcrit, ſe procureront une nourriture auſſi ample que celle qui eſt diſtribuée en nature par l'étapier.

Pour accroître encore ce bien-être, pendant les jours de route, il ne ſeroit fait aucune retenue pour la maſſe de linge & chauſſure. Le ſoldat & le cavalier mettroient au prêt leur paye entiere, favoir, l'un 9 fols, & l'autre, 10 fols 4 deniers.

Lorfqu'un régiment devroit voyager, fon arrivée feroit annoncée dans tous les lieux de fon logement, afin que le maire ou fyndic principal avertît les bouchers, boulangers, marchands de foin, pailles & avoines. L'attention de cet officier municipal, feroit feulement de s'affurer que la quantité néceffaire des denrées eft à vendre, & d'en maintenir le prix égal aux calcabots des marchés précédens.

Un capitaine, un lieutenant & un maréchal-des-logis précéderoient de deux jours la marche du régiment, pour s'affurer des provifions de toute efpece; enforte qu'à l'arrivée du régiment, la diftribution en feroit auffi promte que celle qui fe fait aujourd'hui.

Dans la diftribution des logemens, on ne fépareroit jamais les chambrées, & pour éviter les défordres qui pourroient réfulter des diftributions ou des achats individuels, le chef de chambre & deux foldats ou cavaliers, iroient feuls chercher les provifions.

En ajoutant à ce projet quelques loix que les circonftances rendroient peut-être néceffaires, j'ofe affirmer que les troupes voyageroient tout auffi commodément que par la méthode actuelle. Je laiffe apprécier aux calculateurs l'économie qui en réfulteroit.

Plus on méditera le fyftème de permanence que je propofe, plus je me flatte qu'on le trouvera avantageux; le vieux foldat trouvera un azyle dans fon quartier, on pourra l'y occuper utilement. Le mariage ne fera plus profcrit,

comme il l'eſt aujourd'hui, dans les troupes fran-
çoiſes, par l'embarras réel qu'il donne dans un
régiment. A une certaine époque de ſervice, il
ſera, au contraire, encouragé, parce que le roi
donnera du pain à ceux qui en naîtront.

Nous avons acquis un ordre civil & une diſcipline militaire ſuffiſante pour nous garantir
du brigandage, de la maraude & du vol, prétexte qui fut celui du rétabliſſement des étapes,
& qui ne peut plus s'oppoſer à leur ſuppreſſion.

Voici le ſyſtème ſur la permanence des quartiers & le mouvement des troupes, que je propoſe de ſubſtituer à notre méthode arbitraire &
ruineuſe.

Les 120 régimens d'infanterie ſeroient répartis dans 120 quartiers différens. Leurs choix
ſeroient relatifs à la proximité des frontieres,
à la richeſſe de la province, au prix de ſes denrées, à leurs débouchés, aux aiſances enfin du
local. Les 45 régimens de troupes à cheval ſeroient auſſi répartis dans 45 quartiers ; on choiſiroit les provinces qui donnent le plus de fourrages. Il n'y a pas une de ces provinces qui ne
fît volontiers les fraix de ces établiſſemens, parce
qu'alors les troupes, au lieu de leur être à
charge, vivifieroient le commerce, en y verſant
beaucoup d'argent.

Les principales villes de guerre, comme Lille,
Metz, Strasbourg, Beſançon, & encore quelques autres, ne ſeroient plus que des garniſons
filieres, où tous les régimens de l'armée paſſe-
roient à leur tour. Le ſervice n'y ſeroit jamais
que de ſix mois ; mais comme ces troupes ſeroient peu nombreuſes, elles feroient le ſervice

avec une rigueur & une exactitude que l'on n'obferve pas aujourd'hui. La cavalerie paffe-roit auffi dans ces garnifons, pour y apprendre le métier qu'elle doit faire à la guerre.

Voilà un mouvement dans les troupes nécef-fairement établi, mais les marches feroient cour-tes, parce que chaque régiment feroit toujours deftiné pour la garnifon la plus voifine. Il fe-roit fait un tableau exact & invariable fur cet objet.

Tous les étés, les quartiers feroient raffem-blés en différens points pour fe former en divi-fion, camper & manœuvrer. Voilà encore des marches, mais elles s'exécuteroient toutes fans étape. Il feroit fait un nouveau tableau pour dé-terminer les journées des troupes en route, car fi l'échelle qui mefure à préfent nos journées d'étape, eft affez grande pour l'infanterie, on ne peut nier qu'elle ne foit ridiculement trop courte pour la cavalerie, qui ne fait fouvent que quatre ou cinq lieues, & qui féjourne tous les quatre ou cinq jours. En appréciant mieux les forces de cette arme, en la dépouillant de tout ce qui l'écrafe, on peut lui faire faire huit lieues par jour, lorfqu'on n'eft pas preffé, & dix à douze lieues, fi la néceffité l'exige.

CHAPITRE XVII.

Le département de la guerre doit être dirigé par un conseil, & non par un sécretaire d'Etat.

C'EST peu de former un plan, de le calculer, d'en montrer les avantages, d'obtenir même en sa faveur l'approbation des militaires éclairés ; tout ce travail reste sans fruit ou disparoît avec son auteur, s'il est successivement abandonné aux mains toutes-puissantes de chacun des ministres appelés pour régir le département de la guerre. C'est ce que M. le comte de St. Germain avoit parfaitement senti, & ce qui lui avoit fait former le projet de substituer à sa place même, (son plan une fois arrêté) un conseil de guerre pour régir ce département. En effet, quel homme, dans le poste glissant du ministere, peut se flatter de maintenir l'ordre avec la même fermeté dont un tribunal est capable ? Que de pieges tendus à celui-ci, que d'assauts donnés à son crédit ! Les sollicitations l'accablent de toute part ; pour y résister, il faudroit qu'il fût doué d'un caractere & d'une fermeté qui ne se rencontre point dans un homme de la cour. La puissance d'un ministre n'est que la premiere cause de sa foiblesse ; s'il refuse ce qu'il a le pouvoir d'accorder, il ne rencontre plus autour du tróne que des ennemis qui ont juré sa perte, & c'est en lui forçant la main, que chaque homme puissant vient essayer ses forces & son crédit. Sa

L iv

premiere occupation eſt donc de plaire, il n'exiſte qu'à cette condition. Il faut en convenir, nos loix, nos uſages, nos mœurs s'oppoſent à la fermeté des miniſtres, & c'eſt la raiſon pour laquelle on les voit ſi ſouvent en contradiction avec eux-mêmes. Celui que l'Europe admire aujourd'hui à la tête de nos finances, auroit peut-être ſuccombé, comme tant d'autres, ſous cet ancien titre de contrôleur-général, tandis qu'avec celui plus modeſte de *directeur des finances*, il propoſe, fait appuyer & maintenir par ſon conſeil (1) les réformes les plus avantageuſes, que ſes prédéceſſeurs n'auroient oſé entreprendre. Mais quand ce ſiecle produiroit un miniſtre qui réuniroit la confiance de ſon maître, la fermeté d'un Sully, l'adreſſe d'un courtiſan & les lumieres d'un général, quand le hazard produiroit ce phénix, il pourroit créer, mais non conſerver l'harmonie d'un ſyſtème qu'il auroit établi ; la fin de ſon regne ſeroit toujours le commencement du déſordre. Son ſucceſſeur, auſſi puiſſant que lui, nous montreroit, ce que nous

---

(1) Je ne connoîs ni la cour ni les miniſtres ; lorſque je citai cet exemple je le croyois ainſi. Un Grand, plus inſtruit que moi de la maniere dont les affaires ſe traitent, m'a aſſuré que le conſeil des finances n'avoit eu aucune part aux changemens que nous admirons. Si M. Necker ne s'eſt jamais ſervi de ce rideau pour ſe mettre à l'abri des protecteurs, & de leurs ſollicitations, il eſt peu d'hommes qui puiſſent ſe flatter de montrer autant de juſtice & de fermeté. Cela ne change donc rien à la néceſſité que je crois démontrée, d'ajouter l'autorité d'un conſeil à la foible main d'un miniſtre.

avons vu toutes les fois que le gouvernail a
changé de mains, une nouvelle théorie & de
nouvelles loix.

L'homme veut créer, & toujours, parce qu'il
est primitivement occupé de lui, il veut se rendre utile ; il veut éblouir, & la nouveauté produit cette illusion. Un observateur éclairé a
écrit avant moi, *c'est assez que l'on voie un édifice élevé dans le champ de mars pour qu'on soit
tenté de rebâtir.* Si l'on passe en revue les changemens que la constitution militaire a éprou-
vés, on verra en effet qu'ils se font toujours
multipliés en raison inverse, du tems que les
Ministres ont été en place. Il a paru cinq fois
plus d'ordonnances de 1770 à 1776 que de
1762 à 1770. Malgré tant de variétés qui ont
toujours eû la perfection pour prétexte, nous
avons vu que le militaire étoit loin d'une constitution solide & d'une institution relative, &
c'est en vain que l'on travailleroit à de nouvelles réformes, si l'on ne trouve avant tout
le moyen d'en perpétuer la durée. Il n'y a qu'un
tribunal, un conseil de la guerre, dont l'autorité permanente puisse résister à l'intrigue des
courtisans, & s'opposer aux abus qui naissent
de la bassesse des protégés & du sot orgueil des
protecteurs. Machiavel, dont l'autorité ne peut
être suspectée en cette occasion, a dit : *quelque
bien que puissent être des loix, elles seront toujours de très-courte durée, lorsqu'un seul homme
en sera le maître absolu ; elles subsisteront au contraire, lorsqu'elles seront maintenues par un nombre de personnes auxquelles on les aura confiées.*

Il y a trop d'intéressés aux désordres pour

que l'on ne préfente pas une infinité d'objections à l'établiffement d'un confeil de guerre.
La plus puiffante fans doute eft, que l'accord
& l'union font rares parmi des hommes réunis
pour partager une autorité ; il faudroit leur
fuppofer une fincérité, un amour du bien, qui
eft fouvent éteint par l'orgueil, la rivalité &
l'intérêt ; mais de deux maux inévitables je
choifis le moindre, bien convaincu qu'il y a
bien plus de moyens de s'oppofer aux défordres
d'un confeil, qu'à ceux que produifent la foibleffe & l'ignorance d'un Sécrétaire d'Etat ; car
l'homme a dans fa vie des périodes d'ambition,
de paffions & d'oifiveté même., qui fe fuccè-
dent & dont fon adminiftration fe reffent toujours s'il refte long-tems en place. C'eft bien
pis encore, comme nous l'avons dit, fi on le
change tous les ans. Le confeil de la guerre
feroit chargé de maintenir la difcipline dans
toute fa vigueur, d'examiner les nouveaux projets, & la réforme des abus, de tenir le tableau
des graces, & de l'avancement des officiers,
pour propofer au Roi les fujets dignes de fes
bontés, & capables de remplir les emplois à
mefure qu'ils viendroient à vaquer. Tout y feroit mis en délibération, l'unanimité des voix
feroit la feule protection. Les commandans de divifions, les Infpecteurs, les Colonels rendroient
leurs comptes au Confeil, formeroient leurs demandes, mais ces demandes ne feroient pas des
ordres. Je n'entrerai point ici dans les détails de
la compofition du Confeil que je propofe, je le
renvoye au chapitre XXI, où il fera queftion
de l'emploi des officiers généraux. Dans le cours

de cet ouvrage, je trouverai plus d'une occasion de multiplier les raisons qui me font dire
avec le grand Montesquieu. *Il faut un visir à
un despote, & un Conseil à un Monarque.*

CHAPITRE XVIII.

De la discipline.

LA discipline est au militaire, ce que le gouvernement & la législation sont à la monarchie.
C'est le vaste code qui régit tout, par lequel
la machine se meut, & qui peut seul en assurer l'union, l'harmonie & la force. La discipline ne peut s'établir que par les loix, & ré-
ciproquement les loix ne peuvent être maintenues que par l'activité de la discipline, qui les
fait exécuter. Un code exact doit fixer les devoirs de chaque individu. Une autorité absolue dans le supérieur doit assurer l'exécution
de l'ordre donné, & une obéissance aveugle
dans l'intérieur doit faire que cent mille volontés soient gouvernées par une seule. Telle est,
je crois, l'idée & la définition générale que l'on
peut donner de la discipline.

Le militaire n'étant qu'une classe d'hommes,
prise dans la masse de la nation, c'est-à-dire
une partie du grand tout, cette partie ne peut
jamais être assez distincte, & assez séparée,
pour que son esprit & ses préjugés soient différens de l'esprit & des préjugés de la nation
dont il fait partie. Il résulte de cette vérité une

conféquence bien fimple, de laquelle on n'auroit
pas dû s'écarter ; c'eft que les moyens de la
difcipline militaire ne doivent jamais choquer
les mœurs, les ufages, les préjugés, le caractere enfin de la nation à laquelle cet état militaire tient fi intimément.

C'eft l'honneur, dit Montefquieu, qui doit
être le principe de la monarchie, & j'ofe ajouter le principe de la difcipline militaire : loin
de nous donc, le fyftème de ces novateurs,
qui traitent cet honneur de chimère, & veulent méconnoitre tout autre fentiment que *la
crainte* pour conduire les hommes. Que l'on
ouvre les annales des différens peuples, on
verra que ceux qui ont donné au monde le
fpectacle de la grandeur, de la puiffance, &
des conquêtes, étoient animés par des caufes
plus nobles. Malheur à une troupe que l'on con-
duiroit à l'ennemi par les moyens de la difcipline moderne (1), & qui auroit à combattre
des hommes infpirés par l'amour de la gloire,
& par celui de la patrie.

Les paffions peuvent feules produire le cou-
rage, & le degré inégal de leur force eft toujours occafionné par la diverfité des gouvernemens. La valeur des Romains étoit excitée par
le patriotifme, & foutenue par des récompenfes honorables & réelles. Les armées de cette
République ne furent vaincues que lorfque le
gouvernement commença à fe corrompre.

____

(1) Le principe de la difcipline moderne eft d'infpirer au foldat plus de crainte des coups de fon Officier
que de ceux de fon ennemi.

Des écrivains se sont efforcés de vouloir confondre les différences très-réelles qui se trouvent entre le génie, les mœurs, les habitudes, & les connoissances des différens peuples. Après avoir hazardé deux ou trois assertions, & en avoir tiré des conséquences très-fausses, ils nous ont prêché l'adoption universelle des institutions & de la discipline des peuples du nord, comme la meilleure pour tous les pays. Ces paradoxes ont été soutenus par une logique tranchante, dont le charme entraîne toujours les suffrages de la foule qui ne raisonne pas. En France surtout, où notre légéreté fait que les nouvelles opinions se répandent avec la même rapidité que les modes, cette fureur de copier nos voisins ne se borne pas toujours à en prendre le costume, nous voyons nos jeunes Seigneurs, Anglois dans Paris, Prussiens à la tête de nos Régimens, adopter & le langage & les principes de ces nations. Pendant que ces grands enfans se livrent à des imitations puériles, le Ministre nage dans l'incertitude que lui communique tout ce qui l'entoure. Ses opérations sont contradictoires, ou sans suite, parce qu'elles sont sans principes : qu'il me soit permis de citer celui dont l'enthousiasme françois a caressé le délire, & dont l'expérience devoit effectivement nous promettre des changemens plus heureux. Sans attaquer la mémoire de ce brave militaire, je nommerai Mr. de St. Germain, comme ayant donné un exemple frappant des erreurs dans lesquelles est sujet à tomber celui qui rédige des loix, sans connoître la nation pour laquelle elles sont faites : n'ayant

consulté ni les qualités, ni les défauts de l'efprit françois, ce Miniftre a multiplié les ordonnances; mais, au lieu de faire un code, il ne
nous a laiffé qu'un cahos de loix indigènes,
dont les contrariétés ont néceffité l'anéantiffement. Retoucher fucceffivement à toutes les
parties de la conftitution & de l'adminiftration,
c'eft s'expofer aux mêmes réclamations, c'eft
fe donner les mêmes entrâves que fes prédé-
ceffeurs, c'eft fe mettre dans le cas de revenir
foi-même fur fon ouvrage, lorfqu'il fera queftion de rejoindre des pièces qui n'auront pas
été faites pour s'affembler. Je ne cefferai de dire
cette importante vérité; fi l'on eft obligé de
toucher à la machine militaire, il faut que l'œil
du réparateur la voye en fon entier, qu'il mé-
dite fon nouveau plan, & qu'une fois mis au
net, un fignal univerfel & inatendu le faffe
exécuter au même moment.

Cette opération faite, il faut que le légiflateur confie le dépôt de fon ouvrage à qui le
maintienne & le faffe refpecter. Si par la fuite il
devient néceffaire d'y faire quelques changemens, il faut que cette innovation s'opére avec
tant de folemnité & de précaution, que tout le
monde en conclue que les loix font facrées,
puifqu'on apporte tant de formalités pour les
abroger. Les loix des douze tables furent, chèz
les Romains, un an expofées à la cenfure publique avant d'être promulguées, & les arrêts
du Sénat, qui avoient force de loi pendant un
an, ne devenoient perpétuels que par la volonté du peuple; c'eft que les légiflateurs de
cette République favoient combien il étoit né-

ceſſaire que des loix, qu'on devoit ſuivre ſtricte-
ment, fuſſent long-tems méditées. Les nôtres,
bien différens des légiſlateurs Romains, créent
& publient leurs ordonnances le même jour ,
ſans doute parce qu'ils connoiſſent les facilités
que nous avons pour nous y ſouſtraire. Il en
réſulte que les chefs, accoutumés à ſe mettre ſi
facilement au-deſſus des loix , dédaignent &
rompent toutes les entrâves des ordonnances ;
les uns les ignorent, les autres les éludent ,
tous affichent l'indépendance. Les moyens de
diſcipline qui doivent être univerſels & généraux dans l'armée, ſont variés autant que les
chefs auxquels on les confie. Ce n'eſt point
ici le lieu d'examiner l'eſprit qui a dicté les
nouvelles loix de 1776 concernant les punitions,
elles exiſtent , & cela devroit ſuffire pour
que perſonne n'oſât les enfreindre ou s'en écarter ; cependant on ne ſe borne pas à les éluder,
on affiche hautement qu'on ne les ſuit pas; les
Généraux le voyent , le Miniſtre le ſait , mais
le chapitre des conſidérations & des égards affoi-
blit tous les reſſorts de l'autorité.

On ne ceſſe de dire que l'eſprit & les mœurs
de notre nation ſont incompatibles avec cette
exacte diſcipline, dont nous trouvons l'exemple chez les étrangers. Un pareil raiſonnement
eſt plus facile, ſans doute, que la recherche des
moyens capables de nous porter à une perfection dont nous ſommes ſi éloignés. Je ne doute
pourtant pas qu'ils n'exiſtent, ces moyens ; que
nous ne les trouvions, & qu'ils ne nous réuſſiſſent
lorſque nous voudrons ſubſtituer une autorité
permanente à la foible main d'un Miniſtre.

, Les récompenſes & les punitions, la gloire & l'infamie ſont les ſoutiens de l'art militaire, & les moyens infaillibles avec leſquels le légiſlateur peut toujours opérer le bien public: mais ces moyens, c'eſt-à-dire la nature des récompenſes & des punitions, doivent varier avec l'eſprit & les préjugés des différentes nations, ils étoient différens à Rome & à Sparte, ils doivent différer auſſi en France & en Pruſſe. La crainte du bâton fait marcher le Pruſſien, tandis que l'honneur fait marcher le François à la charge. Mais ces moyens différens doivent avoir une même fin, qui eſt la rigide obſervation des loix; ſans elle une armée ſeroit une troupe de bandits, d'autant plus dangereuſe qu'elle ſeroit plus puiſſante. Accorder le deſpotiſme & la juſtice eſt donc le but, & ſeroit le chef-d'œuvre de la diſcipline militaire.

ARTICLE. I.

Des récompenſes.

L'eſpoir & la crainte étant les guides naturels de toutes les actions des hommes, il faut lier l'eſpoir de la récompenſe au zèle, à l'exactitude, à l'action utile, comme l'arrêt inévitable du châtiment à la ſuite de la faute.

Les récompenſes militaires doivent être en grades & en honneur. Leur diſtribution eſt avantageuſe à l'état, lorſqu'elle eſt faite avec juſtice & diſcernement, & elle devient la ſource de tous les déſordres, lorſque c'eſt la protection, la conſidération & l'intrigue qui en diſpoſent.

Des

Des Grades.

Accorder les grades à la protection , c'est non-feulement commettre une injuftice envers celui qui par fon mérite avoit droit d'y préten-dre , mais c'est mettre en place un homme dont l'état ne peut attendre que des fautes. Riche-lieu difoit , *il faut repréfenter librement aux Rois , jufqu'à quel point ils font refponfables de-vant Dieu , quand ils donnent par pure faveur les emplois & les charges, qui ne peuvent être poffédés , par des efprits médiocres , qu'au préju-dice des Etats.* Je fais que dans un gouverne-ment monarchique la naiffance a des droits qu'il faut foutenir : ces droits font univerfellement reconnus , & le françois a toujours obéi avec plaifir à de jeunes chefs, dont les ayeux ont acquis à leur poftérité celui de leur fuccéder ; mais n'avoir point de loix fur cet objet, n'eft-ce pas laiffer un libre cours à l'injuftice, aux prodigalités , & à tous les défordres qui s'en-fuivent ? où eft la ligne de démarcation qui doit féparer les deux claffes de la nobleffe ? perfonne ne veut la reconnoître , & encore moins la placer devant foi. Le fils d'un fecré-taire du Roi fe croit Gentilhomme , tout Gen-tilhomme veut aller à la Cour, & tout homme à la Cour fe croit un grand-feigneur, & crie à l'injuftice, fi on ne lui donne pas un Régi-ment. D'un autre côté, fi la nobleffe fe plaint de refter dans les emplois fubalternes, c'est qu'elle n'a pas feule l'avantage de les poffédor. J'ai déja parlé de cet abus au chapitre VII.

C'eſt ici l'occaſion d'examiner les ſuites fâcheu-
ſes qu'il a produites.

Au lieu de mettre & de tenir chacun à ſa
place, ce qui étoit l'unique moyen de remédier au
principe du mécontentement, des plaintes &
des clameurs, les Miniſtres ſe ſont contentés
de les appaiſer en prodiguant les grades de Colonels & de Capitaines à tous ceux qui ont eu
l'impudence de les demander. Chaque Miniſtre, embarraſſé par les profuſions de ſes prédéceſſeurs, aſſailli lui-même de toutes parts, s'eſt
vû entraîné dans les mêmes inconſéquences ;
aucun n'a eu la prudence, la volonté ou la force
de prévoir l'avenir, & d'arrêter un déſordre,
qui nous a conduit à une confuſion dont nous
ne pouvons ſortir que par une réforme générale. Il y aujourd'hui trois fois plus de Colonels qu'il n'y a de Régimens, & dix fois plus
de Capitaines qu'il n'y a de Compagnies. On
verra bientôt ces officiers poſtiches dans tous
les grades acquérir les honneurs militaires ſans
quitter Paris, & obtenir l'habit d'officier-général, ſans avoir jamais connu ni exercé aucune
des fonctions de leur métier.

Par quelle inconcevable fatalité, tout imita-
teurs que nous ſommes, ne prenons-nous jamais
des étrangers les choſes dans leſquelles il nous ſeroit ſi utile de les imiter ! Fréderic, que l'on
nous cite ſans ceſſe, n'a de Capitaines qu'autant
qu'il a de Compagnies, de Colonels qu'autant
qu'il a de Régimens, & d'officiers généraux
qu'autant qu'il lui en faut pour le commandement & le ſervice de ſes armées. La France
a plus de deux cent douze lieutenans-généraux,

& quatre cent foixante & fix maréchaux de camp :
comme il eft impoffible de les employer tous,
le plus grand nombre refte dans l'inaction ;
& ceux qu'un difcrédit, [fuite néceffaire de
l'amovibilité des Miniftres] a tenu vingt-ans
éloignés des troupes, fe trouvent à un nouvel
avènement remis en activité, & quelquefois
c'eft au moment où la guerre fe déclare. Dans
celui où j'écris, les exemples ne me manqueroient pas, mais je me fuis févérement interdit toute citation. Il n'eft pas un article de cet
ouvrage qui ne fourniffe une réflexion déter-
minante en faveur de l'adminiftration d'un confeil, comme préférable à celle d'un fecrétaire d'état
pour régir le département de la guerre : en lui fuppofant même le crédit & la force de nommer
aux emplois, comment s'acquittera-t-il de ce
choix délicat ? fes paffions, fes préjugés, des
connoiffances fuperficielles, au moins dans plufieurs des parties qui lui font confiées, l'en-
traîneront tour-à-tour à des nominations conformes ou contraires au bien du fervice. On
fait que l'homme en général ne fent & n'eftime que les idées analogues aux fiennes, nous
en avons vu la preuve dans tous nos fiftêmes
de conftitution & d'inftruction, nous avons vû
l'artillerie arrêtée dans fes progrès par une préférence, ôtée & rendue tour-à-tour, au chef
qui fixe en ce moment la fupériorité de cette
arme. Nous avons vu la cavalerie être alternativement foumife à la routine, puis aux principes minutieux de l'école, puis retombée dans
cette routine groffiere, dont un Officier a été
l'apologifte dans un ouvrage fameux. Et nous

voyons aujourd'hui l'infanterie affujettie à l'imitation d'une tactique étrangere, & n'attendant fans doute qu'un Miniftre général pour prendre une maniere contraire, plus forte, plus légere & plus offenfive.

Je ne parle ici que des préférences fuggérées aux Miniftres par le defir de faire le bien ; que feroit-ce, fi l'on examinoit tous les motifs particuliers qui déterminent fi fouvent la nomination aux grades ? Pour ne point allarmer la probité des gens en place, je leur dirai, que le vertueux Brutus, touché des prieres de fa fille, obtint du fénat en faveur de Bibulus fon gendre un emploi qu'il avoit fait refufer à Cicéron fon ami, comme contraire à l'intérêt de la république. Peuvent-ils fe flatter de plus d'impartialité que ce Romain ?

La faveur ou l'argent donnent feuls les compagnies à cheval. L'ancienneté donne feule les compagnies à pied. Ces deux moyens de parvenir étant exclufifs, font également condamnables. 1°. parce que c'eft ôter tout efpoir d'avancement aux Officiers fubalternes peu riches qui font dans les troupes à cheval, 2°. parce que l'Officier deftiné à devenir Colonel d'infanterie ne peut apprendre à connoître les détails de fon arme, n'ayant pu obtenir le grade de Capitaine que dans la Cavalerie, il débute dans l'infanterie par celui de Colonel. Les mêmes raifons qui établiffent la nomination par grace aux Compagnies à cheval, doivent l'établir pour les compagnies à pied ; l'émulation y gagnera, laiffant à chacun l'efpoir d'un avancement prématuré. L'infanterie & la Cavalerie égales fur

ce point devroient donc alterner , c'eſt-à-dire ,
que dans l'infanterie il y auroit deux tours d'ancienneté & un de grace , & dans la Cavalerie un
tour d'ancienneté , & un tour de grace. La maſſe
de l'infanterie ne perdroit rien à cette innovation , puiſqu'elle acquerroit auſſi le droit de paſſer
aux compagnies à cheval par grace, ce qui ac-
celleroit l'avancement des Lieutenans & des
ſous - Lieutenans , ſoit directement , ſoit indi-
rectement. D'ailleurs , le retard d'avancement
que pourroit éprouver quelqu'individu ſe trouveroit bien compenſé par l'amélioration de l'état
de capitaine , que l'objet de la formation que je
propoſe tend à rendre bien ſupérieur , à tous
égards , à ce qu'il eſt aujourd'hui.

En donnant à la Cavalerie un tour d'ancienneté & un tour de grace , on rendra à l'Officier
qui entre dans ce ſervice l'eſpoir d'avancement
qui lui eſt injuſtement ravi. Dans la conſtitution actuelle , ni talent , ni mérite , ne peuvent le
ſortir de la claſſe de Lieutenant , s'il n'a des protecteurs à la cour & une fortune qui lui permette de financer , ce qui eſt un abus énorme.

Juſqu'au grade de Capitaine , l'ancienneté
doit être exactement ſuivie. Tout Officier qui
ſe dévoueroit au ſervice , ſeroit donc aſſuré d'y
parvenir , & d'avoir par conſéquent un Etat
excellent & ſûr , puiſque les réformes mêmes ,
comme je l'ai dit au chap. III , ne toucheroient
jamais à ſa place.

Pour éviter la multiplicité des grades & les
abus qui s'enſuivent , que tout le monde connoît & contre leſquels il n'y a qu'un cri , il ne
devroit jamais y avoir d'emplois ſurnuméraires ,

M iij

inutiles à tous les égards pour le bien du service. Il suffit d'entretenir le corps des Officiers
complet. Le comte de St. Germain, qui avoit
souvent des idées grandes & justes sur le militaire, disoit; que plus le grade d'Officier seroit commun, moins il auroit de considération, & moins
par conséquent l'espece en seroit bonne & capable. Il a malheureusement oublié ce principe
si vrai & si essentiel.

L'abus s'est augmenté sous lui, & il est devenu
énormissime par la prodigalité de son successeur.
Le désordre donnera, avant peu, deux armées
au roi, l'une réelle & l'autre chimérique ; mais
cette derniere n'emportera pas moins les graces,
les traitemens & les grades au préjudice de celle
qui les mérite par son activité. Nul ministre
jusqu'ici n'a pu ou n'a osé apporter le remede
à cet abus ; il en existe pourtant un ; il est violent ; mais je le crois unique : c'est de nommer
dès à présent les officiers qui sont nécessaires à
l'armée, & de donner la retraite à tous les autres. Quand je dis retraite, c'est retraite sans
retour, & non comme celles d'aujourd'hui qui
ne sont jamais constatées, & qui laissent, à tout
militaire supposé même invalide, des prétentions au service après quinze ans de repos (1).
Si l'on n'en vient à cette opération, le désordre
ne peut qu'augmenter, les grades & les hon-

____

(1) Les Bureaux de la guerre sont remplis d'Officiers,
qui, sur l'exposé de leurs infirmités, ont obtenu il y a
8 & 10 & 15 ans leur retraite, & qui demandent aujour-
d'hui à être remplacés, à reprendre leur tour, & qui
pollulent des grades supérieurs & des Régimens.

neurs tomberont en difcrédit, & la machine,
obérée par la profufion de tous fes moyens,
ayant perdu tous fes refforts, ne montrera que
foibleffe & confufion. Il n'eft pas néceffaire d'être
homme de Cour pour favoir qu'un fecrétaire
d'Etat ne peut exécuter une pareille réforme.
S'il vouloit l'entreprendre, il ne feroit que trou-
bler le repos de fes jours, & pour me fervir
de l'expreffion d'un auteur moderne, s'il évitoit
la ciguë, au moins boiroit-il l'abfinte à longs-
traits. Ce n'eft qu'un confeil de guerre qui peut
avoir la force de lutter avec fuccès contre l'intrigue & la cabale ; ce n'eft qu'à lui qu'il peut
être permis , & qu'il eft réfervé d'appliquer de
grands remedes aux grands maux.

Reprenons l'ordre fucceffif des objets à traiter dans ce chapitre. J'ai parlé , au Chapitre III,
de la premiere nomination aux emplois de fous-
lieutenans, des précautions à prendre pour affurer ces places à la nobleffe. J'aurai encore
l'occafion de revenir fur ce fujet, en traitant
des écoles militaires.

J'ai dit, & tout le monde en conviendra avec
moi, qu'il falloit, pour le bien du fervice, que
dans les deux armées, tout officier fut affuré
d'arriver au grade de capitaine, & pour cela, il
faut établir l'alternative des tours de grace &
d'ancienneté. Le confeil de guerre deviendroit
donc le garant de ces deux tableaux. Le tour de
grace arrivant, le confeil préfenteroit au Roi
trois fujets diftingués par leur naiffance ou par
leurs talens ; mais il faudroit toujours qu'ils
euffent été trois années fous-lieutenans en pied,
& qu'ils euffent, pendant ce laps de tems,

rempli, fans interruption, toutes les fonctions de ce grade, foit dans l'infanterie, foit dans la cavalerie (1).

Nomination aux Grades fupérieurs.

L'ufage d'arriver par ancienneté aux places de Majors & de Lieutenans - Colonels avoit toujours été fuivi en France ; & ce fut un beau train dans le militaire, lorfqu'un miniftre réformateur changea cette méthode fi nuifible à l'intérèt de nos armes, puifque les hommes les plus incapables occupoient fouvent ces places où il faut avoir le talent de commander & d'inftruire. A entendre les clameurs de nos anciens militaires, tout étoit perdu lors de la promulgation de cette loi, qui choififloit toujours les chefs dans des corps étrangers ; ce fut pourtant l'époque de la naiffance de la difcipline & de l'inftruction. Quelques voix s'élèvent encore contre cette innovation ; elle fera fans doute éternellement décriée par ceux qui ayant percé leur corps, terminent leur carriere, premiers capitaines de leur régiment. L'intérèt & l'amour propre de ceux-ci ne leur permettra jamais de reconnoître l'avantage d'une loi qui les bleffe :

---

(1) J'appuie fur ce noviciat, par le ridicule de voir arriver aujourd'hui dans nos troupes à cheval de jeunes Capitaines, qui n'ont eu que des brevets à la fuite, qui n'ont fouvent rejoint aucun corps ; qui ignorent les premiers élémens de leur métier. Ce qui a obligé quelques Colonels à les tenir à l'école, & à défobéir au brevet dont ceux-ci étoient porteurs, & en vertu duquel ils devoient être reçus fans examen.

mais je le demande à tous ceux que leur place ne rend pas recuſables ſur cette queſtion. Si tout homme eſt ſûr d'arriver au commandement, ſans travail & ſans inſtruction, qu'eſt-ce qui pourra lui donner le goût & l'étude de ſon métier? Je dis plus, qu'eſt-ce qui fera ſortir de la foule celui qui ſera né avec ces diſpoſitions & ces talens heureux qui mènent aux grandes choſes? Un officier aura cinquante ans avant d'arriver à la majorité ou à la lieutenance-colonelle; à cette époque, il eſt ordinàirement refroidi, & ne ſonge guere qu'à profiter de ſon grade pour obtenir une meilleure retraite: mais je lui ſuppoſe encore de l'ambition & des talens, voilà le premier inſtant où il ſera à même de les montrer: car le talent de commander & de mener un corps, eſt bien différent de celui d'obéir & de conduire une compagnie. Il faudra donc 10 ans encore à ce chef pour s'acquérir la réputation de bon officier ſupérieur, & ſi l'on eſt fidele au principe de l'aſtreindre encore à attendre ſon tour pour devenir lieutenant-colonel, Brigadier & maréchal de camp, il finira indubitablèment ſa carriere avant d'avoir été à même de déployer ſes talens, & de ſervir dans les places pour leſquelles il étoit peut-être né.

Il eſt évident que cette méthode priveroit à jamais l'officier ſubalterne de l'eſpoir d'arriver au grade d'officier-général: eſpoir que l'ordonnance de M. le Duc de Choiſeuil tend à donner à tout officier, puiſqu'il n'en eſt pas un qui ne puiſſe arriver de bonne heure au grade d'officier ſupérieur, d'où il prend ſon rang avec les

Colonels & les gens de la Cour, pour devenir Brigadier.

Mais pourquoi le militaire feroit-il le feul état dans lequel la ſtricte regle du tour d'ancienneté feroit invariablement fuivie ? par-tout & dans tous les corps, au rifque même de fe tromper quelquefois, on a été chercher le talent où l'on a cru le trouver. (1). Prétendroit-on que l'homme ne peut, avant 50 ans, avoir celui des détails de la guerre & du commandement. Nos armées & celles de nos voifins nous fourniroient une foule d'exemples du contraire. Les Romains choififfoient les hommes, élevoient au confulat des jeunes gens de 23 ans; Scipion & Pompée eurent les honneurs du triomphe à la fleur de leur âge. Solon établit à Athenes, que l'on nommeroit par choix, à tous les emplois militaires. Le Roi de Pruſſe n'a ni tableau ni promotion; il choifit les hommes, les effaye, & fans égard à l'ancienneté, il donne le commandement à celui qui le mérite (note d'Hanalt).

---

(1) Du tems de Feuquiere on fuivoit le tour d'ancienneté, & il s'en plaint ainfi dans fes mémoires. ,,Les ,, jeunes gens inapliqués à leurs métiers, ne font que ,, trop communs, depuis que le mérite pour paſſer ,, d'un grade à un autre ne confiſte que dans le tems ,, qu'on a paſſé dans ces grades, & que, fans diſtinc- ,, tion de mérite perfonnel, on éleve ceux qui par ,, leur ancienneté dans un grade inférieur, fe trouvent ,, dans le nombre de la promotion que le prince veut ,, faire. Maxime très-pernicieufe, qui ôte toute émula- ,, tion & defir de fe diſtinguer, & qui remplit les ar- ,, mées d'un grand nombre d'Officiers incapables du ,, grade auquel ils fe trouvent élevés. (Mémoires de Feuquiere page 85, 1 vol.)

Je ne crois pas que les clameurs des officiers qu'il laisse dans le rang, lui fassent changer la méthode.

Peut-être cette loi de n'avoir aucun égard à l'ancienneté, excellente en elle-même, a-t-elle de grands inconvéniens dans une nation où l'intrigue & la faveur ont tant d'empire. Plusieurs exemples de choix mal faits excitent les murmures & les plaintes contre une loi essentiellement bonne, mais dont il ne s'agit que de maintenir l'intégrité, ce qui sera facile, en ôtant à un seul homme la nomination aux emplois, & en les confiant à la pluralité des voix du conseil de la guerre. Le conseil, instruit par les notes des colonels, des inspecteurs & des officiers généraux des divisions, à la vacance d'une majorité, présenteroit au Roi le sujet digne de la remplir; mais il devroit toujours être pris dans la classe des capitaines, ayant au moins douze ans de service, & jamais parmi les capitaines du régiment où la majorité seroit vacante. Cette derniere condition ne seroit pas aussi dure que bien des officiers le disent & cherchent à le prouver; car dans le cas où, selon l'ordre du tableau, l'officier le premier à placer se trouveroit précisément du régiment qui lui est interdit, il ne perdroit qu'un tour, devenant invariablement le premier à placer de toute son armée. Une autre raison, qui ne peut être mise en balance avec cette prétendue injustice, milite fortement en faveur du réglement que je propose; c'est le bien du service & l'exactitude, qui ne peut être entretenue que par une subordination presqu'impossible à établir entre

des officiers que des habitudes longues & familieres ont liés & unis d'opinion & d'amitié.
D'ailleurs, l'injuſtice dont ſe plaignent aujour-
d'hui les premiers capitaines n'eſt évidemment qu'une chimere, car la loi qui les exclud
d'une ſeule place ne ſauroit les humilier, puiſqu'elle leur en montre cent autres auxquelles
ils peuvent prétendre : ceux qui nient cet eſpoir,
annoncent à tout le monde qu'ils ont dédaigné
& qu'ils n'ont pas les talens néceſſaires pour les
remplir.

Les Lieutenans-Colonels devroient toujours
être pris dans la claſſe des Majors. Ici la condition d'être étranger au Corps ne devient plus
néceſſaire au maintien de la ſubordination, mais
l'avantage d'appartenir à ce corps ne doit pas
non plus être un titre pour prétendre à cet
avancement. Seize années de ſervice & la pluralité des voix du Conſeil, tel devroit être &
tel ſeroit le ſeul & unique droit.

Indépendamment des notes que MM. les
Officiers généraux donneroient de MM. les
Officiers de leur inſpection & de leurs diviſions (1), les Colonels enverroient des mémoires particuliers ſur les talens de ceux qui
pourroient ſe diſtinguer, afin de les propoſer
aux places d'Officiers ſupérieurs. Cette méthode,
qui auroit l'effet de donner une grande influen-
ce aux Colonels ſur l'avancement des Officiers

---

(1) Je parle d'inſpection & de diviſion, parce que
j'eſſayerai de prouver par la ſuite, que ces deux manieres d'employer les Officiers-généraux doivent être con-
ſervées.

de leur régiment, n'auroit cependant pas l'inconvénient qui exiſte aujourd'hui , par leur demande directe d'avoir un tel Officier pour remplacer celui dont ils marchandent la retraite.

On ne pourroit point être Colonel avant l'âge
de 25 ans révolus , c'eſt-à-dire , avant ſept ans de
ſervice , deſquels il faudroit avoir été au moins
trois ans Capitaine. Les Colonels ſeroient choiſis parmi les Capitaines , les Majors , les Lieutenans-colonels. Le Conſeil de la guerre préſenteroit cinq ſujets au Roi pour choiſir & nommer celui à qui il accorderoit le régiment qui
viendroit à vaquer. Par ce moyen la naiſſance
ne donneroit droit au grade de Colonel , qu'autant que les notes n'en excluroient pas.

Le choix dans les cinq ſujets propoſés laiſ-
feroit un aſſez grand avantage aux familles
illuſtres ; mais au moins ne verroit-on pas
dans ce concours des ſujets indignes de leurs
ancêtres ; il ne peut jamais y avoir de raiſon
qui faſſe nommer ceux-là au préjudice du reſte
de la nobleſſe françoiſe. L'Etat s'eſt acquitté
envers l'homme de qualité , lorſque par une
nomination prématurée au grade de Capitaine ,
il lui a abrégé la route qui conduit aux honneurs & aux grades ; mais les préférences doivent ceſſer alors qu'elles peuvent avoir des
ſuites dangereuſes (1). *Les diſtinctions accor-*

____

(1) Mettant toujours ce conſeil de guerre en avant
pour toutes les nominations ; que l'on ne m'oppoſe
pas , que cette forme eſt eſſentiellement contraire à la
conſtitution monarchique , où le Roi doit être le ſeul
diſpenſateur des emplois & des graces de ſon royaume

dées à la haute noblesse deviennent quelquefois excessives & ridicules en France surtout. On élève ces enfans avec un respect qui leur annonce qu'ils sont faits pour commander aux autres, de sorte que bientôt, dit un illustre écrivain, ils s'accoutument à penser qu'ils sont d'une espece particuliere ; & sûrs d'un état & d'un rang, ils ne cherchent pas à s'en rendre dignes, & c'est à cette mauvaise institution que la France doit tant de Ministres médiocres & tant de mauvais Généraux.

La liste de cinq Officiers proposés seroit toujours rendue publique, & celui qui auroit été présenté cinq fois par le Conseil sans être élu, auroit le brevet de Colonel, & dateroit de ce moment pour arriver au grade d'Officier-général.

Les Colonels titulaires & ceux qui, dans le cas énoncé ci-dessus, auroient le brevet, seroient les seuls qui pourroient prétendre au grade de Brigadier. Un Lieutenant-colonel étant nommé à ce rang, quitteroit sa place pour n'être plus que sous ce dernier titre, qui seroit toujours en

---

& principalement de son militaire ; ceci ne seroit qu'un paradoxe, car le Roi, ayant un ministre à la tête de son département de la guerre, auquel il abandonne le soin d'inspecter, d'examiner, & le droit de lui proposer les sujets dignes de ses bontés, je ne fais qu'échanger ce ministre pour un conseil, dont les membres sont de même à la nomination du Roi ; conseil qui n'a que les mêmes fonctions & les mêmes pouvoirs, mais qui a l'avantage, par le nombre de ses membres, d'avoir plus de moyens de s'instruire, de procéder avec plus de justice, & de résister avec plus de force aux sollicitations des femmes & des employés, auxquelles, je le répéterai toujours, un ministre ne peut échapper.

activité. Il est extravagant de voir, comme aujourd'hui, qu'un Lieutenant-Colonel soit Brigadier, tandis que son Colonel ne l'est pas, & de voir ces deux Officiers se commander alternativement l'un l'autre, selon les circonstances; sources nécessaires de divisions, de rivalités, toutes préjudiciables au bien du service.

Des Promotions.

Les Promotions dans tous les genres ne sont pas moins ridicules. La nécessité seule doit fixer le nombre des emplois; ce qu'il y a de mieux & de plus simple est donc de les remplir sitôt qu'ils viennent à vaquer. Alors le moment des nominations est ignoré, personne n'a le tems ni les moyens de solliciter & d'intriguer pour surprendre une place, un grade ou une commission, qui ne doit être accordée qu'au résultat d'une comparaison faite entre les différens sujets qui se trouvent sur le tableau.

Si l'ancienneté n'est pas un titre suffisant pour parvenir au grade de Major, de Lieutenant-Colonel, & Colonel; à plus forte raison, les talens seuls doivent-ils déterminer la nomination des Officiers généraux. Cette maniere me paroît la plus juste, & elle est certainement plus avantageuse au service du roi & de l'Etat, que les promotions qui se font aujourd'hui, auxquelles pour y prétendre, il ne faut avoir d'autre mérite que le tems que l'on a passé sans instruction dans les grades subalternes, & souvent même sans les exercer.

Pour suivre le systême que je propose, relativement à la nomination de tous les emplois, on fent que la premiere opération feroit d'abolir toutes les taxes. Je propoferai à mes Lecteurs, fur cet objet, dans la fuite de ces chapitres, quelques idées que je crois neuves.

Choix des Chasseurs, Grenadiers & Bas - Officiers Chasseurs.

Le genre de fervice auquel les chaffeurs font deftinés, détermine la maniere & les principes de ce choix. L'Etat-Major des régimens & le Capitaine de la compagnie de chaffeurs s'affembleroient pour y procéder, & tirer des compagnies de fufiliers les foldats qu'ils croiroient propres à ce fervice. Le Capitaine de chaffeurs rembourferoit 120 liv. par homme au Capitaine de fufiliers. en fuppofant que le nouveau chaffeur ait huit années à fervir. Si non, il feroit la déduction de 15 liv. par an ; celui-ci prendroit fon rang d'ancienneté dans la nouvelle compagnie.

Grenadiers.

Pour maintenir parmi les Grenadiers, ou pour mieux dire, leur rendre l'efprit de corps qui régnoit autrefois dans ces compagnies d'élite, il faut rendre à ces hommes diftingués le droit de fe choifir leurs camarades. Les Officiers mêmes de ces compagnies ne doivent pas s'en mêler, c'eft aux fergens, aux caporaux & aux appointés à s'affembler pour choifir, dans toutes les autres compagnies, les fujets dignes d'entrer parmi eux. Qui eft-ce qui nous juge mieux que nos femblables ? Autrefois un Grenadier,

nadier, qui n'auroit pas rougi d'avoir une foibleſſe, rougiſſoit d'être indigne de ſes camarades, & la crainte du mépris & des reproches
rappeloit toute ſa vertu. Dix-huit ans de paix
nous ont fait oublier combien il étoit eſſentiel
d'imprimer des ſentimens d'honneur & de bravoure à des hommes, dont le dévouement détermine preſque toujours nos avantages &
même nos victoires.

Le Capitaine de grenadiers, rembourſeroit
au Capitaine de fuſiliers 120 liv. par homme,
avec les reſtrictions proportionnelles au tems
que le nouveau Grenadier auroit encore à ſervir.

Bas-Officiers.

Nul doute que le choix des Bas-Officiers
n'appartienne abſolument au Capitaine; puiſque
celui-ci répond de la compagnie qu'il commande, il a le droit inconteſtable de nommer ces
hommes, qui ſont les premiers organes de la
diſcipline. Pourquoi ne s'en rapporteroit-on pas
au Capitaine, n'eſt-il pas en même tems, & le plus
intéreſſé & le plus juſte apréciateur des hommes
qu'il a continuellement ſous ſes yeux, de ces
hommes dont il a cent moyens d'éprouver l'intelligence, la probité & la bravoure. Les chefs
de corps ſe ſont preſque partout arrogé le droit
de nommer aux places de bas-officiers; c'eſt le
centième exemple d'un abus d'autorité contraire aux Ordonnances, & préjudiciable au
bien du ſervice.

Le Capitaine doit propoſer à l'Etat-Major le
ſujet qu'il demande, & l'Etat-Major ne doit le

refuser qu'en rendant compte à l'Inspecteur de motifs de son réfus ; & alors , c'est encore a Capitaine à préfenter un nouveau sujet.

Si le bas-officier étoit tiré d'une autre compagnie , ce qui ne pourroit être que de concert avec le Capitaine de la compagnie d'où feroit cet homme , le remboursement fe feroit comme dans les deux cas énoncés aux articles précédens.

Adjudant.

Ce grade , connu depuis fi long-tems dans les troupes étrangeres , a été apporté en France par M. de St. Germain. De toutes les innovations de ce Miniftre , une des mieux vues & des plus utiles a fans doute été de fubftituer les Adjudans aux Officiers-majors. Tous les détails des régimens étoient autrefois abandonnés à ces Officiers , & comme ils commandoient toujours pendant la paix , ils étoient les feuls inftruits, les feuls en état de mouvoir les troupes ; mais, par une autre inconféquence, en leur qualité d'Officiers-majors ils n'avoient jamais la charge de les conduire à la guerre.

L'habitude prife par les chefs d'abandonner fans reftriction aux Officiers-majors la conduite de leur régiment , a déterminé les répréfentations de plufieurs, qui croyoient les Capitaines & les Officiers de compagnies incapables de difcipliner & d'inftruire leurs troupes ; d'autres chefs plus clairvoyans , & c'eft à préfent le plus grand nombre , n'ont vu dans l'extinction de ces Officiers , qu'une néceffité abfolue , mais poffible, d'inftruire tous les Officiers des compagnies, & ils ont applaudi à cette réforme.

Les adjudans fervent à porter les ordres des Officiers fupérieurs ; à furveiller les Bas-Officiers , fur tous leurs devoirs ; ils aident & travaillent à l'inftruction , fubordinément aux Officiers chargés en chef de ces parties ; ils affemblent les gardes , les détachemens ; font enfin d'une très-grande utilité dans les manœuvres, lorfqu'on les emploie avec intelligence à la rectification des points de vûe & des alignemens généraux. C'eft ce dont nous aurons occafion de parler dans la feconde partie de cet ouvrage.

Officier de fortune.

Loin de prodiguer cette récompenfe , je crois que cette grace doit être extrèmement rare , parce qu'elle produit généralement deux très-mauvais effets : le premier de fortir de la claffe des Bas-Officiers d'excellens ferviteurs, qui connoiffent & en rempliffent parfaitement tous les devoirs , & qui , devenus Officiers, fe trouvent déplacés , & par là même ne font que très-médiocres. Le fecond abus eft que ces Officiers, lorfque l'âge & les infirmités les obligent de quitter le fervice , ne peuvent rentrer dans leurs familles ; & , n'en tirant aucun fecours , n'ont ordinairement pour fubfifter que les bienfaits du Roi. Il faut donc conferver cet objet d'émulation en fe méfiant de l'abus d'en devenir prodigue ; c'eft fans contredit aux Colonels à préfenter les mémoires de demande pour l'obtention de cette grace.

Croix de St. Louis.

Les grades doivent être la récompense de la conduite & principalement du talent de commander & de conduire les hommes à la guerre. Il eſt démontré que ce n'eſt qu'en les employant ainſi que l'état & le militaire en retireront les avantages qu'ils peuvent en attendre, mais tous les ſujets ne ſont pas également propres à commander ; il eſt d'autres moyens de mériter des récompenſes.

L'Officier qui ſe diſtingue à la guerre par des actions de valeur, doit être marqué & décoré, & c'eſt principalement pour lui qu'eſt fait l'ordre royal & militaire de St. Louis. Ce n'eſt que par un de ces abus incroyables, que la croix ſert à préſent à marquer le nombre des années de ſervice, & qu'on la donne par préférence aux Officiers ſupérieurs, & même à tel ou tel de prédilection, qui n'ont pourtant un ſervice ni plus pénible ni plus dangereux, & qui n'ont pas même une compoſition ſupérieure en Officiers à celle des autres corps de l'armée. Quoi, parce qu'un homme obtient le brevet de Colonel, ou parce qu'il ſert dans le régiment du Roi, on lui doit une décoration qui eſt le prix de la valeur ! Il eſt arrivé de la prodigalité de cette grâce, ce qui devoit néceſſairement s'en ſuivre, que cette diſtinction a infiniment perdu de ſon prix, que les gens de la Cour ont annoncé par-tout qu'ils la dédaignoient ; & c'eſt pour la réhauſſer, que l'on a fait l'année derniere, dans l'ordre de St. Louis, des changemens dont le militaire croit encore avoir à ſe plaindre, puifque la loi accorde la croix à 25 années de fervice, & que le nouveau réglement renvoie les promotions aux triennalités, & prive pendant trois ans de cette croix l'Officier qui fe trouve avoir 25 ans moins un jour de fervice à l'époque de ces promotions.

Si l'on donne la croix indifféremment aux années de fervice, & aux actions à la guerre, il s'enfuivra une injuftice inévitable, & en voici l'exemple. Un jeune homme fait une belle action, on lui donne la croix; voilà fa récompenfe, & elle eft réelle, parce qu'il porte fur fa figure qu'il ne la doit pas à fon ancienneté; mais 15 ans après, cet Officier a perdu cet avantage, fa croix n'annonce plus une action, mais feulement 25 années de fervice : il devroit donc lui revenir une feconde croix. Que l'on donne fi l'on veut, une marque de diftinction au long fervice mais *bellica virtutis premium* doit être la récompenfe de la valeur.

Jamais l'art de récompenfer ne fut porté fi loin que par les Grecs & les Romains; ces peuples avoient des récompenfes déterminées pour chaque action; leurs reffources étoient infinies, & elles fervoient à élever l'ame de ces hommes que nous admirons encore aujourd'hui. Le troifieme nom d'un romain lui avoit toujours été donné en mémoire de quelque action notable. Les Grecs en ufoient de même quand ils nommoient quelqu'un *Soter & Callinicos* ; c'eft-à-dire, fauveur & victorieux. La meilleure maniere de récompenfer de longs fervices, c'eft de donner à tout Officier la perfpective affurée d'arriver au moins au grade de Capitaine, de faire

jouir ce rang d'une ſtabilité heureuſe, à l'abri
de toute réforme : c'eſt la méthode du Roi de
Pruſſe. J'y ajouterois encore une décoration ; la
même qui eſt honorable pour le ſoldat doit l'être
pour l'Officier. Je le demande, que ſignifie
généralement aujourd'hui la croix de St. Louis ?
que l'on a offert pendant 15 années ſa vie au
ſervice de la patrie ; c'eſt un aſſez beau titre,
ſans doute, pour avoir droit à l'eſtime de tous
les hommes ; c'eſt par le médaillon des deux
épées, que je voudrois annoncer ce droit, faiſant de la croix de St. Louis la récompenſe de
ceux que des circonſtances heureuſes auroient
mis dans le cas de rendre un ſervice important.
Il n'y a que quelques individus particuliérement
intéreſſés qui puiſſent réfuter ma propoſition.

Je ne parle point de l'abus de donner la croix
de S. Louis à des perſonnes qui ont quitté le
ſervice, à d'autres qui n'ont jamais ſervi, à des
commiſſaires des guerres, &c. Ce déſordre eſt
d'une nature à n'avoir beſoin ni d'être répré-
ſenté ni d'être combattu.

Gratifications.

Les gratifications pécuniaires ne doivent point
être miſes au rang des récompenſes, elles ſont
aviliſſantes. *Il y a des métiers ſi nobles*, dit Jean
Jacques, *qu'on ne peut les faire pour de l'argent,
ſans ſe montrer indigne de les faire, tel eſt celui
de l'homme de guerre.* Que l'on n'induiſe pas les
officiers à des dépenſes extraordinaires, que les
établiſſemens des troupes ſoient permanens, &
les appointemens ſuffiront à chacun pour vivre

convenablement à son grade. Je ne prétends parler ici que des gratifications en récompenses, car celles qui sont accordées pour les pertes faites à la guerre, ne peuvent être regardées que comme des indemnités aussi honorables que justes.

Il ne m'est pas possible de développer ici toutes les ressources qui sont entre les mains d'une bonne administration. Quelle quantité de places & de charges à donner, du moment que l'on aura la force de résister aux sollicitations & aux demandes importunes, ou impudentes, de ces gens qui semblent ne se présenter devant le ministre, que pour dire : *nommez-moi, car c'est moi qui en suis le plus digne.*

Les retraites & les pensions sont encore au nombre des récompenses, mais je ne puis en parler, qu'en offrant de nouveaux calculs, & cet objet mérite un chapitre tout entier, qui romproit ici la suite de nos moyens de discipline. *Voyez* Chap. XXIV & Chap. XXV.

Des châtimens.

Si l'homme court au bonheur, & par conséquent aux récompenses qui peuvent le lui procurer, il est nécessairement porté par sa nature à éviter tout ce qui conduit aux châtimens, surtout, s'il les regarde comme inévitables après la faute. La discipline doit donc être impartiale & sévere. C'est la faute, & non l'homme qui emporte la punition, ce principe est un axiome de droit connu depuis que les hommes sont en société, & scrupuleusement suivi par toutes les nations qui fervent encore d'exemple au monde. A Rome, nous voyons *Manlius* récompenfé ; pour avoir délivré le Capitole des Gaulois qui l'affiégeoient, il reçut les préfens ordinaires à ces actions, & le furnom de Capitolinus : ce même homme excitant peu de tems après quelque trouble dans la ville, l'état n'eut aucun égard à l'important fervice qu'il avoit rendu, & le condamna à être précipité du haut du même Capitole, qu'il avoit auparavant défendu avec tant de gloire. C'eft par de tels exemples que les Romains affuroient la vigueur des loix & de la difcipline qui les fit triompher des rufes des Grecs, de la force des Germains, & de toutes les nations de la terre.

Il faut que la crainte du châtiment arrête l'homme tenté de commettre l'action mal-honnête qui peut lui être utile, car l'expérience nous apprend que les remords ne commencent qu'où l'impunité ceffe.

Il doit exifter un rapport entre la faute & la punition, comme il en exifte un entre la belle action & la récompenfe.

Les crimes & les fautes multipliées à l'infini parmi les hommes, donnerent lieu à des loix & à des tribunaux, qui font les moyens de la juftice civile & criminelle. La juftice militaire a auffi fes loix, mais fes tribunaux, nommés confeils de guerre, ne font convoqués que pour les faits graves qu'il plait au roi d'y appeler. La difcipline militaire ne pouvant être fondée que fur une promte obéiffance, il a fallu rejetter les détails de la juftice ordinaire, & confier ce dépôt de loix & d'ordonnances au chef qui a

en fes mains la puiffance exécutive, ne devant
jamais compte de fa conduite à fon inférieur,
mais fujet à le rendre lui même à fon fupérieur;
car c'eft par cette cafcade d'autorité feulement,
que l'on peut prévenir les abus d'un pouvoir
exécutif & illimité.

D'après cette idée de la difcipline, on apperçoit fur-le-champ les conditions effentielles, pour
prévenir les abus d'autorité. 1.º. Il faut que
tout homme qui commande en foit digne &
capable, par fon caractere, fon expérience & fes
talens; c'eft pourquoi j'ai appuyé, comme je
l'ai fait plus haut, fur la néceffité de reconnoître les qualités propres au commandement dans
celui que l'on deftine à être chef. 2º. Il faut
que tout chef trouve au-deffus de lui une autorité égale à celle qu'il exerce fur fes inférieurs.
3º. On doit mettre entre les mains des chefs,
des loix & des ordonnances qui commandent,
c'eft-à-dire, qui n'ayent befoin ni d'interprétations ni de commentaires, fans quoi, dit un fameux jurifconfulte, *ce ne feroient plus des loix,
ce feroient des rêveries & un piege cruel tendu
à l'homme*, puifque le crime & l'innocence dé-
pendroient alors de l'interprétation & de la
tournure d'efprit du commentateur : *or, c'eft
précifément à empêcher cet abus, que les loix font
deftinées.* D'où il fuit que celles qui le favorifent,
ne font pas des loix. On lit pourtant à la fuite
de la plupart de nos ordonnances : *les chefs pourront ajouter ce qu'ils trouveront avantageux pour
le fervice du roi,* ou *ces mots, fuivant les circonftances.* On ne s'apperçoit pas qu'un pareil
fupplément détruit l'ordonnance même, en four-

niſſant un vaſte prétexte pour les éluder toutes (1).

Que doit-on exiger du militaire en général,
& de chaque militaire en particulier ? Quels
moyens doit-on employer pour le forcer à l'exactitude de ſes devoirs ? Voilà les deux queſtions
à réſoudre, voilà le ſujet d'un code ou d'un
corps d'ordonnances, ſans lequel le militaire
n'aura jamais de forme fixe, & la diſcipline jamais de force.

Obéiſſance, bonne conduite, inſtruction &
exactitude, eſt ce qu'il faut obtenir ; & les premiers moyens ſont de réveiller l'honneur, l'é-
mulation & l'ambition dont tous les hommes ſont
ſuſceptibles. C'eſt aux talens du chef & au pouvoir des récompenſes à produire cet effet ; mais
il faut en même tems que la loi & le chef pu-
niſſent ceux qui manqueroient à leurs devoirs.
La multiplicité des fautes légeres qui ſe commettent relativement à la diſcipline, à la tenue
& à l'inſtruction, ne permet pas aux ordonnances de prévoir tous les cas, & de varier les
genres de peine à l'infini : mais on s'eſt auſſi
trop borné en n'affectant qu'une ſeule punition
à ce que l'on a appelé fautes légeres, ſans les
définir ; on n'a point ſéparé les fautes eſſentielles
contre le ſervice & la ſubordination, d'avec les

____

(1) Le Roi de Pruſſe dit ,, des loix préciſes ne
,, donnent point lieu à la chicane, elles doivent s'en-
,, tendre ſelon le ſens de la lettre. Lorſqu'elles ſont
,, vagues & obſcures elles obligent de recourir à l'in-
,, tention du légiſlateur, & au lieu de juger des faits,
,, on s'occupe à les définir.

fautes contre la tenue & les diſtractions aux
exercices.

Ce n'eſt point un code que je vais entreprendre ici, mais pour répondre au titre de mon
ouvrage, j'examinerai ſeulement les principes
ſur leſquels il doit être formé.

Des Fautes légeres en général.

Dans le militaire, qui eſt un métier d'activité,
la meilleure punition eſt ſans doute celle qui
peut être infligée promtement. Les Allemands
ſe ſervent du bâton ; les Romains l'employoient
ſouvent ; &, je le confeſſe, il ſeroit à ſouhaiter
que nous puſſions nous en ſervir comme la plus
générale & la plus uſitée de nos punitions, mais
notre caractere, nos mœurs, nos uſages, nos
préjugés, notre gouvernement, enfin, différent
de celui des Romains & de celui des peuples du
nord, ne nous permet pas de les imiter. Ecóu-
tons le grand Monteſquieu. *Les loix doivent
être relatives au phyſique du pays ; elles doivent
ſe rapporter au degré de liberté que la conſtitution
peut ſouffrir, aux inclinations des habitans, à
leurs manieres ; elles doivent avoir des rapports
entr'elles, avec l'objet du légiſlateur, avec l'ordre
des choſes ſur leſquelles elles ſont établies.* C'eſt
donc tout cela qu'il faut conſidérer, & les cris
des ſectaires Pruſſiens ne changeront certainement rien à ce principe éternel.

On a voulu établir la punition des coups de
ſabre en France ; elle a révolté le militaire,
occaſionné des déſertions, & la diſcipline, au
lieu d'y gagner, a perdu à la promulgation de

cette loi ; car on a vu des chefs de corps, des officiers généraux même, la fronder & la révoquer. On en a vu d'autres renchérir fur l'ordonnance, en abufer cruellement ; les exemples ne me manqueroient pas : on fait qu'une compagnie entiere de grenadiers..... Mais cela eft connu de tout le militaire : je me tais.

Le goût fervile de l'imitation, enraciné dans notre capitale, a produit cet enthoufiafme pour les étrangers, qui nous a conduit à les employer même dans nos troupes nationales, à leur demander des leçons, & à leur donner chez nous le titre de maîtres. C'eft la premiere caufe du défordre actuel de notre militaire ; c'eft de ces étrangers que nous vient l'efprit des loix qui nous gouvernent ; & comment ces loix nous conviendroient-elles ? Elles ont toutes été faites pour des Allemands, des Suiffes & des Pruffiens. De cette adoption avouée, il devoit néceffairement s'enfuivre une logique qui pût la favorifer. Pour ne pas paroître extravagant, il a fallu dire & foutenir, comme l'auteur de l'Effai général de Tactique, *que tous les peuples de l'Europe étant en quelque forte mêlés & confondus par la fimilitude des principes de leur gouvernement, par les voyages, les lettres... les préjugés nationaux qui les féparoient autrefois n'exiftent plus.* Il a fallu vouloir prouver que les mêmes loix pouvoient convenir dans tous les pays, & que partout où il y avoit des hommes, le bâton étoit l'inftrument le plus fûr pour les mener à la victoire. Quel renverfement d'idées ce monftrueux paradoxe n'a-t-il pas produit parmi nous ? Je m'adreffe à ceux qui ne craignent ni

la lecture, ni la méditation, ni le raifonnement ;
qu'ils comparent une nation libre, dont les
fujets viennent librement s'enrôler pour fervir
le roi & l'Etat, une nation que l'honneur &
la bravoure ont toujours diftingué, une nation
qui eft impétueufe & avide de gloire, avec une
autre nation où les hommes font ferfs, comme
les Pruffiens, nés pour l'être toute leur vie. Pour
frapper cette comparaifon, Montefquieu, que je
ne me lafferai point de citer, parce qu'on ne
doit point fe laffer de le lire, Montefquieu fait
dire à Usbeck : *La différence qu'il y a des
troupes françoifes aux vôtres, c'eft que les unes,
compofées d'efclaves naturellement lâches, ne fur-
montent la crainte de la mort que par celle du
châtiment, ce qui produit dans l'ame un nouveau
genre de terreur qui la rend ftupide, au lieu
que les autres fe préfentent aux coups avec dé-
lice, & banniffent la crainte par une fatisfaction
qui lui eft fupérieure.* Battez les Allemands, les
Pruffiens, les Ruffes, s'écrie un auteur qui connoît bien ma nation, tous ces defcendans des
fauvages du nord, dont un climat rigoureux
engourdit les organes, & dont l'ame retranchée
fous une écorce épaiffe, n'entend ce qu'on lui
demande que quand on le heurte rudement fur
l'envelope ; mais le François, piquez-le de gé-
nérofité, il comprend les moindres fignes, quelque part que vous le frappiez, vous touchez
fur fon cœur, les moindres bleffures rifquent
toujours d'être mortelles (1).

Quelle contradiction dans la conduite de nos

---

(1) Linguet dans fes Annales.

inſtituteurs modernes ! Les principes varient avec leur tête, & leur éloquence favoriſe & défend tour-à-tour les préjugés à une nation à laquelle ils veulent tracer des loix. Ils ſe ſervent de ce préjugé, de ce point d'honneur (2), quand ils parlent des récompenſes, ces moyens leur réuſſiſſent trop bien pour les méconnoître, & c'eſt à cette même eſpece d'hommes à laquelle ils refuſent après de la délicateſſe ; & qu'ils ne craignent pas d'avilir par une punition de tout tems honteuſe (1) aux yeux de la nation. En-

---

(2) L'auteur de l'eſſai a dit, en parlant des progrès de nos connoiſſances. ,, Il falloit veiller à ce qu'elles ,, ne portaſſent que ſur des objets utiles & à ce qu'elles ,, n'attaquaſſent point des préjugés néceſſaires. Il falloit ,, ſoutenir ces préjugés par toutes les reſſources de la ,, légiſlation...... Il dit ailleurs, il faut que l'état du ,, ſoldat ſoit honoré, & qu'en élevant ſon ame, on ,, l'accoutume à eſtimer ſa profeſſion & à ſe croire anobli ,, par elle ,,.

[1] Autrefois les gentilhommes ſe battoient entr'eux à cheval & avec leurs armes, & les vilains ſe battoient à pied & avec un bâton, delà il ſuivit ,, que le bâton ,, étoit l'inſtrument des outrages, parce qu'un homme ,, qui en avoit été battu avoit été traité comme un vi- ,, lain. Il n'y avoit que les vilains qui combatiſſent à ,, viſage découvert, ainſi il n'y avoit qu'eux qui ,, puſſent recevoir des coups ſur la face. Un ſouflet dé- ,, vint une injure qui devoit être lavée par le ſang, ,, parce qu'un homme qui l'avoit reçu avoit été traité ,, comme un vilain ,, [Monteſquieu] Voilà comme ſe font formés les différens points-d'honneur, & comme l'opinion publique les perpétue. Que l'on ne diſe pas, que, parce que le ſoldat Romain ne regardoit pas la baſtonade comme deshonorante, on peut bien s'en ſervir pour le ſoldat François, parce que l'on répondroit qu'un marquis dont le pere ſeroit pendu en France,

gage-toi, dit aujourd'hui le pere à son enfant, en lui montrant le grenadier couché sur une botte de paille, & flagellé aux yeux de la plus vile populace; engage-toi, & voilà comme on te traitera.

Les partisans des coups prétendent-ils relever du déshonneur dont ils marquent celui qui est frappé? prétendent-ils reléguer ce déshonneur dans la classe des préjugés absurdes? Qu'ils sachent que l'homme n'a qu'un juge de son honneur: c'est ses concitoyens; & tant que le bourgeois, le paysan, le valet même, ne pourront être frappés sans obtenir une réparation juridique prononcée par les loix, la classe des soldats François que l'on voudra assujettir aux coups, sera regardée comme la derniere classe de la nation.

Mais si cette opinion sur les coups est, comme on a osé le soutenir, un préjugé aussi futile qu'aisé à détruire; si nous pouvons, sans inconvéniens, être assimilés aux troupes Allemandes, pourquoi nos nouveaux instituteurs ne condamnent-ils pas les cadets gentilshommes, à recevoir très-honorablement des coups de plat de sabre par la main du Commandant du régiment? Ne savent-ils pas qu'en Prusse, le premier *Fahn-*

---

ne devroit pas non plus se croire déshonoré, puisqu'en Angleterre des hommes qui nous valent bien traitent avec raison ce prétendu déshonneur de chimere. Mais chaque nation a ses préjugés, son point-d'honneur & une délicatesse différente comme ses loix. Un spartiate valoit bien un François; ce premier n'avoit point honte de voler, & ce dernier regarde le vol comme une infamie du premier genre.

junker de chaque régiment eft puni de cette manjere ? Il eft tel officier général, qui, fuccédant au miniftre actuel, completteroit cette affimilation, & s'il ne s'éleve des voix plus fortes que la mienne, fi la paix dure, furtout, on verra fans doute le gentilhomme tendre le dos comme le foldat, & l'officier fera mis à la garde du camp. Pourquoi non ? cela fe pratique en Pruffe.

La punition des coups avoit été employée en France par MM. de Broglie, qui s'en fervoient à l'armée pour faire punir les maraudeurs, & les fauver de la mort à laquelle les généraux qui les ont précédés les condamnoient. Voilà le cas où cette punition eft réellement utile & fans inconvénient. Là, elle remplit l'objet fans être aviliffante, parce qu'elle n'eft point infligée à la vue d'un peuple qui la regarde comme telle ; là, la loi eft générale, tout maraudeur foldat, vivandier, valet ou autre, eft puni par le bâton : mais adopter cette punition comme un moyen ordinaire de difcipline, dans une nation chez laquelle les coups font regardés comme déshonorans ; je le répette, c'eft une contradiction formelle entre la loi & les mœurs ; c'eft apprendre aux hommes à ne plus craindre la honte ; c'eft, au contraire, les *formaliser* avec elle.

En tout, je vois naître une morale militaire propre à éteindre le fanatifme de la gloire & de l'honneur, dont aucune nation n'eft pourtant auffi fufceptible que la mienne [1]. On ne parle

au

***

[1] On ne peut voir fans indignation, un auteur

au foldat qu'avec colere ou mépris , & prefque partout , par des prohibitions avilifantes., on le fait rougir de l'habit qu'il porte. L'orgueil de commander aux Rois dédommageoit les Romains de la dureté de la difcipline militaire ; il n'y a que l'eftime qui puiffe dédommager le foldat françois de la dureté de la nôtre. Que l'on fe fouvienne ici de ce que j'ai dit au chapitre des recrues , du choix que j'exige dans les hommes , & du chapitre de la comptabilité, où je montre que l'intérèt de chaque capitaine eft de bien compofer fa compagnie. En ayant une meilleure efpece d'hommes , en mettant plus d'intérêt à en tirer parti , en les inftruifant avec plus de douceur , en fimplifiant cette inftruction, en fe préfervant de toutes les inutilités dont on a accablé les troupes , en leur donnant enfin une conftitution folide., & montrant aux hommes un avenir certain , on donnera & l'on confervera à la France l'armée la plus formidable.

En attaquant l'efprit de la loi qui a établi l'ufage des coups dans nos troupes, je crois avoir démontré que cette punition ne peut con-

---

fujet à fe livrer aux faillies de fon efprit , traiter de *chevalerefque ignorance*, ces traits de valeur héroïque & de dévouement dont nos François ont donné dans chaque campagne une multitude d'exemples. Si nos armes ont éprouvé des malheurs, ils ont prefque toujours été dûs au défaut de capacité de nos Généraux ou à leur méfintelligence. C'eft dans cette claffe du militaire qu'il feroit effentiel d'établir une difcipline févere , parce que c'eft-là où les infractions & les défobéiffances que produifent les rivalités entraînent les plus grands défordres & les plus grands maux.

Partie I.   O

venir aux François. Je dois encore examiner la maniere dont cette loi a été connue, promulguée & fuivie jufqu'à ce moment : cet examen aidera à prouver, comme je l'ai avancé, que nos ordonnances font prefque toutes devenues contradictoires, abufives & fans force. L'article XX du titre V de l'Ordonnance du 25 mars 1776, fur l'adminiftration, dit : *que les fautes légeres qui, jufqu'à préfent, ont été punies par la prifon, feront dorénavant punies par des coups de plat de fabre.* Qui eft-ce qui déterminera la légereté ou la gravité de ces fautes ? Si l'on confultoit différens officiers, on verroit peut-être qu'il n'eft pas auffi aifé qu'on fe l'imagine de les claffer. D'ailleurs, affigner 50 coups de plat de fabre pour une faute légere, c'eft affurément, le déshonneur même à part, infliger une punition très-difproportionnée au délit, car l'expérience nous a montré qu'un bras vigoureux enverroit indubitablement le patient à l'hôpital. Pour éviter donc un abus qu'on a eu raifon de prévoir, la même ordonnance dit que le commandant du corps pourra feul ordonner les 50 coups, & que le commandant de la compagnie pourra feul en ordonner 25. Les cinq autres officiers de la compagnie n'ont ni le droit ni le pouvoir de punir les fautes dont leur fervice les rend continuellement témoins. Il faut qu'ils fe bornent à menacer le foldat contrevenant, & qu'ils attendent la parade du lendemain pour rendre compte au commandant & prendre fes ordres ; lenteur abfolument oppofée à l'activité d'une difcipline exacte & févere. Le Lieutenant-Colonel & le Major ont vraifemblablement auffi le droit de faire diftribuer des coups, mais quel eft leur tarif ? Eft-ce 25 ou 50 ? Voilà ce que l'ordonnance n'articule point, elle ne parle précifément que du commandant du corps & du commandant de la compagnie, & aux yeux de ceux qui ne favent pas inter- préter, le commandant en fecond du corps n'a pas plus de droit à prononcer fur cet objet, que le commandant en fecond de la compagnie. Qu'eft-il arrivé de la délicateffe de toutes ces diftinctions ? que l'officier fubalterne qui n'a pas droit de faire donner des coups, a trouvé beaucoup plus fimple d'envoyer le délinquant en prifon ou à la falle de difcipline, fauf à dire dans fon rendement de compte, qu'il a jugé la faute trop gráve pour ne mériter que des coups. Je mets en fait qu'il n'y a pas de ré- giment où l'on n'ait commis ces abus ; mais la plupart des colonels en ont introduit un autre bien plus contraire encore à l'efprit de l'ordon- nance. Ils ont fait indifféremment punir par les coups de plat de fabre, & les fautes les plus légeres & les fautes les plus gráves.

La diftraction à l'exercice & le manque de fubordination, l'homme qui s'enivre & celui qui fe bat, le déferteur même, tout eft puni par les coups ; il eft vrai qu'en amplifiant ainfi l'ef- prit de l'ordonnance, ils ont amplifié auffi le numéraire ; ils n'ordonnent pas plus de 50 coups de fuite, parce qu'il feroit peut-être impoffible qu'un homme pût en recevoir davantage : mais ils le condamnent à recevoir ce châtiment pen- dant huit jours. Il eft aifé de concevoir qu'un pareil abus auroit fait périr plus d'un homme, ſi l'officier chargé de faire exécuter de pareils ordres, ne manquoit à ſon devoir.

Au reſte, pluſieurs régimens, un corps même preſqu'entier, s'eſt abſtenu & s'abſtient encore de faire uſage des coups de plat de ſabre, & les officiers généraux ont autoriſé ce manquement formel à l'ordonnance. Il réſulte donc de ces exceptions aux loix une comparaiſon humiliante pour les corps qui s'y aſſujettiſſent. Je dirai plus, ou l'ordonnance eſt tacitement rétractée par le miniſtre (1), ou il eſt echappé de ſes bureaux une grande imprudence. On la trouve dans le réglement proviſoire ſur le ſervice de la cavalerie & des dragons en campagne, donné en 1778. Cette ordonnance s'exprime ainſi : „ Tout cavalier contrevenant à la diſcipline „ de l'armée, & faiſant du déſordre, ne devant „ plus être regardé que comme *un homme inca-* „ *pable d'être conduit par l'honneur*, ſubira le „ même genre de punition „. [des coups] Le mot eſt lâché, il eſt malheureuſement écrit. Cette punition eſt donc infamante, puiſqu'elle eſt réſervée à l'homme *incapable d'être conduit par l'honneur*. Cette punition ne peut donc plus être celle du grenadier qui commet une faute légère.

On demande quel châtiment ſubſtituer aux coups? La priſon a trop d'inconvéniens ; elle

─────────────

[1] La derniere ordonnance concernant les gardes-côtes, & parlant de leur diſcipline, condamne ſouvent le garde-côte à la priſon & jamais aux coups. Je m'abſtiendrai de chercher la cauſe de cette différence, qui feroit peut-être humiliante pour les Régimens de ligne.

détruit la santé de l'homme , & elle l'affocie
avec le criminel. Je réponds que depuis le miniftere de Mr. le Duc Choifeuil on avoit paré
à ces maux, en établiffant des falles de difcipline
particulieres à chaque corps, & que depuis long-
tems les cachots publics ne recevoient plus que
les foldats deftinés à la mort ou aux galeres.
Si ces falles de difcipline ne font pas affez féveres, c'eft que la tolérance ou la foibleffe fouffrent que les hommes y vivent comme à la
chambrée. Quand on le voudra , on corrigera cet
abus : mais pourquoi ne pas employer une punition dont on fait ufage fur les vaiffeaux du
Roi ? Le matelot défobéiffant eft mis aux fers.
Je voudrois qu'au corps de garde du quartier de
chaque régiment, il y eût une barre & des
chaînes pour y attacher tout foldat dans le cas
d'être mis en prifon ; il feroit là au pain & à
l'eau , & fuivroit ainfi le régiment dans fes
marches. Mais n'avons nous pas le piquet , les
arrêts à la chambre , les pelotons d'inftruction
deftinés particuliérement à punir les fautes com-
mifes aux exercices ? Ah ! fi ces punitions ne
nous fuffifent pas, n'imaginons pas des fup-
plices ; cherchons d'autres moyens dans l'heureux caractere de ma nation ; ofons employer
quelquefois ceux dont le vainqueur de Mahon
donna l'exemple la veille de cet affaut à jamais
mémorable. On fait qu'à Mahon le vin étoit à
fi bon marché & la chaleur fi exceffive, que
les punitions les plus féveres & les plus multipliées n'empêchoient point les foldats de s'eni-
vrer tous les jours ; à peine en trouvoit - on
affez de fang-froid pour le fervice de la tran-

chée. Le Maréchal de Richelieu, auquel tous les chefs de corps portent leurs plaintes, répond froidement qu'il eſt ſûr d'arrêter ces excès ſans employer les coups, dont quelques *François Pruſſiens* lui demandoient déjà la permiſſion de faire uſage. Le Maréchal, le même jour, fait dire à l'ordre *que tout ſoldat trouvé pris de vin, ſera privé de monter à l'aſſaut.* Cette menace eût tout l'effet qu'il en avoit attendu ; il n'y eût pas un ſoldat ivre dans l'armée. Cette anecdote fait autant d'honneur à l'eſprit & au cœur du Maréchal qu'à la délicateſſe de la nation qui marcha à la victoire. M. le Comte Devaux, auſſi connu par ſes talens militaires que par la diſcipline ſévere qu'il a toujours maintenue dans les troupes à ſes ordres, n'a pas négligé d'employer ces moyens, qui ne viennent qu'à l'eſprit des officiers qui connoiſſent bien notre nation ; ayant à ſe plaindre des grenadiers d'un régiment de l'armée de Corſe, pour les punir, il fit donner à l'ordre, *de paſſer leur tour de ſervice.* Il me tombe en ce moment dans les mains une autre anecdote ; & j'en raſſemblerois, ſans doute, une nombreuſe collection, ſi je prenois le ſoin de les chercher, & que je le cruſſe néceſſaire pour prouver combien le François eſt ſuſceptible de cet honneur que quelques écrivains oſent lui refuſer. " Pendant
„ la derniere guerre, quand le détachement
„ françois envoyé contre le Portugal entra en
„ Eſpagne ; on prévint le ſoldat qu'il arrivoit
„ dans un pays allié, où leur nation n'étoit
„ cependant pas aimée ; que plus les Eſpagnols
„ avoient de prévention contre nous, plus il

„ falloit fe piquer d'honnêteté & de fcrupule à
„ leur égard. Il n'en fallut pas davantage. Dans
„ une route de 200 lieues il n'y eut pas une
„ plainte (1).

Le Roi de Suede, pour punir les foldats défo-
béiffans, vient de faire ufage d'une peine qu'A-
lexandre & Cefar ont feuls ofé employer jufqu'ici.
On fait combien font féveres en Suede les défenfes
de la diftilation des grains. Quelques foldats les
ayant enfreintes, & même avec violence, Guftave s'eft contenté de les caffer, & de les dé-
clarer incapables de jamais fervir la couronne.
Par de tels principes, & avec de tels exemples, on peut faire plus que d'entretenir l'honneur & la délicateffe, on peut les faire naître
où ils ne feroient pas.

Des fautes graves.

L'obéiffance doit être paffive, & tous les ordres donnés par le fupérieur doivent être exécutés littéralement & fans réclamation, fans cela
il n'eft point de militaire.

Le premier & le plus grand de tous les crimes,
eft donc de réfufer l'obéiffance. Non feulement il
faut punir févèrement ce refus, mais il faut encore que le chef ait un pouvoir *illimité*, pour
s'oppofer à la force & à la rébellion, fi elle pouvoit naître dans les troupes. Les loix, à cet
égard, doivent être fortes, mais prudentes ; &
toutes les fois que les circonftances ont mis un
chef dans le cas de faire ufage de toute l'étendue
du pouvoir qui lui eft confié, fa conduite doit

____

(1) Annales Politiques.

être soumise au jugement d'un Conseil de guerre, afin de confirmer légalement l'acte d'autorité ou en punir l'abus.

Le Code militaire a souffert de si grandes variations par les exemples des jugemens différens, prononcés par les Conseils de guerre, & par les lettres interprétatives des ministres, qu'il seroit absolument essentiel de le renouveller aujourd'hui, & d'y prévoir le plus grand nombre de crimes par le plus grand nombre d'articles; car, encore une fois, *les loix doivent commander,* & pour me servir d'une expression de nos Ordonnances mêmes, les châtimens doivent être conformes à la loi.

Les Conseils de guerre ne devroient jamais prendre connoissance que des faits absolument relatifs au militaire, & tous les crimes du ressort des tribunaux civils, comme vols, assassinats, contrebande, doivent leur être renvoyés.

Un usage aussi barbare qu'injuste, est celui qui tolere la punition des courroies. Le Commandant du régiment peut aujourd'hui l'ordonner sans autre forme légale que sa volonté, & sans répondre de sa conduite. La vie des hommes est donc entre ses mains, & comment y est-elle ? En l'autorisant à ordonner le plus grand des supplices. Qui est-ce qui n'est pas révolté en songeant à cette inconséquence barbare ! Il est plusieurs exemples de soldats qui ont péri de ce châtiment ou de ses suites.

Les cas grâves doivent tous être prévus par les loix; s'il se commettoit une faute, sur laquelle les ordonnances eussent omis de prononcer, & que cette faute fût d'un genre à mériter une punition exemplaire, le Commandant auroit toujours le droit de faire assembler un Conseil de guerre provisoire, qui informeroit sur le champ, & jugeroit l'accusé ; l'exécution seroit suspendue, le jugement envoyé à la cour, qui prononceroit sur son exécution. Par ce moyen rien ne se feroit sans qu'elle en fût informée, & le tems offrant de nouveaux exemples, & de nouvelles circonstances, on en profiteroit pour ajouter de nouveaux articles à un Code, qui deviendroit bientôt parfait.

Malgré la clarté des Ordonnances, il se trouve quelquefois des crimes tellement enveloppés d'incidens, qu'il devient difficile de rapporter avec exactitude certains délits aux articles du Code. La justice & l'humanité réclament donc, que toutes les précautions soient prises en faveur de l'innocence, pour que le plus grand jour soit répandu dans l'instruction du procès, & pour que les Juges soient toujours les plus éclairés & les plus integres. Les Conseils de guerre des régimens devroient donc être toujours composés des six plus anciens Capitaines : au défaut du grade de Capitaine, les juges seroient pris parmi les premiers Lieutenans ; mais il faudroit que tout juge eût au moins 25 ans ; car c'est une inconséquence bien grande d'accorder voix délibérative à un homme, dans des circonstances aussi essentielles que de prononcer sur l'honneur & la vie de ses semblables, tandis que les loix civiles le regardent encore dans un âge d'enfance, qui ne lui permet ni de gérer, ni d'aliéner ses biens. Les Conseils de guerre doivent toujours être présidés par le Commandant de la place, &, à fon défaut, par le Commandant du Corps. Les Majors de place doivent faire les informations & le rapport : à fon défaut ces fonctions font remplies par le Major du Corps. L'humanité & la juftice follicitent encore une confolation au malheureux, c'eft le droit de fe choifir un défenfeur dans les Officiers de fon régiment. Pourquoi refuferoit-on cette confolation au militaire, tandis qu'on l'accorde au plus vil affaffin ? Pourquoi craindroit-on de donner à celui-ci tous les moyens de fe défendre, & d'inftruire fes juges ? Voilà des obfervations qui me paroiffent dignes de l'attention du nouveau Légiflateur, lorfqu'il travaillera à ce Code defiré & néceffaire, à ce Code annoncé par l'Ordonnance de 1776, fur l'adminiftration des troupes, mais que nous attendons encore.

Défertion.

La premiere perte & la plus réelle pour la France, c'eft le nombre de foldats qui fortent de nos armées, pour aller accroître celles des puiffances voifines. On rejette vainement ces émigrations fur la légéreté du caractere national ; on n'excufe pas par-là la foibleffe de nos inftitutions. La défertion a chez nous des caufes plus réelles, & ceux qui les ont étudiées, n'attendent pour les dévoiler, que de trouver en place un miniftre qui puiffe ou qui veuille les entendre.

Il eft évident que le Roi de Pruffe a dans fes armées 19 à 20 mille déferteurs François. J'ignore le nombre que peuvent en avoir l'Empereur, le Roi de Sardaigne, la Hollande, la Ruſſie, &c. mais il eſt de notoriété qu'il déſerte tous les mois 200 hommes de l'armée françoiſe, dont la moitié au moins ſont abſolument perdus pour le roi & pour l'état, auquel cette moitié devient traître ſi elle échappe à la loi, & à charge ſi elle en devient la victime.

Il eſt évident que, ſi l'on parvenoit à faire rentrer en France 30 à 40 mille ſujets répandus dans les armées étrangeres (je calcule au plus bas), que ſi l'on parvenoit à arrêter cette émigration continuelle, qui ſert à compléter cette perte, le Roi conſerveroit 30 à 40 mille laboureurs ou artiſans, qu'il eſt obligé d'enlever à l'agriculture & aux arts ; il diminueroit néceſſairement ce fléau qui afflige les campagnes ; je veux dire, la milice & la garde-côte, qui excitent partout les plaintes du malheureux payſan. Enfin les troupes Suiſſes, Irlandoiſes & Allemandes, qu'une ſage politique nous fait ſoudoyer, pour ménager le citoyen, deviendroient un avantage réel, au lieu qu'elles ne ſont aujourd'hui qu'une chere compenſation de la perte que nous faiſons.

Il eſt tellement eſſentiel d'arrêter la déſertion, que dans tous les tems & preſque tous les pays, ceux qui ont fait les loix militaires ont condamné le déſerteur à la mort. Les Romains portoient même la ſévérité plus loin ; ils ne ſe contentoient pas de faire mourir les déſerteurs, ils confiſquoient encore leurs biens. Charles VII, le premier de nos rois ſous lequel nos troupes ayent eu une conſtitution & une diſcipline militaire, condamna les déſerteurs à être pendus, ſans autre jugement que celui du Lieutenant de la Compagnie. C'est mal-à-propos sans doute qu'en continuant à faire mourir les coupables nous avons changé le genre du supplice. En lui ôtant ce qu'il avoit d'ignominieux & de deshonorant, nous lui avons ôté ce qu'il offroit de plus terrible. Lorsqu'à la prise de Rhege, les Romains se saisirent de 300 traitres qui avoient déserté, ils ne se contenterent pas de leur faire trancher la tête, mais avant ils les condamnerent à une peine sans doute plus honteuse encore parmi eux, ils les firent fouetter sur la place publique. Le grenadier à qui l'on va casser la tête, ne voit dans ce supplice que la perte de la vie, l'infamie n'existant plus, il met un point d'honneur à braver la mort qui l'attend ; & comment la craindroit-il cette mort à laquelle il est accoutumé à s'exposer tous les jours, par une pure imagination d'honneur ? Ceci n'est point un vain raisonnement, c'est une vérité prouvée par l'expérience. Il est peu de militaires qui n'ayent été témoins de la fermeté qu'apportoient le plus grand nombre de ces malheureuses victimes à l'approche de l'exécution. Quelles misérables loix que celles qui détruisent ainsi des hommes capables de braver la mort, & dont le Gouvernement & la société peuvent tirer un si grand parti ! Mais il n'est plus tems de se recrier contre une barbarie dont on est revenu. M. de Saint-Germain , en abrogeant une loi qui faisoit perdre autant d'hommes sans rémédier au mal, s'est immortalisé dans ma nation, qui se souviendra toujours que l'entrée de ce brave Officier au ministere fut marquée par un acte d'hu-

manité, que la raiſon réclamoit depuis ſi long-
tems.

On ſera forcé de convenir que la crainte ſeule
de la mort eſt bien inſuffiſante pour arrèter la
déſertion, lorſqu'on ſaura que dans le tems où
elle étoit employée avec le plus de vigueur, qui
eſt depuis la paix juſqu'en 1765, il eſt déſerté
50 mille hommes de nos armées. Je rends juſtice
au cœur de M. le Duc de Choiſeul ; s'il n'a pas
eu le mérite de ſupprimer la peine de mort, il
fut plus d'une fois attendri par l'effuſion continuelle du ſang que la loi faiſoit couler, & dans
les dernieres années de ſon miniſtere, il obte-
noit de ſon Maitre la permiſſion de commuer
la peine en exil, on envoyoit les déſerteurs dans
nos colonies. Voilà le cas de dire, avec un de
nos Juriſconſultes, c'eſt le moindre inconvénient des loix trop dures, de reſter ſans exécution.

Pour arrèter la déſertion, il ne faut pas ſe
borner à la recherche des loix pénales que l'on
doit affecter aux contrevenans ; cet objet eſt
ſans doute un de ceux du Légiſlateur, mais il
ne doit pas être le ſeul. Punir le crime n'eſt pas
difficile, c'eſt le prévenir qui eſt le chef-d'œuvre
du Gouvernement. Arrètons-nous un moment
ſur les cauſes de la déſertion.

La premiere eſt que l'on engage ſans délicateſſe le rebut de la nation, des hommes tarés,
de mauvais ſujets, ſans aſyle, ſans lieux, ſans
honneur. J'ai parlé de ce vice au Chapitre des
recrues, & j'ai dit qu'il n'y a que les Capitaines
auxquels on puiſſe avantageuſement confier le
ſoin de completter leurs compagnies. Une or-

donnance de 1763, qui fait honneur au Miniſtre qui la rédigea, commence par ce préambule. „ Sa Majeſté ayant reconnu que la conſtitution „ ſolide qu'elle veut donner à ſes troupes, dé- „ pend du premier choix des hommes qui en- „ trent dans la compoſition deſdites troupes, „ &c. „ On voit ici que l'on a penſé avant moi que les ſoldats ne devoient point être pris dans la plus vile partie de la nation.

La ſeconde cauſe de la déſertion eſt, que le ſoldat ſe trouve humilié par la modicité de ſa paye, & l'impoſſibilité où on le tient d'augmenter ſon aiſance par ſon travail : on le laſſe, on le dégoute par des inſtructions minutieuſes, qui lui font paſſer huit années aux écoles de détail : on l'enchaîne par des loix monacales, & on l'écraſe par la durée d'une diſcipline qu'on appéſantit de jour en jour. Quel recours peut-il avoir contre des ſupérieurs, qui abuſent de leur autorité en le faiſant battre inhumainement pour de légeres fautes ? contre ceux qui le battent eux-mêmes, & l'injurient par les termes les plus mépriſans & les plus humilians ? Voilà ce que les Inſpecteurs ne voyent jamais ; ce dont les ſoldats ne peuvent ſe plaindre, & malheureuſement, ce que les Miniſtres ignorent toujours.

La troiſieme cauſe de la déſertion eſt la facilité que le déſerteur trouve à échaper à la rigueur de la loi, ſoit que les maréchauſſées ne ſervent que mollement, ſoit qu'elles n'ayent ni la conſtitution ni le placement le plus favorable à leur ſervice ; on voit par le nombre des déſerteurs contumaces, que le ſoldat peut raiſonnablement calculer que s'il déserte, il y a dix à parier contre un qu'il ne sera pas arrêté ; & ce calcul, fondé sur la différence entre le nombre des déserteurs & celui des forçats actuellement à la chaîne , devient le raisonnement le plus favorable pour augmenter le penchant au crime. Que la vigilance des préposés prouve au contraire que sur dix déserteurs on en arrête neuf, on verra indubitablement diminuer le nombre de ceux qui s'exposeront au châtiment. L'homme court volontiers un hasard dangereux lorsqu'il a beaucoup de chances en sa faveur, mais il craindra d'encourir une légere peine lorsqu'il n'appercevra pas l'espoir raisonnable d'y échaper.

Il faut donc que les récruteurs ne soient pas si faciles à engager les beaux hommes qui désertent ; que les amnisties ne soient pas si fréquentes, & que les grâces enfin ne soient pas accordées toutes les fois qu'on les demande. *Il ne faut pas non plus que les châtimens saient rudes* , a dit le Maréchal de Saxe, *plus ils seront doux & plus promtement vous remédierez aux abus , parce que tout le monde concourra à les faire cesser.*

Lorsque M. de St. Germain supprima la peine de mort, il consulta beaucoup de gens en place ; & demanda même des mémoires sur la maniere la plus avantageuse de punir les déserteurs : nous avons lieu de croire que la chaîne de terre réunit le plus de suffrages ; elles nous paroît cependant avoir de grands inconvéniens , & nous allons les montrer, en examinant les nouvelles Ordonnances concernant la désertion.

L'Ordonnance du 12 Décembre 1775 accorde

trois jours de répentir au déserteur. Celle du
25 Mars 1776, lui en accorde six. Tout soldat
pris & arrêté dans ce laps de tems, n'est condamné qu'à 15 jours de prison. Il s'enfuit que
cette loi, bien loin d'arrêter la désertion, la
favorise, puisqu'elle met le déserteur à l'abri de
la vigilance & de la poursuite de son régiment,
& de la maréchaussée qui doit sur le champ être
instruite de son évasion. Ce n'est que le quatrieme jour de marche, & à 45 lieues, à-peu-près,
de son régiment, que le déserteur commence à
encourir la peine portée par l'article XII, qui
est la chaîne de huit ans. Les régimens ont eu
plus d'une fois l'occasion de s'appercevoir de
l'indiscipline produite par cette loi, & elle sert
aujourd'hui de prétexte pour ne la pas suivre.
Chaque régiment a sa maniere de punir ses déserteurs, lorsqu'on a fait assez de diligence pour
les arrêter. Dans les uns, on leur donne des
coups de plat de sabre, ce qui est absolument
contraire à la lettre & à l'esprit de l'Ordonnance ; dans d'autres, on les met plusieurs mois
au cachot : mais toujours, pour se conserver le
droit de les punir à leur fantaisie, les Commandans de corps ne permettent point qu'ils soient
mis au Conseil de guerre, à moins qu'ils ne se
trouvent clairement dans l'un des cas qui doit
les faire condamner à la chaîne. Voilà donc
encore le Commandant du corps Juge souverain, pouvant à sa volonté abandonner ou soustraire le coupable à la rigueur de la loi.

Les Articles XIII & XIV de l'Ordonnance,
portant établissement de la chaîne, vouent à un
opprobre éternel ceux qui y seront attachés. Le
tems

tems de leur condamnation expiré, on leur
délivre une cartouche infamante, il leur est
défendu d'approcher de dix lieues de la ville de
Paris & des endroits où reside Sa Majesté ; ils
sont déclarés incapables de servir dans ses troupes. La crainte de ce deshonneur ineffaçable
excite le déserteur à passer à l'étranger, & s'il
n'en formoit pas le projet, sa famille, justement
allarmée, solliciteroit & favoriseroit son évasion ;
cette loi force donc l'homme à s'expatrier.

Si le déserteur est arrêté, qu'arrive-t-il ? qu'il
est, pendant huit ans, plus ou moins à la charge
de l'Etat ; que parvenu au terme de sa déten-
tion, il se trouve flétri, sans ressources, déses-
péré, condamné à mandier son pain ; le jour
où il sort de la chaîne, il faut qu'il demande
l'aumône & qu'il l'obtienne.

La réunion de ces malheureux formera indubitablement des hordes d'assassins ; tout le monde
le prévoit, mais que faire du déserteur ? Pourquoi donc tant d'embarras ? Il faut en faire ce
qu'on en fait dans presque toutes les autres
Puissances militaires de l'Europe, le prendre, le
punir & le forcer à continuer son métier. Cette
méthode demande plus d'activité dans la discipline
& plus d'exactitude dans l'observation des loix,
mais ses avantages valent bien la peine de l'exiger.

Moyens à employer pour arrêter & punir les
déserteurs.

Il est impossible à un écrivain de mettre
sous les yeux de ses Lecteurs cette quantité de
moyens dont le gouvernement dispose, & dont
il invite les chefs à se servir pour faire aimer au

Partie I.   P

foldat fon métier & l'attacher à fes drapeaux.
Qu'ils reveillent & entretiennent ce point d'honneur au lieu d'afficher qu'ils n'y croyent pas.
Les murs & les fentinelles peuvent arrêter un
moment la défertion, mais ils infpirent à coup
fûr au foldat le defir de rompre fes liens. Plus
l'homme honnête fe croit libre, moins il eft tenté
d'en abufer. Il faut que le foldat penfe que fon
fupérieur le croit incapable de déferter ; mais
en même-tems, il faut qu'il foit certain & convaincu qu'il exifte un tel ordre, une telle difcipline & une telle activité, qu'il ne pourroit
en s'évadant échapper à la vigilance des prépofés, & par conféquent, à la honte de la punition & à la rigueur de la loi. Autrefois, on faifoit prêter un ferment folemnel aux recrues,
qui juroient à la tête de leur régiment de ne
jamais abandonner leurs drapeaux. Cette céré-
monie en impofoit aux hommes, & fembloit les
engager doublement par les liens de l'honneur.
Je ne doute pas du bon effet que produiroit le
rétabliffement de cet ufage, auquel on pourroit
ajouter un appareil capable d'en impofer.

Mais le premier moyen d'arrêter la défertion,
feroit fans doute de donner aux Maréchauffées
une conftitution & une activité que la fureté
publique réclame autant que la difcipline militaire. C'eft l'impunité des criminels, & la facilité qu'ils ont à fe cacher dans une foule inconnue, qui encourage les crimes & fait couler tant
de fang fur nos échaffauts. Oui, l'ordre civil &
militaire font également intéreffés à ce que nul
homme dans ce Royaume ne foit inconnu, &
à ce que tous ces rouleurs de villes & de pro-

vinces foient toujours munis de certificats & de
paffe-ports : on les exige bien , ces certificats &
paffe-ports, à l'entrée de certaines villes en France ; pourquoi ne les exigeroit-on pas dans
toutes ? N'y a-t-il pas par-tout un Maire , un
chef de la police ? Je proposerois de mettre
toutes les Maréchauffées du Royaume à pied ;
cette économie permettroit de les doubler. Les
Brigades & Efcouades changeroient fouvent de
quartier de réfidence , parce que pour être actives & intègres, il faut qu'elles ayent peu de
liens : plus multipliées, elles auroient moins befoin
d'étendre leurs courfes; & quant aux transla-
tions dont elles font chargées , par la maniere
dont j'établis la Cavalerie en France , elle pourroit utilement les remplacer fur cet objet. Je
ne puis m'empêcher de remarquer ici combien
l'inftitution des Maréchauffées eft vicieufe, en
voyant ces organes de la Juftice avec la prétention de fe refufer aux ordres des Parlemens &
des Cours du Royaume , comme fi elles pouvoient être humiliées de l'emploi auquel elles
font vraiment deftinées.

Aucuns des moyens propres à décéler & arrêter le déferteur ne doivent être négligés. On
remarquera ici combien la coëffure que j'ai propofée au chapitre de l'habillement, peut être utile
pour le faire reconnoître. La perte des cheveux
met le foldat dans l'impoffibilité de fe déguifer,
au moins dans les premiers momens de fon évafion , & c'eft précifément dans ceux-là qu'il faut
tout mettre en œuvre pour le reprendre.

Une piéce de canon de 36 ou de 24 feroit placée
dans toutes les garnifons ou quartiers , & tireroit

trois coups d'heure en heure, du moment où l'on s'appercevroit qu'un soldat auroit déserté.

Les maréchauffées & les villages feroient avertis par ce fignal de fe tenir fur leur garde & d'arrêter les gens fans aveu qu'ils rencontreroient.

Les régimens feroient partir fur le champ plufieurs détachemens pour aller à leur pourfuite.

Le déferteur arrêté, & la route qu'il auroit tenu, reconnue, les villages par lefquels il auroit paffé feroient condamnés à une amende de 20 f. par feu [1].

Quiconque donneroit refuge ou faciliteroit l'évafion d'un déferteur feroit condamné par le Confeil de guerre à 600 liv. d'amende, faute defquels condamné aux galères pour fix ans.

Les gardes des Fermes du Roi, feroient auffi fpécialement chargés d'arrêter les déferteurs. La difperfion de ces employés, leurs vêtemens & la connoiffance qu'ils ont du pays, & des habitans leur donnent des moyens prefqu'immancables [2], & les Fermes font très-intéreffées à cette police qui diminueroit le nombre des contrebandiers.

---

[1] Cette idée de rendre refponfables les villages par lefquels pafferont les déferteurs, eft facile à mettre à exécution. Elle fe pratique en Pruffe, & l'Angleterre fe fert auffi de ce moyen pour empêcher la fortie de fes laines, les villages par où elles paffent font condamnés à 20 liv. fterlings.

[2] Que l'on queftionne les employés fur ce que j'avance, ils répondront ce qu'ils m'ont dit plufieurs fois, qu'ils feroient fouvent dans la poffibilité de faire la capture des déferteurs fi c'étoit leur métier.

Toute perſonne arrêtant un déſerteur , ou curant ſa capture , recevroit ſur le champ une gratification de 50 liv. , que lui feroit donner le Major du régiment, & qui feroit retenue au Capitaine de la compagnie dont feroit le déſerteur. Ce Capitaine ſupporteroit auſſi tous les frais des détachemens envoyés à la pourſuite du déſerteur.

Seroit réputé déſerteur & puni comme tel , tout homme , tout ſoldat qui paſſeroit les limites de ſon quartier ou de ſa garniſon.

La punition du déſerteur doit être meſurée au dommage de ſon crime , & le crime varie ſuivant les circonſtances & la maniere dont il eſt commis. Je ne prête point ma voix pour arracher à une mort ignominieuſe celui qui trahit tout-à-la-fois ſes ſermens , ſon Roi , ſa patrie & ſes concitoyens , & commet la plus grande lâcheté en paſſant dans les armées ennemies. Il doit être pendu.

Celui qui a la baſſeſſe de voler le prêt, les effets du Roi ou ceux de ſes camarades , doit être retranché de la Société , marqué de l'infamie , & rélégué à perpétuité avec ces viles créatures qui travaillent enchaînés ſur nos ports.

Ceux qui déſertent étant de ſervice , de garde ou en fonction, doivent être de même condamnés aux galères perpétuelles & irrachetables [1].

____

[1] Rien de ſi dangereux en politique , dit M. Linguet, que de compoſer avec le crime & d'y mettre un prix. C'eſt avertir quiconque veut devenir coupable de commencer par s'aſſurer de la ſomme qui doit l'abſoudre. C'eſt par conſéquent ſapper le fondement de la ſociété même. Plus de repos , plus de confiance, plus de ſureté dans tout pays où mon exiſtence dépend de l'argent

Mais celui qui défertera dans l'intérieur du Royaume, ou s'engagera dans un autre régiment, & dont le procès ne fera chargé d'aucune complication de crime, celui-là ne peut être voué à l'infamie. Il doit, fans doute, une réparation à fa faute, & de toutes les réparations, celle qui fe préfente le plus naturellement, celle qui eft le plus reverfible à l'intérèt de l'Etat, c'eft d'être condamné par le Confeil de guerre à fervir à perpétuité dans des bataillons de garnifon créés à cet effet [1].

Tout foldat trouvé hors des limites de fa garnifon, ou n'ayant pas rejoint fon régiment à l'expiration de fon congé feroit arrêté, & fon procès inftruit, feroit condamné par le Confeil de guerre à fervir à perpétuité dans les bataillons de garnifon levés à cet effet.

Ces Bataillons feroient fous les loix de la difcipline Allemande, confignés dans les garnifons, mais à cela près jouiroient de tous les privileges du refte de l'Infanterie, même paye, même vêtement, mèmes graces, mêmes tours pour l'avancement aux grades & même fervice.

Ces Bataillons feroient feulement commandés par deux Officiers d'un grade fupérieur

qu'aura mon ennemi, & où il faut que j'effuye tous fes caprices à l'inftant où il débourfera la fomme à laquelle ils font fixés.

[1] On trouve dans notre ancien code militaire, plufieurs articles qui condamnent les foldats à la prolongation de leur fervice. J'ai entendu dire que cette loi étoit vicieufe, mais je n'ai jamais été convaincu, par les preuves, de ce vice.

ayant indifféremment rang de Colonel, Lieutenant-Colonel, ou Major; leur traitement feroit
toujours celui de Lieutenant-Colonel d'Infanterie, pour le premier, & de Major, pour le
fecond, & ils prendroient rang, ainfi que tous
les Officiers du Bataillon, avec les Officiers du
même grade dans l'armée.

Dans toute l'armée, il n'y auroit d'Officiers
à la fuite, que dans les Bataillons de garnifon.
C'eft là où les jeunes gens auroient la permiffion de venir s'inftruire, & des principes de
leur arme, & du fervice des places. Les Officiers de ces Bataillons ayant un fervice très-
affidu feroient récompenfés par un avancement
promt.

Le premier fond de ces régimens feroit bientôt fait, en commuant la peine que les déferteurs
fubiffent aujourd'hui, & en rompant les chaines
de ces malheureux qui font en ce moment à
Metz.

Pour faire des bas-Officiers, chaque régiment étranger fourniroit à cet établiffement deux
hommes, & chaque régiment d'Infanterie françoife en fourniroit un.

D'après cet axiome d'humanité, qui devroit
en être un de législation, qu'il ne faut jamais
défefpérer un homme, mais au contraire lui
laiffer l'efpoir de réparer fes fautes paffées, par
un nouveau mérite dans fa conduite & dans fes
fervices; tout Soldat des Bataillons de garnifon,
qui, au bout de quatre ans mériteroit & feroit
élevé au grade de Sergent, redeviendroit libre,
pafferoit un engagement de huit ans & jouï-

roit de toutes les prérogatives des Sergens de l'armée.

Ces Bataillons pourroient engager, comme tous les régimens, mais la comptabilité feroit régie au compte du Roi par les deux Officiers fupérieurs.

Les Soldats qui déferteroient de ces Bataillons feroient punis fuivant l'ufage de la difcipline Allemande, & continueroient leur fervice.

Les principes que je viens d'énoncer ferviroient de bafe à une ordonnance contre les déferteurs. L'ordonnance devroit être étendue, & les articles multipliés, pour établir une loi prévoyante qui feroit inexorable. Les amniflies & les graces font des foibleffes & des injuflices dangereufes. Si l'on veut de l'ordre, il faut renoncer à cette prétendue clémence qui n'eft qu'une invitation au crime.

Les avantages de ces nouvelles loix feroient de ne point perdre d'hommes, & de faire l'économie des établiffemens frayeux & embarraffans qui exiftent aujourd'hui. En confervant le déferteur au fervice, on diminueroit d'autant la charge fur le cultivateur, qui eft obligé de fournir fa part au remplacement actuel. En établiffant une punition douce & nullement déshonorante, on s'affureroit davantage la capture des déferteurs, & les familles même, qui, pour éviter le déshonneur portent aujourd'hui le délinquant à paffer chez l'étranger, ne verroient dans ces Bataillons qu'un afyle fûr, où elles feroient les premieres à ramener ces fujets qui leur infpirent de juftes craintes.

Il me refte à traiter bien des objets, qui devroient naturellement être renfermés fous le titre générique de *difcipline* ; car on doit s'attendre à trouver fous cette dénomination la totalité de la législation militaire ; mais j'ai efpéré plus d'ordre & de netteté en renvoyant aux chapitres qui vont fuivre, tout ce qui concerne les revues, la correfpondance des corps avec le confeil de la guerre, & la fubordination.

CHAPITRE XIX.

Ordonnances qui doivent régler le fervice des troupes.

UNE nouvelle conftitution & la permanence des établiffemens des troupes exigent néceffairement une nouvelle ordonnance fur le fervice des garnifons, des cantonnemens & des campagnes.

Quoique l'auteur de l'effai général de Tactique ait fortement argumenté contre l'utilité des places de guerre, je continuerai avec bien d'autres à les regarder comme des remparts falutaires, qui mettent la France à l'abri des incurfions & des dévaftations générales, qui fuivroient toujours une guerre malheureufe & quelquefois même la feule perte d'une bataille. En attendant donc que l'auteur de l'effai ait déterminé d'une maniere plus pofitive les réformes qu'il propofe fur cet objet, je perfifterai fur la confervation de ces places, comme fur celle des troupes légeres, en faveur defquelles j'ai déjà dit que j'étois d'un avis abfolument oppofé au fien ; & je répéterai, en cette derniere occafion, ce qu'a dit le plus févere réfutateur de M. de Guibert. (1) Enfin les places donnent du tems, & le tems eft le maitre des événemens qui font le deftin des Etats.

Il entroit fans doute dans le plan de M. de St. Germain de confommer l'ouvrage de fa nouvelle conftitution, par les nouvelles ordonnances qui font l'objet de ce chapitre. Il s'étoit d'abord occupé d'un réglement fur les gouvernemens, les lieutenans de Roi, commandemens & majorités des places & châteaux ; réglement utile en ce qu'il fixe la répartition de ces graces, foumet leur diftribution à des règles permanentes, & éloigne les abus d'une bienfaifance plutôt furprife que méritée. Ce réglement il eft vrai eft refté fans effet, & il en fera toujours de même de tous ceux dont l'exécution fera renvoyée à un terme auffi éloigné que celui-ci, qui ne porte fuppreffion des emplois qu'après la mort de ceux qui les occupent. Cette ordonnance, datée du 8 mars 1776, profcrit les furvivances & les penfions; mais ces efpeces de graces, reconnues fi contraires au bien du fervice, ont été accordées derechef & immédiatement après la promulgation de la loi qui les défendoit. Pour obtenir de cette ordonnance, qui a eu les fuffrages de tout le militaire, les avantages qu'elle montre, il ne faut que la fuivre rigoureufement, lui donner

---

[1] M. d'Arçon Officier dans le Corps du Génie. Voyez correfpondance fur l'art de la guerre, page 19 & fuivantes.

dès à préſent une ſanction actuelle, & en conſier l'exécution au conſeil appelé pour régir le département de la guerre. Il n'y a que ceux auxquels la juſtice du prince ne deſtine point ces graces, qui puiſſent redouter l'examen du conſeil que j'ai propoſé, car je conviens avec ceux-là qu'il eſt plus facile de tromper & ſurprendre un ſeul homme, qu'il ne le ſeroit d'obtenir les ſuffrages unanimes d'un tribunal intègre. Je puis donc raiſonnablement ſuppoſer dans les calculs qui vont ſuivre, l'exécution entiere d'une loi promulguée & univerſellement reconnue bonne, & je regarderai dès ce moment la ſomme de L. 4,218,300, produit des gouvernemens, commandemens & Etats-Majors, comme une ſomme déterminée dont la diſtribution devient le partage des Princes du ſang, des Maréchaux de France, des Officiers-généraux & particuliers des armées du Roi.

Pour que la ſubordination militaire ſoit exacte, une, & invariable, il faut que les Gouverneurs & Lieutenans généraux des provinces commandent toujours aux Officiers-généraux employés dans l'étendue de leurs gouvernemens, ainſi qu'aux troupes qui y ſéjournent ; & pour cela l'un de ces deux Officiers doit réſider dans le gouvernement.

Les Commandans, Lieutenans de Roi & Etats-Majors des places doivent commander les troupes en tout ce qui concerne le ſervice & la diſcipline de la place, ſans jamais ſe mêler de la diſcipline intérieure des régimens qui y ſont en quartier, l'autorité ſur cet objet n'étant confiée qu'aux Officiers-généraux.

Les inspecteurs généraux des troupes étant dans les places, doivent y jouir pendant le tems que durera leur inspection, du commandement dû à leur grade.

Les officiers généraux employés dans les provinces doivent veiller à la police, discipline & instruction des troupes, & tous doivent être tenus de rendre compte au conseil de la guerre, des abus & des infractions aux ordonnances dès qu'ils s'en appercevront.

Lorsqu'un régiment arriveroit dans une place où il doit être en garnison, le commandant du corps feroit remettre aux officiers municipaux l'état de contrôle de la derniere revue, ayant en marge la note des variations que ledit état auroit pu souffrir depuis l'époque de la revue. Cet état doit être signé du quartier-maître, du major & du commandant du corps. S'il y a différens corps de cazernes & plusieurs troupes à loger en même tems, elles tireront au sort, sans que jamais il doive y avoir des préférences données entre les régimens. Le quartier-maître & le major du régiment, l'ingénieur & le major de la place, l'officier municipal chargé du logement, en feront conjointément la visite, pour en constater l'état, qui servira à la même vérification, lorsque les troupes abandonneront lesdites cazernes, que l'on répareroit aux dépens des capitaines, si les compagnies y avoient fait quelques dégats.

S'il se trouve un officier général dans la place où un régiment arrivera, il en fera sur le champ la revue nominative, pour la vérification du contrôle, qu'il arrètera & signera pour l'envoyer fur le champ au commandant de la province. S'il n'y a point d'officiers généraux , le même état fera envoyé par le commandant du corps. Tous ces états de contrôles doivent toujours être fignés par le quartier-maître, le major & le commandant du corps.

Les bans, concernant la difcipline de la place , doivent toujours être publiés avant d'envoyer les troupes dans leurs logemens , & les officiers municipaux doivent en avoir copie pour les faire afficher & en inftruire les bourgeois.

„ Dans tous les lieux où il n'y aura ni pa-
„ villons ni cazernes, ou lorfque lefdits pavillons
„ ou cazernes feroient occupés par les troupes,
„ l'éxcédent fera logé chez les habitans, non-
„ obftant tous les priviléges , conceffions & or-
„ donnances à ce contraires, en quelques pro-
„ vinces ou pays qu'ils aient eu lieu jufqu'à ce
„ jour, Sa Majefté les annullant & révoquant
„ par la préfente , pour le fait du logement
„ feulement „. Cet ordre eft l'article 2 du titre 5 de l'ordonnance du 1er. mars 1768, pour régler le fervice dans les places & quartiers ; quoiqu'il foit clair & exprès, & qu'il n'ait jamais été révoqué, MM. les intendans, fubdélégués , maires & échevins ont toujours refufé de s'y conformer ; les exemptions fe font étendues fous les prétextes les plus frivoles. Dans plufieurs villes, les Bourgeois aifés fe rachettent de cette charge par de l'argent qu'ils payent aux prépofés ; il y a, à cet égard, un monopole honteux, qui fouftrait le riche à la loi & écrafe le pauvre, qui eft obligé de fupporter feul ce qui doit être la charge de tous. L'établiffement des

troupes en souffre infiniment ; il n'est pas rare
de voir le soldat couché dans des greniers, des
celliers & sur la paille, parce que la misere de
leur hôte ne leur permet pas de leur fournir un
lit ; si ces abus sont rares en garnison, ils sont
fréquens dans les quartiers & dans les routes
des troupes. Voilà ce qui n'existera plus, lorsque les établissemens feront permanens, &
lorsque l'éxécution des ordonnances sera confiée aux officiers généraux, au lieu de l'être
comme aujourd'hui à des commissaires des
guerres, qui ne sont pas des personnes affez
considérables pour en impoſer. Toutes les provinces & les villes intéressées à avoir des troupes, éléveront bientôt des cazernes commodes
pour les recevoir & s'éviter de les loger. Quant
à celles qui ne font que villes de passage, tous
les habitans doivent être sujets au logement ;
la justice, le bien du service le veulent, & c'est
l'ordre du Roi ; pour qu'il soit suivi, il faut
qu'il y ait dans chaque hôtel-de-ville un tableau
nominatif des maisons, & que la datte de chacun des billets qu'elles auront eu, soit marquée
à côté de leurs numéros. Il faut avoir voyagé
avec nos régimens, pour se faire une idée de
toutes les altercations qui s'élèvent à chaque
journée & dans chaque lieu entre les bourgeois & les échevins. Ce font des réclamations
continuelles, des refus d'obéissance, & pour le
moins, toujours des lenteurs, qui occasionnent
à leur tour les justes plaintes du soldat, qui
arrive fatigué, & qui est obligé à des allées &
venues continuelles de chez son hôte chez son
officier, & de chez son officier à l'hôtel-de-ville.

La nuit arrive quelquefois avant que ce malheureux, qui eſt à jeun, ait pu être établi & ſonger à faire ſa ſoupe. Ces déſordres ſont bien pires pour les troupes à cheval; ſouvent les cavaliers ſont d'un côté, & leurs chevaux d'un autre, parce que les ſubdélégués & maires n'ont pas l'attention de réſerver les maiſons à écurie pour les troupes à cheval, & les maiſons ſans écuries pour les troupes à pied : ordre pourtant auſſi juſte que facile à établir. Je ne connois qu'une maniere qui ſoit ſans inconvénient, pour exempter les gens en place ou trop riches pour ſe donner l'embarras de loger les gens de guerre : c'eſt de les autoriſer à traiter avec les aubergiſtes du lieu, qui ſaiſiront cette occaſion de profit comme toutes les autres, & fourniront à l'homme & au cheval un logement ſain, convenable & conforme à l'intention du roi. Toutes autres précautions priſes contre les abus dont je viens de rendre compte ſont inutiles. Les commandans, majors & commiſſaires habitant les places, ne font pas les viſites de logement, ou ont, pour le tiers des bourgeois, des complaiſances coupables, qu'ils croyent devoir à l'amitié ou à la parenté qu'ils ont contractées avec eux.

Ordre à obſerver pour commander le ſervice des places.

On a imaginé & réglé juſqu'à préſent une infinité de tours pour les différens ſervices. L'Infanterie a ſix tours qui doivent être ſuivis ſelon les circonſtances : tour de détachement, tour de garde , tour de garde d'honneur, tour de corvées , tour de rondes , &c. Pour la cavalerie : tour à cheval , tour à pied, tour de gardes, de détachement, d'honneur, &c. On fent que cette maniere de commander devient très-compliquée , & entraine avec elle une fuite inévitable de réclamations & d'altercations entre les compagnies , les foldats & les officiers ; mais cette méthode eft plus vicieufe encore, en ce qu'il fe rencontre fans ceffe, que le même officier fe trouve à marcher pour deux détachemens qui partent enfemble, & pour des objets différens. Souvent auffi un officier , en rentrant d'une efcorte , par exemple, où il a été quatre ou cinq jours, eft commandé, fur le champ, pour un détachement d'honneur ou de corvée. Ainfi, quoique ces diftinctions ayent été recherchées pour répartir également le fervice, on voit que le hazard feul le détermine fouvent, & que plus fouvent encore, ce hazard donne à l'un un excès de fervice , tandis qu'il laiffe l'autre dans un excès de repos.

Au lieu donc de tant de complication, voici l'ordre fimple & plus conforme à la difcipline que je voudrois établir.

Lorfque les corps détachés devroient être de la valeur du régiment, d'un bataillon ou d'un efcadron , je ferois marcher un régiment, un bataillon ou un efcadron complet, parce qu'il n'y a point de chef de ces troupes qui ne préférât & ne comptât davantage fur la valeur & la difcipline de fon régiment, de fon bataillon ou de fon efcadron, que fur la valeur & la difcipline d'un pareil détachement compofé

de

de parcelles des différens régimens de ligne.

Lorsque les corps détachés feroient moindres qu'un efcadron, je les compoferois d'un certain nombre d'hommes tirés également de toutes les efcouades. La raifon eft, qu'alors l'attirail de guerre & de campement refte avec le fort des efcouades, qui en font toujours chargées ; au lieu que dans les détachemens de gros corps, comme avant gardes, arriere gardes, corps de réferve, &c. cet attirail marche avec le corps même, & le foldat porte toujours avec lui de quoi camper & faire la foupe.

Pour commander les petits détachemens tirés des efcouades, il n'y auroit que deux tours pour la cavalerie comme pour l'infanterie, fa-voir, *fervice intérieur de l'armée ou de la place & fervice de détachement extérieur.* Dans le pre-mier tour, feroient comprifes les gardes ordi-naires, gardes du quartier général, gardes de police, poftes de communications & corvées. Dans le fecond tour, feroient compris les ef-cortes, convois, arriere-gardes, avant-gardes, enfin toute efpece de détachemens de guerre contre l'ennemi. Dans le cas de fiége feulement, il faut un troifieme tour, ce feroit celui de tranchée, tour qui ne doit jamais fe paffer, & toujours être repris par les abfens pour caufe d'autres détachemens.

Les majors de chaque corps & non les ad-judans doivent tenir les contrôles exacts des officiers à marcher, & les capitaines, celui des foldats, cavaliers ou dragons de leur com-pagnie.

Les troupes à cheval marcheroient indifférem.

Partie I. Q

à l'un des deux tours de ſervice, toujours commandés par la tête, ſoit à pied, ſoit à cheval ;
ſeulement, ſi l'on demandoit par le même ordre un détachement à pied & un détachement
à cheval, le tour à cheval appartiendroit de
droit à l'ancien officier. Si un officier ſe trouvoit en même-tems commandé pour *le ſervice
extérieur & pour le ſervice intérieur* ; il marche-
roit toujours au premier tour, & le ſecond ſeroit paſſé ſans qu'on put le lui faire reprendre
avant que ſon tour revint.

Les détachemens ſeront cenſés faits dès qu'ils
auront paſſé les grandes gardes de l'armée ou
les dernieres barrieres de la place.

Le commandant de l'armée diſpoſeroit toujours des détachemens des officiers généraux
pour les donner à ceux qu'il jugeroit à-propos,
ſans que jamais il put y avoir de droits ni
de tours parmi eux, en obſervant néanmoins
de ne jamais faire commander le ſupérieur ou
l'ancien par l'inférieur.

Les colonels ne marcheroient qu'avec leur régiment, ou des détachemens du même nombre
d'hommes. Ils auroient toujours avec eux un
lieutenant-colonel ou un major, trois chefs d'eſcadron & neuf capitaines, douze lieutenans &
douze ſous-lieutenans.

Les lieutenans-colonels & les majors ne pourroient marcher qu'avec deux eſcadrons, ou la
valeur de huit compagnies.

Les chefs d'eſcadron ne marcheroient jamais
qu'avec un eſcadron ou la valeur de quatre
compagnies, c'eſt-à-dire, ayant trois capitaines,
quatre lieutenans & un adjudant à leurs ordres.

Les capitaines pouroient marcher avec une ou deux compagnies ou leur valeur.

Les lieutenans avec cinquante hommes.

Les fous-lieutenans avec vingt-cinq.

Un moindre nombre d'hommes, de détachement ou de garde, feroit toujours commandé par un fergent ou maréchal des logis.

Les commandans des compagnies doivent être refponfables de l'exactitude des tours dans leurs compagnies, ainfi que de la tenue dans laquelle fe préfenteront les foldats, cavaliers ou dragons commandés. Cette tenue eft déterminée, facile & invariable.

Les troupes étant toujours en garnifon, en quartier, en cantonnement ou campées ; elles doivent obferver avec la plus grande exactitude le fervice militaire, fur lequel on fe néglige ordinairement partout ailleurs qu'en garnifon. Dans les villes de guerre, c'eft aux Etats-majors des places à donner l'ordre, & à veiller au fervice ; & toutes & quantes fois il n'y a pas d'Etats-majors de places, c'eft aux Etats-majors de régimens à les remplacer dans toutes leurs fonctions.

Mais pour que ce fervice fe faffe avec autant d'exactitude que de régularité dans toute l'année, il faut leur donner la forme & la fanction ordinaire ; il faut, en un mot, qu'elles foient fignées par le Roi.

Qu'eft-ce, par exemple, qu'un réglement provifoire fur le fervice des troupes en campagne, envoyé en 1778 à une partie des troupes de l'armée, & encore inconnu à l'autre ? Suffit-il à ce réglement d'avoir été expédié par les bureaux de la guerre, pour avoir acquis force d'ordonnance? Un réglement qui n'est signé ni par le Roi ni par le ministre, ni même par le général de l'armée, peut-il abolir des ordonnances antérieures signées de Sa Majesté? Quelle loi suivront les commandans des corps? regarderont-ils ce réglement comme non avenu? Alors il faut le retirer.

Il ne seroit pas moins nécessaire de constater une fois pour toutes le chapitre des honneurs militaires, sur lesquels il y a eu quantité de lettres interprétatives, dont tous les régimens n'ont pas la collection. L'ordonnance de 1778 dit: " A l'égard des honneurs & prérogatives ” dûs aux colonels-généraux, ainsi qu'aux ” mestre-de-camp-généraux de la cavalerie; ” l'intention de Sa Majesté est que toutes les ” troupes se conforment *à l'usage suivi*, jusqu'à ” ce qu'elle ait fixé *définitivement* par une ordonnance particuliere, les droits, honneurs, ” prérogatives qui doivent être attribués à leurs ” charges ”. Cette expression vague *d'usage suivi*, & cette promesse de fixer *définitivement*, suffiroient pour nous convaincre de là nécessité reconnue de rendre une nouvelle ordonnance sur cet objet, si cette nécessité n'étoit plus urgente encore par les abus dont nous avons déjà rendu compte au chapitre IV.

Je passerai sous silence les droits & prérogatives des différens corps des troupes, parce que, parmi des hommes qui font également le métier de soldat, la distinction la plus flatteuse & la seule réelle, est celle d'une réputation acquise par des actions de valeur & d'intrépidité.

CHAPITRE XX.

Des Commissaires des guerres.

LORSQU'UNE armée manque d'ordre & que la comptabilité est compliquée, les ordonnances se multiplient sans remédier aux abus; ceux-ci renaissent des précautions mêmes qu'on leur oppose. C'est ainsi que les commissaires des guerres, utiles peut-être sous Louis XIII, font aujourd'hui inutiles à nos armées, & à charge à nos finances. Cette assertion paroîtra bien hardie dans ce moment, où l'on vient d'accroître sans mesure le nombre, les appointemens, les droits & les prérogatives de ces officiers de plume; mais je ne puis ni taire ni déguiser mon opinion, ne m'écartant jamais du principe de l'accompagner toujours des raisons qui la déterminent.

Le soin des revues convient infiniment mieux aux officiers généraux qu'aux commissaires des guerres, parce que ces derniers n'ont que le droit de compter, & comment comptent-ils? Au lieu que les autres inspectent & commandent. Un commissaire des guerres n'a jamais assez de poids & d'autorité vis-à-vis d'un chef de corps pour pénétrer des détails que celui-ci veut lui soustraire. Aussi arrive-t-il qu'il est toujours trompé, & qu'il trompe la cour par des états qu'il envoye tels que le quartier-maître ou le major du régiment les lui remet. On me dispensera de rapporter ici des faits pour des preuves ; ils font connus de tout le militaire ; j'attaque les abus & jamais les perfonnes. Je parlerai dans le chapitre fuivant des moyens de conftater, d'une maniere plus pofitive, l'effectif des troupes lorfque les revues en feront faites par les officiers généraux.

Quelles font donc les fonctions dans lefquelles les commiffaires ne puiffent être aifément remplacés? Elles font en petit nombre, fans doute.

Les commiffaires des guerres font chargés de la vifite des cazernes & logemens des gens de guerre, de publier les bans à l'arrivée des troupes dans les garnifons, d'affifter aux confeils de guerre, de vifiter les hôpitaux, d'arrêter & vifer les marchés relatifs aux fournitures des troupes, & vaguement enfin, de veiller à la police & difcipline des troupes dans les garnifons, villes & quartiers du royaume. Que l'on réfléchiffe férieufement fur ces fonctions, que les bureaux de la guerre font intéreffés à faire paroître immenfes, & l'on verra par le fait qu'elles ne préfentent que de vaftes idées qui ne font point remplies. Le logement des gens de guerre eft toujours fait par les officiers municipaux ; les Etats-majors de place, qui devroient auffi y préfider, ne s'en mêlent jamais, & les commiffaires très-rarement. La preuve eft l'abus univerfel qui regne dans ces établiffemens, abus innombrables dont j'ai donné l'efquiffe dans le chapitre précédent. Le moyen d'obvier à tous, eft d'établir le fyftème de la permanence des troupes dans leurs quartiers, & de charger les provinces d'élever & entretenir ces cazernes.&

bâtimens. Toutes les conteſtations qui peuvent s'élever ſur cet objet, doivent être décidées entre l'intendant, le gouverneur de la province & l'officier-général inſpecteur. Les cazernes une fois miſes en état & reçues par les troupes, il n'y a plus de marchés relatifs aux fournitures, il n'y a plus d'états de dépenſes à l'extraordinaire des guerres ; la Province ou l'Intendant ſont les propriétaires ; les troupes ſont les locataires, elles ne peuvent y faire du dégat ſans en répondre. Si les troupes voyagent & ſont obligées de loger chez les bourgeois, les Officiers municipaux font le logement, le tableau doit être à l'hôtel-ville ; l'Intendant ou ſon Prépoſé doivent veiller à ce qu'on le ſuive ; les récriminations des Bourgeois ne ſont point de la compétence des Commiſſaires des guerres ; d'ailleurs, ne ſait-on pas que quoi qu'il y ait plus de Commiſſaires des guerres que de régimens, les troupes n'en rencontrent jamais que dans quelques grandes villes ; par-tout ailleurs ils ne ſont donc d'aucune reſſource.

Quant à la publication des bans, lorſque les troupes arrivent dans leurs quartiers ; c'eſt aux Commandans des corps à la faire faire aux troupes, & à l'Officier municipal à les faire publier & afficher pour les Bourgeois ; le Commiſſaire des guerres n'eſt pas plus néceſſaire ici que dans ſon aſſiſtance aux Conſeils de guerre, dont ils ſe diſpenſent toujours & avec raiſon parce qu'ils n'y ont rien à faire.

Rélativement à l'injonction qui leur eſt faite de veiller à la police & diſcipline : il faut avant d'y répondre, connoître leur autorité fur ces troupes & fur ceux qui les commandent.

Mais non, laiffons les chimères, & parlons le langage de la vérité, qui ne connoît ni ménagement ni reticence fur les abus ; c'eft dans les bureaux de la guerre que nous trouvons les intéreffés à multiplier les êtres, les détails & les correfpondans ; plus il y a d'écritures plus le Commis devient utile & puiffant, parce que le Miniftre a plus befoin de fa main & de fes confeils pour fe conduire dans un labyrinthe où il ne voit goûte ; ce n'eft point en augmentant les précautions qu'on parviendra à rétablir l'ordre, c'eft en fimplifiant au contraire les moyens qui y conduifent.

Si Monfieur de Saint-Germain avoit pu tout faire lui-même, il ne s'en feroit pas rapporté à un Commis pour rédiger l'Ordonnance du 14 Septembre 1776, concernant les Commiffaires des guerres. Nous avons lieu de croire que, plus inftruit des détails militaires, il auroit vû l'inutilité ruineufe d'accroître le nombre de ces charges ; qu'il n'auroit pas prodigué à ces mêmes Commiffaires, fi bien payés en argent, des grâces honorifiques qui ne font dûes qu'à la valeur, aux facrifices & au défintéreffement des Officiers des troupes. A quels titres les Commiffaires prétendent-ils acquérir la nobleffe militaire ? A quels titres prétendent-ils à une décoration dont la légende eft, *Bellica virtutis præmium* ? Comment ofent-ils fe parer de la même croix qui fert à marquer l'Officier qui fe diftingue par une brillante action à la guerre ? Ce n'eft pas affez pour eux d'obtenir la croix de St. Louis, auffi-tôt que nos Officiers de fortune, & plutôt que nos Officiers fervant dans les Gardes-côtes, les fervices des Commiffaires font fi intéreffans & fi multipliés qu'il leur faut d'autres graces ; ils acquiérent des brévets, des penfions & des charges d'Intendans d'armées. Le Roi paye aujourd'hui deux de ces Intendans, mais ils font affez modeftes pour jouir des prérogatives & des émolumens de leur place, & pour en abandonner les fonctions aux Commiffaires ordonnateurs [1].

Lorfque le travail des Commiffaires paroîtra moins important, on verra combien celui des Intendans d'armée diminuera dans fes détails, & alors feulement ces charges pourront être appréciées : je réponds qu'alors un feul Intendant d'armée fuffira pour la correfpondance établie avec les Intendans de provinces. Ces derniers doivent avoir dans leurs Bureaux un Commis particuliérement chargé des détails militaires, car nous voyons que dans l'adminiftration actuelle, malgré même cette foule de Commiffaires, nous avons fouvent befoin des bureaux de l'Intendance & des Subdélégués, qui nous font toujours défignés pour remplacer les Commiffaires, par-tout où leur inexactitude & le défaut d'ordre les empêche de fe trouver.

[1] Mrs. de Lelez & d'Ervillé font intendans d'armée, ils poffedent les honorifiques & les appointemens de ces charges ; mais M. de Veimeranges commiffaire ordonnateur en fait les fonctions depuis deux ans dans l'armée de Vaux, M. Tarlet fait auffi les fonctions d'intendant d'armée en Amérique ; il eft jufte fans doute, que ces Mrs. jouiffent d'un traitement particulier.

CHAPITRE XVII.

Des Officiers-Généraux, des Inspecteurs, des Revues & des Brigadiers des armées du Roi.

C'EST la suite d'une indiscrette profusion de tous les grades subalternes qui a conduit les Ministres à ces promotions illimitées d'Officiers Généraux ; elles leur servent à faire vaquer des Régimens & des Compagnies, pour remplir les promesses qu'ils ont eu l'indiscrétion de faire en accordant des brevets avant la vacance de ces emplois.

Si le Roi n'avoit d'Officiers-généraux que le nombre nécessaire au service de ses armées, il en resulteroit, sans doute, plus d'économie pour ses finances, & plus d'ordre & de discipline dans ses troupes : ces Officiers seroient alors tous & toujours employés ; ils connoîtroient les détails militaires & la tactique, ils en suivroient les progrès & en feroient la juste application à la *Stratégique*, qui est la vaste science du général.

On me dira, sans doute, que pendant la paix, les places militaires devenant fort rares, il faut bien avoir recours aux grades & aux brevets pour occuper la noblesse de France qui est si nombreuse. Je répondrai d'abord que la noblesse trouve moins d'emplois parce que la roture généralement plus riche, plus à portée de la capitale, plus en état de faire des sacrifices d'argent, occupe beaucoup d'emplois militaires, qui, comme je l'ai déja dit, ne font point faits pour elle. En fecond lieu, que cette nobleffe s'acqué-rant avec trop de facilité & fe multipliant tous les jours, on ne peut efpérer, quoique l'on faffe, de donner des grades à tous les nobles; enfin, toute confidération doit céder à la nécef-fité d'avoir une armée bien ordonnée, & l'on n'y parviendra pas tant qu'on fe prétera à ce dépla-cement & à cette ambition effrénée, qui fait que chacun, mécontent de fon état, follicite un grade fupérieur, dans lequel il ne fert plus fitôt qu'il l'a obtenu. Je l'ai annoncé, je ferai le tableau du militaire François en activité. J'efpère m'ac-quérir le fuffrage de la raifon, feule ambition d'un auteur qui ne travaille que pour le foutien de l'autorité du Roi & l'intérêt général de la nation.

La premiere loi, non *à faire* mais *à obferver*, puifqu'elle eft écrite & qu'il ne s'agit que de la mettre en vigueur, c'eft de ne pas permettre que plufieurs Officiers réuniffent fur leur tète différens emplois fouvent incompatibles, & qui devroient [comme le dit l'Ordonnance de 1776] *être la récompenfe & opérer le bien-être de plu-fieurs.*

Je ne prétends point examiner la néceffité d'avoir des Gouverneurs de provinces, des Lieu-tenans-Généraux Commandans de provinces &c. ni m'appuyer du fentiment de Richelieu, pour dire, d'après ce Miniftre politique, *les Gouverne-mens en France font abfolument à charge & fans uti-lité à l'Etat, auffi ne font-ils donnés que pour l'ho-norifique & la confidération.* Dans un grand Royaume il faudroit de grandes places, les revenus du Roi fuffifent, fans doute, pour les payer, mais il ne faut pas que ceux à qui fes bontés & fa confiance les donnent, prétendent à d'autres emplois militaires.

Avant de parler des Infpecteurs & de leur correfpondance avec le Confeil de la guerre, je vais donner une idée de la formation de ce Confeil.

Le Confeil ou Tribunal de la guerre feroit compofé de fix Lieutenans-généraux, dont un entrant au Confeil du Roi feroit préfident du Confeil de la guerre, de deux Maréchaux de camp, d'un Confeiller d'Etat Intendant des armées, choifi parmi les anciens Intendans de provinces, & de fix Chefs des départemens ayant tous voix délibérative ; il y auroit de plus un Sécretaire du Tribunal n'ayant point voix.

Le premier département ou bureau feroit celui de l'Infanterie, des bataillons de garnifons, des bataillons provinciaux, des Gardes-côtes & Maréchauffées, ayant pour chef un Officier fupérieur tiré du corps de l'Infanterie.

Le deuxieme département, celui des troupes à cheval, ayant pour chef un Officier fupérieur, tiré du corps des troupes à cheval.

Le troifieme département, celui de l'artillerie, des arfenaux, fonderies, fabriques, falpêtreries, poudrieres, ayant pour chef un Officier fupérieur d'artillerie.

Le quatrieme département, celui du corps du génie, des fortifications, des places, ports, galeries des reliefs, ayant pour chef un Officier fupérieur du corps du génie.

Le cinquieme département, celui des finances pour la recette, la dépense & les économies de tous les départemens, ayant pour chef un homme de finance avec brevet de Conseiller d'Etat.

Le sixieme, celui des affaires de justice, procès, conseils de guerre, passe-ports, saufs-conduits, ayant pour chef homme de loi avec brevet de Conseiller-d'Etat.

Chacun de ces chefs auroit sous lui un Secrétaire de département, choisi dans les quartiers-maitres de l'armée, excepté dans les deux derniers départemens, où ce seroit un homme de finance & homme de loi qui fut au moins gradué.

Le Président Ministre auroit 60,000 liv., les cinq autres Lieutenans-Généraux, les deux Maréchaux-de-camp, l'Intendant d'armée & les six chefs de département chacun 24,000 livres, le Secrétaire du Tribunal y compris ses frais du bureau 12,000 liv., les six Secrétaires de département, chargés de leurs écrivains & frais de bureaux chacun 16,000 liv. Je crois être fondé à dire, que cette administration suffiroit pour remplacer cette hiérarchie qu'on appelle hôtel de la guerre ; cette nouvelle composition couteroit 504,000 liv., mais le Secrétaire d'Etat & sa nombreuse cohorte combien ne coûtent-ils pas davantage ?

Les ordres émanés du Tribunal de la guerre arriveroient aux troupes par la voix des Officiers Généraux, qui seroient aussi le seul organe de la correspondance des troupes avec le Tribunal. Pour cela, il faut un nombre d'Officiers-Généraux employés, suffisant pour vaquer aux inspections continuelles qui doivent aſſurer le complet & l'entretien de l'armée, ainſi que l'exécution de toutes les Ordonnances, & maintenir une ſtricte diſcipline. Monſieur de St. Germain avoit ſupprimé les Inſpecteurs, pour former des diviſions commandées par des Officiers-Généraux qui y feroient une réſidence continuelle, eſpérant par cette aſſiduité donner plus de connoiſſance aux Officiers - Généraux. Cette nouvelle forme n'a pas eu le ſuccès qu'il s'en étoit promis ; premiérement, il a eû la complaiſance de ne pas exiger que chacun des Officiers employés ſe rendît à ſa diviſion & y ſervît le tems preſcrit ; ſecondement, il a ſouffert que le Lieutenant-général & les Maréchaux - de - camp employés, habitaſſent la même ville ; de ſorte que ces Officiers n'ont été que des inſpecteurs pour les Régimens de leurs diviſions, qui n'habitoient point la même garniſon qu'eux ; ceux-ci ne ſubiſſoient que deux revues ordinaires comme par le paſſé ; l'objet n'a donc point été rempli, & je l'avoue, trop de raiſons s'oppoſoient à ce qu'il le fut mieux. On en eſt revenu aux inſpections & aux Inſpecteurs ; c'eſt je crois le ſeul ſyſtème poſſible. Connoiſſant l'eſprit de notre nation, la maniere dont le militaire eſt compoſé, l'étendue des conſidérations & des égards que des hommes, égaux à Paris, doivent avoir entr'eux lorſqu'ils ſont revêtus d'un uniforme à vingt lieues de la capitale, connoiſſant, dis-je, tous les obſtacles à la ſubordination, on doit chercher les moyens les plus capables de l'aſſurer ; au lieu d'une ſeule d'inſpection par an, chaque Régiment en ſubiroit quatre. Perſonne, je penſe, ße trouvera d'inconvéniens à ce qu'il y ait un plus grand nombre d'Officiers-généraux en activité, & à ce qu'ils voyent plus fouvent les troupes, qu'ils ne peuvent, pour ainfi dire, pas connoitre dans le fyftème actuel.

Voici l'ordre que je propofe :

Les 120 Régimens d'Infanterie auroient pour Infpecteurs 15 Lieutenans-généraux & 30 Maréchaux de camp.

Les 40 Régimens de Cuiraffiers ou Dragons auroient pour Infpecteurs 5 Lieutenans-généraux & 10 Maréchaux de camp.

Les 5 Régimens d'Huffards auroient pour Infpecteur un Lieutenant-général.

Les bataillons de garnifon auroient un Lieutenant-général & deux Maréchaux de camp.

Douze Maréchaux de camp feroient créés Infpecteurs furnumeraires pour remplacer fur le champ ceux des Infpecteurs en activité qui ne pourroient vaquer à leur emploi.

Chaque Infpect. Lieut. Général auroit d'appointement . . . . 24,000 liv.	Total général
Chaque Infpect. Maréchal de camp . . . 18,000	1,320,000 l.
Chaque Maréchal de camp furnumeraire auroit de fixe . . . 3000	

Et toucheroit de plus 3750 liv. par tournée de remplacement qu'il feroit tenu de faire.

Tout Infpecteur, demandant à être remplacé dans une de fes tournées d'infpection, perdroit le quart de fes appointemens, & manquant à deux inspections de suite auroit sa retraite absolue. Jamais Ministre n'a osé & n'oseroit employer cette juste rigueur.

D'après le tableau permanent de l'établissement des troupes, on sent qu'il seroit aisé de diviser la France en plusieurs inspections, & de faciliter les revues, en assignant aux inspecteurs un arrondissement très-rapproché.

La loi la plus essentielle à observer pour rendre les inspections vraiment utiles, seroit d'en varier continuellement la distribution, de manière que chaque officier général ne vît jamais deux fois de suite les mêmes troupes. On éviteroit, par ce moyen, les tolérances occasionnées par l'habitude. Les mois d'inspections seroient seulement déterminés, mais jamais le jour de l'arrivée de l'inspecteur. Comme la comptabilité est infiniment simplifiée par les moyens que je propose, & que les mutations journalières se trouvent écrites, un seul contrôle à faire seroit tout le travail préparatoire de ces revues.

La première opération des inspecteurs seroit au moment de son arrivée, de vérifier le complet, & arrêter les états de payemens par les trésoriers. Ils verroient ensuite le travail du régiment, tel qu'il seroit établi par l'ordre journalier dans chaque corps. L'inspecteur ne seroit jamais logé chez les officiers du régiment qu'il inspecteroit, & il termineroit son travail par donner une audience particulière à chaqu'officier, soldat ou cavalier, qui pourroient avoir quelques représentations à lui faire ; il seroit instruit, par ce moyen, de l'esprit de chaque

corps,

INFANTERIE, CUIRASSIERS, DRAGONS OU HUSSARDS.   Régiment de ***.

CONTRÔLE

De l'État-Major dudit Régiment, pour l'année 1780.

Noms de MM. les Officiers.	Grades.	Observations.
MM.		
Louis-François de ***.	Colonel	
Charles-Etienne de ***.	Lieutenant-Colonel.	
Maurice-Edouard de ***.	Major	Remplace M. Hipolite Roque de ***. fait Lieutenant-Colonel du Régiment Royal P. le 12 Mai.
Pierre-Joseph de ***.	Quartier-Maitre.	
César-Ambroise de ***.	Porte-Enseigne.	Remplace Laurent Bernard, qui a eu sa retraite le 25 Novembre pour cause d'infirmités.
Marie-Eutrope ***.	Adjudant.	
Martial-Victor ***.	Adjudant.	
Georges-Anselme ***.	Adjudant.	
Felix-Honoré ***.	Chirurgien-major.	
Maxime-Hubert.	Aumônier.	
Boniface-Paulin.	Trompette-major.	Remplace Nicolas Lambert, parti pour les Invalides le 4 Janvier.

INFANTERIE, CUIRASSIERS, DRAGONS OU HUSSARDS.   Régiment de ***.

CONTRÔLE

Des Bas-Officiers, Fusiliers, Cuirassiers, Dragons ou Hussards de la Compagnie de   ci-devant de   audit Régiment, pour l'année 1780.

NOMS de baptême & de famille.	NOMS de guerre.	LIEUX de naissance.	GRADES.	DATE de l'engagement.	OBSERVATIONS.
Jacques Moitel	La Grandeur.	De Rouen en Normandie.	1er. Maréch. des Logis.	Le 20 Mai 1739.	
Pierre Rolin	Bien-Aimé.	De Châlons sur Saone.	2e. Maréch. des Logis.	Le 18 Juillet 1740.	
Antoine Dufresne	La Prudence.	De Paris.	Brigadier.	Le 1er. Mars 1752.	
Jean-Pierre La Forme	La Douceur.	De Nancy en Lorraine.			
Louis Dupin	Sans Chagrin.	De Caen en Normandie.			
Philippe Doré	La Volonté.	De Carcassonne en Languedoc.			
Augustin Richomme	La Terreur.	De Cambray en Flandres.			
Denis Aubry	La Clef.	De St. Denis, Isle de France.			

corps, & de tous les vices qu'il ne peut connoître aujourd'hui, n'étant que le témoin d'une
véritable parade. Tout ce qui concerne la comptabilité, la tenue, l'inſtruction & la ſubordination, feroit l'objet de ces inſpections. Les réformes, les retraites, les graces & les mémoires
de demande quelconque, feroient toujours renvoyés à la revue d'octobre, qui feroit appelée
revue de réſidence, parce que l'officier général
qui la feroit, paſſeroit ſix jours à chaque régiment, & adreſſeroit toujours de ce régiment
même au conſeil de la guerre, l'état général de
ſituation, les notes ſur les ſujets qui le com-
poſent, & les mémoires de récompenſes & de
retraites qu'ils feroient dans le cas de demander.

Le conſeil de la guerre auroit dans ſes archives le contrôle exact des troupes, ainſi que toutes les mutations qui y arriveroient, cela feroit
établi d'une maniere beaucoup plus ſimple que
celle qui exiſte aujourd'hui. Chaque régiment
auroit un imprimé de contrôle à remplir, qui
feroit arrêté chaqu'année au mois d'octobre, à
la revue de réſidence ; l'état-major & les douze
compagnies formeroient treize feuilles dans le
format & l'ordre dont voici le modele.

N°. II. *Tableau.*

Autant de compagnies, autant de contrôles dans cette forme, tous envoyés une fois l'an aux archives du conseil. La collection de ces régiſtres conſervés dans leur ordre, aſſureroit à jamais la connoiſſance de tous les officiers & ſol-dats, l'époque de leurs ſervices, celle de leur retraite, de leurs récompenſes & de leur mort. Je doute que l'on trouve aujourd'hui tous ces renſeignemens dans les immenſes paperaſſes de l'hôtel de la guerre.

C'eſt aux inſpecteurs à maintenir la ſtricte exécution des ordonnances, qui, comme je l'ai dit, doivent être refondues, claires & préciſes ſur tous les points. C'eſt auſſi à eux à mainte-nir cette ſubordination qui n'eſt qu'une chaîne d'obéiſſance établie depuis le ſoldat juſqu'au gé-néral d'armée. Elle doit être égale & paſſive entre tous les grades, car s'il ſe trouve une la-cune qui en interrompe la continuité, le chef premier ne peut plus répondre de l'exécution de ſes ordres. En vain, dit-on aujourd'hui au capitaine, *puniſſez votre lieutenant*. Peut-on eſ-pérer d'établir cette rigueur, avant d'avoir éta-bli celle qui doit exiſter entre le lieutenant-gé-néral & le maréchal-de-camp, le maréchal-de-camp & le colonel ; les uns & les autres, trop peu différenciés entr'eux par la conſidération, le crédit & l'état, ne peuvent, ſans expoſer inu-tilement leur repos & leur bonheur, faire uſage de toute la force qu'une foible loi met entre leurs mains. J'écrirois avec plus de défiance, ſi j'avois à prouver un fait qui peut être con-teſté, mais tout le militaire ſait que la ſubor-dination eſt nulle dans tous les grades ſupé-

rieurs. A quelques honorifiques près, l'officier-
général n'exige rien; & pourquoi exigeroit-il,
lorsque le secrétaire d'état qui conduit la guerre,
connoît des abus monstrueux qu'il ne croit pas
lui-même avoir la force de corriger? C'est en
vain qu'on appésantit le joug de la discipline sur
le subalterne, il faut que l'ordre de l'exemple
parte de la main de celui qui conduit tout; sans
cela, je le répete, & l'expérience le prouve,
on tombe dans l'arbitraire, dans l'injustice, on
fait des victimes, & l'on ne répare rien. En
Prusse, la discipline est exacte; chacun remplit
les devoirs de sa place, parce que là le roi voit
lui-même, il conduit son militaire, & use de
son pouvoir, pour frapper sans considération le
désordre par-tout où il le rencontre. Il est suffisamment prouvé, je pense, qu'un courtisan
François ne peut remplacer son maître, & se
montrer toujours armé de cette force intégre,
qui, si elle peut résider quelque autre part que
dans l'autorité suprème, ne se rencontrera jamais que dans un conseil appelé pour régir
le département de la guerre. L'inspecteur ne
doit rien ignorer de ce qui se passe dans un
corps, & exiger une entiere confiance sur ce
qui concerne la conduite & le caractere des officiers. Ils doivent marquer la plus grande considération aux grades supérieurs, particuliérement lorsqu'ils sont vis-à-vis des inférieurs. Les
officiers supérieurs doivent en agir de même
vis-à-vis des capitaines, en leur renvoyant le
plus de détails qu'il leur sera possible, car je
pense qu'il ne faut pas qu'un chef de corps
veuille tout faire par lui-même, il doit se bor-

ner à tout furveiller, & faire remplir à chacun l'étendue des fonctions de fon grade. C'eft en quoi confifte principalement l'art de commander. Il faut que le même efprit s'étende des capitaines aux grades fubalternes.

Les infpecteurs doivent aider les chefs de corps à extirper tout efprit de fronde, de mécontentement, & tous les propos qui conduifent néceffairement à l'indifcipline. Dans prefque tous les corps, il y a des efprits difficiles, qui cabalent fourdement & avec baffeffe, & des fots qui, entraînés par cet exemple, s'émancipent, parlent indifcrétement, & croyent par-là devenir des perfonnages. Il faut humilier les premiers en les dévoilant & les puniffant publiquement, afin qu'ils fervent d'exemple aux autres. L'infpecteur qui faura infpirer de la confiance, qui faura tout entendre & tout voir, pénétrera toujours les caufes de mécontentement, qui fe répandent fi fouvent dans les corps; il fupprimera toutes les loix & tous les réglemens produits de l'autorité arbitraire, pour y fubftituer les ordonnances dans leur valeur la plus integre. Tout ce qui peut être ajouté aux ordonnances, pour le maintien de l'ordre, ne peut être établi fans fon approbation; il ne fouffrira dans les autres, ni ne fe permettra à lui-même aucune expreffion dure, elles abaiffent ou révoltent, & font abfolument oppofées aux principes d'honneur qui doit être porté au plus haut point de délicateffe. Je n'en dirai pas davantage fur ce fujet, je me borne à généralifer les idées, l'application en feroit divifible à l'infini, & ne doit pas être néceffaire pour être fentie.

Un ministre ne voit jamais que par les yeux des autres, c'est un grand mal; le conseil de la guerre auroit toujours deux de ses membres qui feroient toute l'année des tournées d'inspection; elles feroient indépendantes de celles que nous avons assignées & fixées tous les trois mois aux 22 lieutenans-généraux, & aux 42 maréchaux-de-camp. Il feroit accordé à chacun de ces deux visiteurs 12000 livres de traitement extraordinaire pour cet objet. . . . liv. 24000.

C'est après la revue de résidence, par conséquent dans le courant d'octobre, que les congés & femestres feroient distribués aux troupes. Les colonels se sont toujours plaints que la discipline & l'instruction souffroient infiniment par l'absence des officiers. Emportés par le desir du bien, plusieurs ont avancé qu'il feroit à desirer que l'on supprimât les femestres; ce n'est pas mon avis. Nos officiers ne font point comme en Prusse & en Allemagne des êtres sans fortune, sans domicile & sans affaires. Exiger que la noblesse de France renonçât à ses propriétés, ce feroit la dégoûter & l'éloigner du service, il faut au contraire que l'institution rendant l'état militaire facile & agréable, y attire les hommes faits pour le suivre. Ce principe fert de base à tout ce que j'écris; je cherche toujours à diminuer le nombre des chaînes inutiles pour resserrer davantage celles que la discipline rend indispensables.

L'instruction peut exister sans l'ennui d'une école éternelle, c'est ce qui se démontrera dans la seconde partie de cet ouvrage, & quand on aura saisi toute l'étendue & toutes les ressources

de ce plan, on ne trouvera nul obstacle à accorder aux officiers la douceur de jouir de leur
liberté, en donnant une portion de l'année à
leurs affaires.

Je voudrois que le colonel servît pendant
août, septembre, octobre, & un mois de l'hyver.
Le lieutenant - colonel & le major alternativement toute l'année, & tous deux ensemble, septembre & octobre.

Des 12 capitaines, quatre, chacun à leur
tour, serviroient toute l'année, & tous ensemble, septembre & octobre.

Des 12 lieutenans, quatre seulement auroient
des semestres, & ce seroient toujours ceux
dont les capitaines resteroient au corps. Pour
cela, il n'y auroit jamais de changement de
tour. Ils seroient tous présens en septembre &
octobre.

Les six premiers sous-lieutenans auroient alternativement entr'eux deux semestres.

Les six derniers resteroient au corps, pour
s'y instruire de tous les devoirs de leur métier.
Leur âge & leur position ordinaire rend généralement leur absence inutile ; ayant la certitude
de devenir lieutenans & capitaines à leur tour,
& d'avoir alors un état aussi agréable que permanent, ils seront bien dédommagés du service
continuel des premieres années, rigueur qui est
la même dans tous les états que l'homme peut
embrasser. Il est ridicule de voir aujourd'hui un
sous-lieutenant jouir d'un semestre quatre mois
après son arrivée à son régiment, & jouir d'autant de repos qu'un officier supérieur ou un capitaine. Lorsqu'on se déterminera à les faire

tous paſſer par ce noviciat, on ſera aſſuré qu’il ne parviendra au grade de lieutenant & de capitaine, que des officiers inſtruits de tous les détails de leur métier.

On ne devroit jamais accorder des congés que pour les affaires les plus urgentes, & alors toujours ſans appointemens & ſans reliefs; cet intérêt, augmenté encore par le traitement que j’ai dit néceſſaire à accorder aux officiers qui ſe trouveroient commander leur régiment, retiendroit bien des demandes indiſcrettes dont on accable aujourd’hui le miniſtre.

Les ſoldats, cuiraſſiers, dragons & huſſards jouiroient auſſi des ſemeſtres que les capitaines accorderoient dans leur compagnie, ſelon le beſoin dont chaque homme pourroit être à ſa famille & à ſes affaires. Le capitaine préſenteroit l’état de ſes propoſitions à cet égard aux officiers ſupérieurs, ſans l’agrément deſquels elles ne pourroient avoir lieu, & le défaut d’inſtruction ſeroit toujours une raiſon ſuffiſante au refus. En Pruſſe, le ſoldat reſte toujours un an entier pour être inſtruit, avant de jouir d’aucun congé, mais cette année révolue, nulle puiſſance militaire ne donne autant de liberté à ſes nationaux. Cet exemple ne peut cependant être généralement ſuivi pour nos troupes, qui, dans la conſtitution actuelle, raſſemblent un grand nombre de manouvriers ſans azile, les ſemeſtres ne doivent donc jamais regarder que ceux qui ont une famille en état de les recevoir & les nourrir.

Avant de terminer ce chapitre, il me reſte à parler des brigadiers des armées du roi, grade ſi ridiculement employé aujourd'hui, que l'on a mis plus d'une fois en délibération ſi on ne le réformeroit pas entiérement. Je ſuis bien éloigné de cet avis; car ſi ce grade, intermédiaire entre celui de colonel & de maréchal de camp, n'exiſtoit pas, je propoſerois de le créer. Je penſe, avec tout le monde, qu'un brigadier des armées du roi ne doit pas reſter lieutenant-colonel ou major d'un régiment, parce qu'il eſt abſolument contraire à l'ordre & à la diſcipline militaire, de voir cet officier alternativement & ſuivant les circonſtances de guerre ou de paix obéir & commander tour-à-tour à ſon chef.

Mais ce que j'oſerai écrire le premier, quoique je ne ſois pas le ſeul qui l'ait penſé, c'eſt qu'il faudroit faire de tous les Brigadiers, les aides-de-camp des Officiers généraux. Je me doute bien que le plus grand nombre des militaires, dont l'habitude ſeule détermine la façon de penſer, & auxquels les antiques uſages tiennent lieu de principes, regarderont ma propoſition comme une extravagance de la premiere claſſe. Accoutumés à voir de jeunes écoliers de Dugats galopper devant nos fronts de bandieres, ou faire les jacquets devant nos lignes, les fonctions des aides-de-camp ne ſe ſont pas préſentées à leurs yeux auſſi importantes que je crois les voir: qu'ils réflechiſſent cependant ſur l'emploi de ces Officiers à la guerre; ils les trouveront continuellement chargés de voir & de rendre compte, d'échapper à l'ennemi & de porter des ordres preſque toujours de vive voix: j'eſpere qu'alors ils ſe réuniront à moi, pour dire qu'il faut plus que de l'intelligence pour remplir ces miffions avec fuccès. Dans combien d'occafions les ordres d'un Général ne fe trouvent-ils pas foumis aux circonftances : du moment où l'ordre eft parti à celui où il arrive la fcene peut être changée. Le Général qui peut toujours avoir cette appréhenfion raifonnable, ne doit-il pas defirer d'envoyer un fubftitut éclairé, lorfqu'il ne peut fe tranfporter lui-même. Et n'eft-il pas à-propos que ce fubftitut foit un homme de guerre, capable par fon rang & fon fon expérience de prononcer, même de commander ; au refte, pourquoi craindrois-je le ridicule de cette opinion ; fi je fuis le premier militaire François, que je fache, qui ait ofé l'écrire, je citerai le plus grand guerrier de ce fiecle, qui l'a toujours mife en pratique. Le Roi de Pruffe a pour aides-de-camp des Officiers de confiance, & fi nos Généraux François n'ont pas pris de lui cette fage méthode, c'eft pour la centieme fois que j'ai l'occafion de citer que nous n'avons imité fes moyens que fur des objets de puérilité [1]. Mais d'autres raifons viennent à l'appui de ma propofition. Qu'eft-ce qu'un Brigadier ? C'eft un Officier de ligne qui a paffé par tous les grades, qui en connoît tous les détails, & qui touche au moment d'être fait Officier général. Où peut-il être plus à même de former fes yeux & fon efprit aux grandes par-

---

[1] M. Le Comte de Vaux commandant en 1779 une armée de 33 mille hommes deftinée à une defcente en Angleterre, avoit dans le nombre de fes aides de camp deux Brigadiers des armées du Roi, M. le Marquis de Crequy & M. le Comte de Coigny.

ties de la guerre, qu'en fuivant les Officiers généraux & en travaillant particulièrement avec eux ?
Ce feroit de même en les fuivant dans leurs infpections qu'ils s'initieroient, fi je puis m'exprimer ainfi, dans ce travail fcrupuleux & cette
correfpondance exacte qu'ils feront eux-mêmes
dans le cas d'entretenir inceffamment avec le Confeil de guerre.

Je voudrois donc que chaque infpecteur Lieutenant Général eut deux aides-de-camp Brigadiers, & chaque Maréchal de camp un aide de
camp Brigadier, ce qui feroit pour nos 64 Officiers généraux infpecteurs un nombre de 86
Brigadiers toujours employés, & particulièrement
dans les camps dont nous parlerons au chapitre fuivant. Ces Officiers auroient un traitement
de 4,000 liv. Ce qui feroit pour le total des
Brigadiers la fomme de   L. 344,000.

CHAPITRE XXII.

Des divifions de l'Armée & des Camps de paix.

Les divifions feroient toujours compofées de
huit Régimens d'une feule arme ou de plufieurs
armes combinées. Elles feroient partagées en
deux fubdivifions de quatre Régimens, commandées chacune par un Maréchal de camp, & toutes
deux aux ordres d'un Lieutenant-général chef
de la divifion. Deux Régimens formeroient une
brigade aux ordres du plus ancien Colonel; le

nombre des 21 Lieutenant-généraux & 42 Maréchaux de camp Infpecteurs fe trouve cadrer
avec l'ordre fimple que je propofe d'établir pour
les divifions. Comme aucun de ces Officiers-
généraux employés toute l'année aux revues ne
feroit particulièrement attaché aux divifions
qu'au moment où on les raffembleroit, le Général choifi par le roi pour commander une
armée, pourroit fans inconvénient avoir le droit
de choifir auffi parmi les Infpecteurs fes chefs
de divifions. Cette faveur accordée au général
de l'armée, eft démontrée trop reverfible au bien
du fervice du Roi, pour que l'on retombe jamais
dans la faute que des confidérations particulières
ont fait commettre à quelques miniftres, qui ont
donné à un Général des adjoints ou des aides
qui ne leur convenoient pas, ou dans lefquels
ils n'avoient aucune confiance.

Les camps de paix font reconnus fi néceffaires & fi inftructifs pour les troupes & pour
les généraux, que je ne crois rien avancer de
trop fort en difant que nous n'aurons jamais
d'armée manœuvriere, tant que nous n'en vien-
drons pas à fuivre fur cela l'exemple continuel
que nous offrent l'Empereur & le Roi de
Pruffe. Mais nous ignorons encore les moyens
économiques que ces fouverains emploient, &
nous fommes retenus chez nous par les dépenfes extraordinaires que ces raffemblemens occafionnent. Nos convois militaires, nos compagnies
des vivres & des fourrages, nos entrepreneurs
de toute efpece, nous ruinent auffi-tôt que nous
voulons faire un pas. Il faut en convenir, les
moyens de Fredéric font inconnus aux minif-

tres de Louis XVI. Si des différences primitives entre ces deux monarchies conduisent nécessairement quelquefois à des résultats différens, nous sommes pourtant obligés d'avouer que cette loi n'est pas assez universelle & assez absolue pour que nous nous refusions à la comparaison de tous les objets qui mettent une si grande variété entre les deux systêmes ; mais comme, dans une machine aussi considérable que celle du militaire François, tout est dérivé & enchaîné au principe de constitution, ce n'est point d'un seul chapitre de cet ouvrage qu'il faut espérer l'ordre & l'économie ; c'est de l'ensemble & du seul ensemble de ce plan que l'on peut s'en promettre. Je prie mes lecteurs de se souvenir combien l'établissement permanent des troupes dans les différens quartiers du royaume est essentiel, & de remarquer ici combien il deviendroit utile au rassemblement des divisions de l'armée, dont je voudrois que la moitié campât tous les ans pendant le mois de Septembre.

Une, deux, trois ou un plus grand nombre de divisions seroient rassemblées pendant ce mois au centre de leur inspection, c'est-à-dire, n'auroient qu'une très-petite route à faire pour se rendre à leur camp. Les Régimens qui les composeroient marcheroient comme pour entrer en campagne, n'amenant avec eux que les hommes & les chevaux en état de travailler, & avec un équipage très-leste, dépouillé de toute espece de magasins & de ces ariats qu'on les voit trainer aujourd'hui d'un bout du Royaume à l'autre. Les Régimens qui n'auroient point encore de tentes seroient cantonnés dans les villages, jusqu'à ce qu'ils en fussent pourvus, les autres porteroient leurs tentes sur des chevaux de peloton : dans la Cavalerie, les chevaux destinés à la réforme d'Octobre seroient mis à cet usage. Un seul chariot par bataillon ou escadron portant 2 mille pesant seroit payé par le Roi, & chaque chef de bataillon ou d'escadron seroit chargé, sur le prix une fois déterminé, de le faire fournir pour les équipages des Officiers de son escadron. Dans l'Infanterie, il seroit fourni deux voitures de plus pour les tentes, & une voiture dans l'Infanterie & dans la Cavalerie pour les Etats-Majors. Les emplacemens des camps déterminés à jamais, la compagnie des vivres prendroit ses mesures pour y avoir des fours, des magasins, & y faire, comme par-tout ailleurs, la distribution du pain. Le soldat auroit pour augmentation de nourriture une once de riz par jour, à commencer de celui où il entreroit au camp & finissant jour le où il le lèveroit. Pendant la route, au lieu d'étape, on suivroit ce que j'ai proposé au Chapitre XVI. Chaque Régiment enverroit un Capitaine & un Adjudant deux jours en avant de lui, pour s'assurer de la quantité nécessaire des denrées, qui seroient toujours payées comptant, & fournies au prix des ventes & calcabots des marchés ; les Intendans, Commis d'Intendans ayant le détail des troupes & les Subdélégués feroient suivre cet ordre.

La fourniture des fourrages pendant les camps feroit toujours faite au compte du Roi. Parmi les Régimens des divisions qui devroient camper ensemble, le Conseil de la guerre choisiroit celui qui auroit nourri toute l'année les che-

vaux avec le plus d'intelligence & avec les meil-
leures denrées, pour le charger de l'approvifion-
nement général du camp; on l'avertiroit toujours au premier Juin du nombre de rations qui
devroient fe trouver le premier Octobre, dans
les magafins qui feroient faits en meule à portée
du camp. Ces achats feroient faits de maniere
à n'etre livrés que dans les quinze derniers jours
de Septembre, & le nombre des rations ne feroit
que celui néceffaire aux chevaux de fes troupes,
les Officiers-généraux devant être payés en
argent & non en nature.

*Apperçu des fraix de campement d'une divifion
compofée de fix Régimens d'Infanterie & deux
Régimens de troupes à cheval.*

Les Régimens d'Infanterie fur le pied de paix
étant à 902 hommes fans y comprendre les Officiers [voyez Chap. III.], je fuppofe que 100
hommes recrues ou malades refteroient dans les
quartiers, ce feroit donc 802 hommes effectifs
qui fe rendroient au camp. Je fuppofe que l'é-
loignement général de chaque Régiment fut de
deux journées; comprenant enfemble l'aller &
le retour, ce feroit quatre jours de marche pour
chaque Régiment, qui auroit en route le fupplément de paye indiqué au Chapitre XVI.

36 fergens & 1 tambour-
major, à 4 fols de fupplément de paye par jour,
fait. . . . 7 liv. 8 f.

765 foldats, à 2 fols de
fupplément de paye par
jour, fait . 76 liv. 10 f.

1 Régiment pour quatre
jours. . . 335 l. 12 f.

Pour 4 Régimens pen-
dant 4 jours. . . . . 1342 l. 8 f. d.

Pour une once de riz par
homme, pendant 20 jours,
fuppofant le riz à 4 fols la
livre, c'eft 200 liv. 10 fols
pour 1 Régiment, & pour
4 Régimens c'eft. . . . 802.

Un demi mois d'appoin-
temens donné à chaque Of-
ficier, fuivant le tableau
du Chapitre VIII, pour la
totalité des Officiers d'un
Régim. d'Infanterie, c'eft
5073 liv. 13 f. 4 d., & pour
les quatre Régimens, c'eft. 20294 liv. 13 f. 4 d.

Les Régimens à cheval,
fur le pied de paix, étant
à 636 hommes, fans y
comprendre les Officiers,
(Voyez Chapitre III.) Je
fuppofe que 100 hommes
recrues, malades, ou ayant

Total. Liv. 22439. 1 f. 4 d.

D'autre part. Liv.   22439.   1 f. 4 d.
des chevaux éclopés, ou
trop jeunes, refteroient
dans les quartiers; ce feroit
donc 536 hommes effectifs
qui fe rendroient au camp.
Je fuppofe que chaque Ré-
giment à cheval fût auffi
éloigné de deux journées
du camp. Ayant par confé-
quent 4 jours de marche,
& chaque Régiment ayant
en route le fupplémemt de
paye, indiqué au Chapitre
XVI.

36 maréchaux des logis
& 1 trompette-major, fait
par jour, . . 7 l. 8 f.

500 Cavaliers fait par
jour. - . . . . 50 liv.

1 Régiment pour 4 jours
fait. . . 229 liv. 12 f.

Pour 2 Régimens, pen-
dant 4 jours. . . . .   459 liv. 4 f.

Pour une once de riz
par homme, c'eft pour un
régiment 134 liv. & pour
2 régimens. . . . . .   268.

Un demi mois d'appoin-
temens donné à chaque
Officier, fuivant le tableau

Total.   Liv.   23166.   5 f. 4 d.

du

ci-contre, liv. 23166.   5 f. 4 d.
du Chapitre VIII, pour la
totalité des Officiers d'un
régiment, c'eſt 4040 liv.
16 f. 8 d., & pour 2 régi-
mens, c'eſt. . . . . .   8081 liv. 13 f. 4 d.

Traitement d'un Lieu-
tenant-général, chef de diviſion.   2000

Traitement de 2 Maré-
chaux de camp, à 1500 l.   3000

Traitement de 4 Aides
de camp, à 600 liv. . .   2400

Voitures de tranſport,
5 pour chaque régiment à
pied, & 4 pour chaque ré-
giment à cheval. Pour la
diviſion 28 voitures à 15 f.
par jour; pour 4 jours. .   1680

Fraix d'approviſionne-
mens de fourrages à 200 l.
par Régiment à cheval,
pour deux régimens. . .   400

TOTAL de la dépenſe
d'une diviſion, compoſée
de quatre Régimens à pied
& deux régimens à cheval. 40727 liv. 18 f. 8 d.

Les diviſions compoſées
de 8 régimens d'Infanterie
coûteroient, ſelon ce ta-
rif. . . 54678 l. 2 f. 8 d.
Les diviſions compoſées

Partie I.   S

de 8 rég. de Cavalerie coûteroient. 4615 5 l. 11 f. 4 d.

Les 120 régimens d'In-
fanterie & les 40 régimens
de Cuiraffiers & Dragons
formeroient 15 divifions
d'Infanterie, & 5 divifions
de Cavalerie, pour en faire
camper la moitié chaque
année, il en coûteroit donc. 525474 l. 18 f. 4 d.

Si plufieurs de ces divifions fe trouvoient
placées de maniere à pouvoir camper enfemble
& former une efpece d'armée, ou qu'il plût au
Roi de raffembler plufieurs infpections & de
nommer un Général, il faudroit créer un Etat-
Major d'armée. Je fuis trop peu jaloux de produire des idées neuves, & j'ai trop envie d'é-
crire utilement pour me réfufer à prendre les
bons principes partout où je les rencontre. Je
tranfcrirai ici un morceau des Mémoires de M.
le Comte de St. Germain, parce que j'ai cru
que l'on ne pourroit rien dire de mieux fur les
Etâts-Majors d'armée. „ C'eft au Général à
„ compter fur l'Etat-Major ; comme il eft chargé
„ de toute la befogne, & qu'il doit en répon-
„ dre, il eft jufte, il eft même du bien du fer-
„ vice qu'il choififfe fes coopérateurs & fes
„ aides. Son propre intérêt exige qu'il préfére
„ les fujets fur les talens defquels il peut fe
„ repofer, & comme fes fuccès, fa gloire & fa
„ réputation dépendent beaucoup du choix qu'il
„ en fera, il n'eft pas à préfumer qu'il préfé-
„ rera la faveur à l'utilité, fur un objet auffi

„ essentiel pour lui. Les fonctions de ces Offi-
„ ciers font bien importantes ; elles exigent des
„ hommes déja formés , qui ayent de grands
„ talens & beaucoup de connoissances acquises ;
„ mais comme il n'y a que les coups de fusils
„ & les commandemens de troupes devant l'en-
„ nemi qui puissent former de bons Officiers ,
„ il seroit du bien de ces Officiers & du service
„ en général , de les reverser dans les corps ,
„ après quelques campagnes faites dans l'Etat-
„ Major, en leur accordant un grade supérieur
„ s'ils l'ont mérité. De cette façon , on formera
„ de grands Officiers. Il y a une grande dif-
„ tance du raisonnement & de la théorie à la
„ pratique, & jamais on ne deviendra bon
„ Officier que par la pratique. „

On trouve dans la collection de nos Ordonnances militaires des loix très-sages, établies contre le luxe des tables & des équipages, tant pour
les Officiers généraux que pour les Officiers
particuliers. Je peux citer cet article de nos Ordonnances comme un de ceux auxquels on est
le plus infractaire ; on ne m'accusera pas en
cette circonstance de désigner particuliérement
quelques Officiers, car je ne connois pas un
seul Officier général ou supérieur qui se soit
soumis à l'Ordonnance que je réclame ; &, quoique la loi articule formellement que Sa Majesté
cessera d'employer à son service les Officiers
généraux & interdira les chefs de corps qui y
contreviendront, je n'ai pas vu un seul exemple de cette rigueur ; cela seul peut prouver le
relâchement abolu de la discipline sur tous les

objets effentiels, & fur-tout vis-à-vis des Officiers fupérieurs.

La fobriété doit pourtant être obfervée dans les quartiers & dans les camps comme à la guerre. Premierement pour l'exemple ; fecondement, pour l'économie néceffaire au plus grand nombre d'Officiers ; troifiémement enfin , pour la diminution des équipages fi embarraffans dans les marches.

Je n'entrerai point ici dans le détail des manœuvres & fimulâcres de guerre qui feroient exécutés dans ces camps ; je me bornerai à dire que tout exercice doit y être fait en grand & y repréfenter des mouvemens d'armée ; ils font du reffort de la ftratégique, & je ne fortirai point de la place de détailleur & d'inftructeur qui eft la feule qui puiffe convenir à mes foibles connoiffances.

CHAPITRE XXIII.

Suppreffion générale des taxes & finances militaires.

DEPUIS le regne de François I, où l'on établit la vénalité des charges & des emplois ; cette miférable invention de la finance s'eft étendue fous tous les regnes qui ont fuivi jufqu'à préfent : elle infecte aujourd'hui la France, où l'argent eft devenu la voie de tout honneur.

Ne confidérant la vénalité que dans l'état militaire ; ce n'eft pas le moindre des maux qu'elle a produits, que d'avoir ôté au Roi le choix de fes Officiers ; cette opération eft encore la fource

des abus qui fe multiplient & fe perpétuent,
par la difficulté qu'il y a d'employer des fonds
confidérables pour les rembourfemens. Parmi
les Colonels qui ont acheté du Roi le droit de
commander , quelques-uns ont regardé leurs Régimens comme une propriété, de laquelle ils
avoient droit auffi de retirer en détail ce qu'ils
avoient fourni en gros ; ils fe font abaiffés jufqu'à
vendre les Compagnies & les Lieutenances de
leurs corps. Ceux dont la délicateffe ne fouffre pas
en recevant ainfi le prix d'une place que le Roi
donne, ne doivent pas être très-difficiles fur le
choix des fujets qu'ils préfentent : auffi ont-ils peu-
plé leurs Régimens d'une efpece d'hommes qui
n'étoit pas deftinée, par fa naiffance, à fuivre la car-
rière militaire dans les grades d'Officiers. Il eft des
chefs de corps plus honnêtes, qui ne mettent point
le prix des emplois de leurs Régimens dans leurs
poches, mais qui par une fâcheufe tolérance,
fouffrent que ces emplois fe vendent de même
au profit de ceux qui les quittent. Cet ufage
affez généralement toléré par les Colonels , l'a
été quelquefois même par les Miniftres, qui l'ont
régardé comme un moyen de fuppléer aux trop
modiques penfions de retraite qu'ils doivent
accorder aux années, aux fervices & aux bleffures ; il faut bien ufer de toutes fortes de reffources lorfque les fonds de la guerre fe trouvent épuifés par toute forte d'abus. Tous ceux
qui ont travaillé fur la difcipline militaire fe font
récriés comme moi fur cet ufage monftrueux
de financer toutes les places ; plufieurs Miniftres ont tenté d'abolir ces taxes de toute efpece ,
mais cette abolition ne peut être détachée de la

S iij

réforme générale qui doit être entreprise & terminée sur les mêmes principes, & dans le même instant, parce qu'il faut que les différentes opérations produisent entr'elles des rapports qui les facilitent, & des économies qui fournissent à de nouvelles dépenses.

Le préambule de l'Ordonnance du 25 Mars 1776, portant suppression de la finance de tous les emplois militaires des troupes, nous peint de la maniere la plus forte & la plus vraie les abus de ces finances. Le Roi déclare formellement que, dans tout le cours de son regne, il ne permettra plus qu'aucuns des emplois de ses Régimens soient vendus, achetés ou financés par quelque motif & sous quelque prétexte que ce soit. Pour avoir remis l'exécution de cette Ordonnance à une époque très-éloignée, & pour n'avoir pas assigné des fonds pour ces remboursemens, l'Ordonnance est restée sans effet. L'année d'après, Monsieur de St. Germain qui avoit lui-même rédigé cette Ordonnance, créa cent nouvelles commissions de Capitaine avec finance.

Les premiers objets à rembourser seroient les taxes des compagnies, les finances des charges de Commissaires des guerres & celles des places supprimées. Les finances des Régimens viendroient après comme emportant moins d'inconvéniens.

Je ne ferai point ici de conjectures sur les moyens à prendre pour ce remboursement général, ils exigent des connoissances que je n'ai pas; mais la constitution complette d'un militaire tel que je le propose, offrira peut-être un produit de réforme suffisant pour fournir le remede qu'exige un mal auſſi funeſte que celui de la vénalité des emplois, ſous quelque point de vue qu'on la conſidere.

CHAPITRE XXIV.

Banque militaire. Retraites des Officiers propor-
tionnelles à leurs ſervices.

QUOIQUE j'aye appuyé dans le Chapitre précédent ſur la néceſſité de ſupprimer les taxes & finances de tous les emplois militaires; il n'eſt pas moins vrai que tout homme chargé de remplir un marché doit avoir un garant, & en finance une caution, parce qu'il faut pour les intérêts du Roi & la ſureté générale que les fautes ne ſoient ſupportées que par ceux qui les font. L'établiſſement d'une banque militaire me paroît non-ſeulement remplir cet objet, mais pourvoir encore à un autre non moins eſſentiel, qui eſt celui des retraites en général de tous les officiers. Cette banque ſeroit formée d'une retenue annuelle ſur les appointemens de chaque officier, depuis le moment où il entreroit au ſervice, juſqu'à celui où il le quitteroit. La proportion de cette retenue ſeroit fixée au cinquiéme de ſes appointemens.

L'augmentation d'appointemens pour tous les grades, que j'ai propoſée à l'article VIII, ne paroîtra plus une nouvelle charge pour les finances de la guerre, ſi l'on fait attention que j'anéantis d'autre part, pour ces mêmes finances,

S iv

une charge beaucoup plus confidérable, qui eft celle des penfions de retraites, fi arbitraires & fi multipliées aujourd'hui, que l'on peut prédire avec affurance que leur fomme paffera bientôt nos moyens. Je dis plus, cette prodigalité défordonnée prive fouvent l'officier fans crédit & fans protection du prix que l'on doit à fes fervices. Enfin il eft preffant d'arrêter le défordre actuel, qui fait que chaque officier n'eft plus occupé que de profiter du moment, pour furprendre & obtenir des penfions qu'il n'a point méritées. Je crois donc effentiel, premiérement, d'établir un tarif auffi jufte que permanent fur les proportions de ces fortes de graces, fecondement, d'en affurer le payement en créant à cet effet des fonds particuliers, qui, n'étant deftinés qu'à cet ufage, ne puiffent jamais être entamés dans ces grands reviremens de parties, auxquels l'incapacité des miniftres & le défordre de leur geftion les conduit fi fouvent.

La banque que je propofe n'ayant d'autres fonds que les retenues annuelles fur les appointemens des militaires ; ces fonds feroient la propriété de chacun des individus qui y auroient part. Le dépôt en feroit confié fûrement à 8 adminiftrateurs, financiers, & cautionnés dans les proportions que l'on jugeroit néceffaires pour la plus grande fûreté. Au moment où un officier entreroit au fervice, ayant comme fous-lieutenant, 1000 liv. d'appointemens, il lui feroit retenu chaque année 200 liv., portant annuellement un intérêt de cinq pour cent, qui feroit joint en augmentation du capital. Devenu lieutenant, ayant 1500 liv. d'appointemens, il

lui feroit retenu annuellement 300 liv., & devenu capitaine, il lui feroit retenu annuellement
600 liv. En fuppofant qu'un officier entre au
fervice à l'âge de 18 ans, qu'il foit 8 ans fous-
lieutenant, 10 ans lieutenant & 12 ans capitaine,
il fe trouvera à l'âge de 48 ans, avoir trente
ans de fervice, & avoir auffi à la banque militaire, un capital à lui de 21,912 liv. 7 f. Si
ce capitaine fe retire à cette époque, la moitié
de ce fonds lui fera payé argent comptant, c'eft-
à-dire 10,956 liv. 3 f. 6 d.; l'autre moitié reftera
à la banque, qui lui en fera un intérêt annuel
& viager à dix pour cent, c'eft-à-dire une penfion de 1095 liv. 12 f. 4 d. Si un officier quitte
le fervice avant l'époque révolue de 30 ans, il
eft clair que fon traitement fe trouvera diminué
proportionnellement aux années qu'il fervira de
moins; comme il fe trouvera augmenté dans la
proportion des années qu'il fervira de plus. Si
un officier parvient aux grades fupérieurs & à
celui d'officier général, la retenue continuant
à fe percevoir au cinquiéme de fes appointemens,
& les intérêts des intérêts fe joignant toujours
aux capitaux, il fe trouvera une retraite proportionnelle à fon rang & à fes fervices, & elle
feroit payée de même, moitié en capital & moitié en viager. Les deux exemples fuivans donneront une idée plus nette de ce que je viens
de dire.

Premier Exemple.

Un officier de cavalerie, après avoir été 3 ans
fous-lieutenant, obtient une compagnie de grace;

à 12 ans de service, il obtient une majorité ;
après avoir été 6 ans major, il obtient une
lieutenance-colonelle ; 12 ans après, il se retire
âgé de 48 ans ; son traitement se trouve être
d'environ 46,606 liv. , desquels on lui paye
23,303 liv. en capital , & 2,330 liv. 6. sols
en pension viagere.

Deuxième Exemple.

Un officier d'infanterie, après avoir été 3 ans
sous-lieutenant, obtient une compagnie de grace ;
après avoir été 4 ans capitaine, il obtient un
régiment d'infanterie ; 10 ans après , il est fait
brigadier ; 2 ans après il est fait maréchal de
camp ; 10 ans après, il est fait lieutenant - général ; il sert 14 ans dans ce grade , & se retire âgé de 61 ans , son traitement se trouve
être de 262,403 liv. , desquels on lui paye
131,201 liv. 10 sols en capital, & 13,120 liv.
3 sols en pension viagere.

Tout officier général ou autre, obtenant un
gouvernement, un commandement ou une place
militaire quelconque, ne seroit point censé avoir
sa retraite, & n'auroit point la main-levée de
ses fonds en banque, il ne pourroit les percevoir
que du moment où il donneroit sa démission absolue, & s'il mouroit dans sa place, la moitié
du capital seulement seroit comme nous l'avons
dit plus haut, payé à sa veuve ou à ses enfans.
Cette méthode éviteroit de jamais grever à
l'avenir, comme on l'a fait par le passé , &
comme on le fait encore à présent , toutes les
places de commandans, lieutenans de roi, ma-

jors de place, &c. de penſions qui réduiſent les nouveaux poſſeſſeurs à un traitement inſuffiſant aux charges de leurs places, mais qu'ils ſont obligés d'accepter telles que le miniſtre les leur préſente.

Les bénéfices de cette banque ſeroient de ne jamais rembourſer qu'une moitié des fonds qu'elle auroit reçus, & d'éteindre l'autre par une rente viagere, d'avoir en profit net les fonds de tous ceux qui quitteroient avant vingt-cinq annéés de ſervice, d'avoir de même la moitié des fonds de tous ceux qui mourroient ou ſeroient tués au ſervice, l'autre moitié devant être rembourſée en capital à la veuve, aux enfans, ou au plus proche héritier du mort.

Pour faire un parallèle exact de ce ſyſtème de banque avec celui des retraites arbitraires que l'on accorde aujourd'hui, il faudroit que j'euſſe entre les mains l'état général des penſions de toute eſpece qui ſe payent ſur toutes les caiſſes; je me flatte que leur ſomme comparée avec l'augmentation d'appointemens que je propoſe au chapitre VIII, montreroit une grande économie pour le roi, & il me paroit de toute évidence que cette nouvelle adminiſtration aſſureroit une répartition proportionnelle des bienfaits du roi, plus juſte que celle qui n'eſt aujourd'hui que le réſultat d'une intrigue plus ou moins adroite, pour ſurprendre les miniſtres & tromper leur juſtice.

Je dois répondre d'avance à une objection qui ſe préſentera naturellement à tous ceux qui liront ce chapitre. *Dans une réforme auſſi conſidérable que celle que vous propoſez*, me dira-

t-on, *comment établirez-vous la retraite des officiers actuellement au service ? De ceux qui
n'ayant jusqu'à présent aucune retenue ne peuvent
avoir aucune masse. ?* Il est un grand principe,
duquel tout réformateur, en France surtout,
ne doit jamais s'éloigner ; c'est de donner au
même instant la force & l'activité à toutes les
parties de son plan ; ainsi la banque militaire
seroit établie le même jour que la nouvelle constitution. Les résultats de cette banque, calculés
pour tous les grades & pour toutes les époques de service, seroient la mesure de toutes
les retraites & pensions données & à donner.
C'est pour ne plus changer, que l'on changeroit
en ce moment, en diminuant ou augmentant
toutes les pensions de retraites qui n'auroient
point ce tableau pour tarif. N'y ayant plus dans
le militaire que des officiers en activité, ceux-
là jouiroient d'un traitement bien au-dessus de
celui dont ils jouissent en ce jour, mais ils n'auroient aucune pension. Perdant leur activité,
ils quitteroient le service, & jouiroient dès ce
moment de la retraite déterminée par les époques de la banque. Cet ordre établi feroit rentrer des fonds immenses, bien capables de faire
face aux pensions de retraites à accorder en ce
moment. On prendroit sur ces fonds de quoi
faire la masse de tous les officiers qui n'auroient encore que 10 ans de service, & cette
masse se continueroit par les moyens indiqués.
Quant aux officiers qui se trouvent, à cette
époque, avoir plus de dix ans de service, la
même retenue se feroit sur leurs appointemens,
pour être portée en recette à la caisse des in-

valides ; établiſſement qui ſera le ſujet du chapitre ſuivant, où je renvoye l'ordre à établir pour
les retraites extraordinaires , telles que celles
que la juſtice du roi accorde aux officiers qui
ont perdu quelques membres à la guerre.

Le tarif des penſions , invariablement fixé
par l'établiſſement de la banque que je propoſe ,
aſſure à chaque officier un traitement proportionnel à ſes ſervices, lui montre un avenir certain , & me paroît plus juſte que l'ordonnance
actuelle des récompenſes militaires, qui prive
tout officier de l'eſpoir d'une penſion , ſi les
ſoins de ſa famille ou de ſa fortune l'obligent
à quitter avant l'âge des infirmités & celui de
l'epuiſement de ſes forces. Cette rigoureuſe loi
fut, ſans doute, dictée par M. de St. Germain,
d'après la connoiſſance qu'il prit du tableau
des penſions à ſon arrivée au miniſtere ; il eſ-
péroit, par elle , mettre un terme à la prodigalité établie alors, mais cette prodigalité s'eſt
continuée, pendant le regne de ce miniſtre,
avec autant de déſordre que ſous celui de ſes
prédéceſſeurs. Les penſions & les retraites ont
été extorquées avec plus de fineſſe peut-être,
mais en auſſi grand nombre & d'une maniere
plus fâcheuſe encore , puiſqu'elles l'ont preſque toutes été en infraction formelle au titre
VIII de l'ordonnance d'adminiſtration du 25
mars 1776.

CHAPITRE XXV.

Retraites des Soldats, Hôtel des Invalides &
Pensions des Invalides.

QUEL que soit l'état ou la profession qu'un
homme embrasse, il peut raisonnablement espérer que son travail & sa bonne conduite lui
procureront non-seulement sa subsistance jour-
nalière pendant qu'il jouit de ses forces, mais
encore qu'une sage économie le mettra à l'abri
d'une vieillesse misérable. Celui qui consacre sa
jeunesse & sa vie au service du Roi, doit espérer aussi de finir ses jours dans l'aisance &
le repos. Je suis loin de copier les auteurs qui
ont blâmé ces utiles établissemens qui font autant d'honneur aux Rois qu'à l'humanité. Je
ne vois point comme eux, dans l'hôtel des Invalides, un monument fastueux & inutile ;
j'ignore la cause qui a pu leur faire élever la
voix, la mienne est destinée à faire l'éloge de
ce qu'ils condamnent. Je vois avec respect cet
asyle où d'anciens serviteurs trouvent les secours dûs à leurs infirmités & à leurs maux.
L'économie, sans doute, doit présider à ses dépenses, mais ce ne doit être que pour les rendre plus utiles en les répandant sur un plus grand
nombre de sujets. Il paroîtra bien inconséquent
que le même ministre, qui porta en 1776 l'armée du roi à plus de 300 mille hommes, rendit cette même année l'ordonnance de réforme

qui réduit l’hôtel des invalides à 1500 places ?
nombre infufifant en tems de paix , & à plus
forte raifon en tems de guerre ; car tout homme
que fes bleffures mettent hors d’état de gagner
fa vie, doit être nourri & foigné le refte de fes
jours.

Si l’hôtel des invalides étoit à bâtir, on auroit peut-être raifon de ne choifir ni la capitale
pour fon emplacement, ni le plan exécuté pour
fon modele : mais ce monument exifte ; il eft
un des plus beaux du royaume, & le meilleur
parti qu’on en puiffe tirer eft encore de l’employer à l’ufage auquel il eft deftiné. Les ap-
provifionnemens & confommations journalieres
de l’hôtel peuvent être tellement ordonnées,
qu’elles ne coûtent gueres plus cher à Paris que
dans les provinces. L’hôtel doit avoir fa bou-
langerie & fa boucherie ; les farines & la viande
ne doivent payer aucuns droits d’entrée. Je
fuppofe que la nourriture du foldat y coute
15 f. que l’on accorde pour habillement, linge
& chauffure de chaque homme, une maffe de 2 f.
par jour pour fournitures de lits , uftenciles
& entretien de l’hôtel, 3 f. par jour, & qu’on
lui donne 1 f. de paye par jour, chaque foldat
coutera 1 liv. 1 f. Je fuppofe que la nourriture
du bas officier coutera 18 f. Sa maffe d’habillement, linge & chauffure 3 f. ; pour fournitures de lits , uftenciles & réparations de
l’hôtel, 4 f. ; & qu’on lui donne 2 f. de paye
par jour , chaque bas officier coutera donc
1 liv. 7 f. Je fuppofe que la nourriture du
lieutenant coutera 1 liv., fa maffe d’habillement,
linge & chauffure, 6 f. ; pour fournitures de

lits, uſtenciles & réparations de l'hôtel, 8 ſ.
& qu'on lui donne 10 ſ. de paye par jour,
chaque lieutenant coutera donc 2 liv. 4 ſols.

Je ſuppoſe :

400 Lieutenans à 2 liv. 4 ſ. par jour
    qui font 880 liv., & par an . . 316,800 liv.
600 bas-Officiers à 1 liv. 7 ſ. par
    jour, qui font 810 liv., & par
    an. 291,600
2000 Soldats, à 1 liv. 7 ſ. par jour,
    qui font 2100 liv. 756,000
1 Gouverneur-Inſpecteur à . . 24,000
1 Major 8,000
8 Aides-Majors à 600 liv. . . 4,800
1 Chef du département des Inva-
    lides & penſions 18,000
1 Sécretaire de département y com-
    pris ſes fraix de bureaux . . 10,000
1 Tréſorier à 10,000
1 Curé, 6 Prêtres , fraix de lu-
    minaire & ornemens . . . 12,000
1 Médecin. 4,000
1 Chirurgien - Major 4,000
2 Elèves Chirurgiens gagnant maî-
    triſe, à 600 liv. chacun. . . 1,200
1 Apoticaire 1,500
2 Piqueurs à 400 liv. chacun. . 800
1 Garde - magaſin 600
4 Suiſſes, à 200 liv. chacun . . 800
1 Facteur 200

        Total. Liv. 1,464,300.

ci-contre. Liv.   1,464,300.

1 Econôme   1,600
1 Chef de cuisine   600
6 Aîdes, à 200 liv. chacun . .   1,200
12 Garçons de cuisine à 150 liv.
   chacun . . . . . . , .   1,800
24 Valets à 100 liv. chacun . .   2,400
2 Balayeurs à 100 liv. chacun. .   200
1 Supérieure & 16 Sœurs grises
   pour les infirmeries, à 200 liv.   4,000
Je suppose de plus, une consommation de bois & lumiere montant à 200,000

                1,676,100 liv.

Les estropiés seuls doivent être reçus à l'hôtel
des invalides ; s'ils préfèrent cet asyle à la pension de retraite qui devroit être accordée à tout
soldat & bas officier estropié, ayant perdu un
membre à la guerre, ou renouvellé trois engagemens, c'est-à-dire, ayant servi, sans interruption, l'espace de 32 ans. Cette pension seroit
déterminée à 10 s. par jour pour le soldat & cavalier, ou 180 liv. par an; & à 15 s. par jour
pour le bas-officier, ou 270 liv. par an.

   Supposant 3,000 soldats à la pension, ils
couteroient . . . . 540,000 liv.
   Supposant 800 bas-officiers à la
   pension, ils coûteroient. . . 216,000

   Comme le nombre des places à l'hôtel ne
seroit jamais augmenté, & qu'il pourroit arriver qu'elles ne se trouvassent pas suffisantes
pour pourvoir aux accidens de la guerre, où

Partie I.   T

établiroit dans tous les hôpitaux militaires du royaume, 500 places à 17 f. par jour, pour le foldat y être logé & nourri, 1 f. de paye, & 2 f. en fus, lui feroient accordés pour s'entretenir d'habit, linge & chauffure ; les 500 places couteroient donc. . . . . . 180,000 liv.

Le total des fonds néceffaires à
la retraite de 400 lieutenans,
1400 bas - officiers, & 5500
foldats, couteroient donc au Roi 2,612,100 L.

Je ne parle point de la retraite des officiers au-deffus du grade de lieutenant, parcequ'au moyen de l'établiffement de la banque que j'ai propofé, ils auroient toujours un traitement au-deffus du tarif que nous venons d'établir pour les lieutenans officiers de fortune. Les feules retraites qui ne peuvent être déterminées, font celles des officiers qui, avant d'avoir 30 années de fervice, auroient le malheur de perdre un membre à la guerre ; il eft de la juftice du Roi d'accorder à ceux-là le même traitement auquel ils avoient droit de prétendre s'ils avoient pu continuer leur fervice, c'eft-à-dire, 1095 liv. de penfion viagere, & alors ils renonceroient à leurs maffes à la banque, qui retomberoient en bénéfice aux fonds de l'hôtel & des penfions.

Perfonne, je penfe, ne révoquera comme infuffifantes les fuppofitions que j'ai faites pour fervir de bafe aux calculs précédens, on peut même affurer que l'effectif ne montera jamais à ces réfultats. Les tarifs paffés & actuels des penfions & des invalides ne peuvent fervir de comparaifon pour combattre mon fyftême ; les

abus étoient faciles & fréquens ; ils deviendront impossibles par les nouvelles précautions.

Nul officier de fortune ne pourra être admis
à l'hôtel qu'il n'ait perdu un membre au service,
ou qu'il n'ait 42 années de service continuel,
dont 12 années, au moins, de grade d'officier.
Nul bas officier ne pourra être admis à l'hôtel,
qu'il n'ait perdu un membre au service ou qu'il
n'ait 40 ans de service continuel, dont 8, au
moins, de sergent ou de maréchal des logis.
Nul caporal, brigadier, soldat ou cavalier, ne
pourra être admis à l'hôtel, qu'il n'ait perdu
un membre au service, ou qu'il n'ait 40 ans
de service continuel.

Les mêmes conditions seroient exigées des
soldats ou cavaliers, pour les 500 places dans
les hôpitaux militaires.

Nul bas officier n'obtiendroit la pension de
retraite de 270 liv., qu'il n'eût servi 32 années
consécutives, dont 8, au moins, en qualité de
sergent ou de maréchal des logis.

Nul soldat ou cavalier, n'obtiendroit la pension de retraite de 180 liv., qu'il n'eût servi 32
années consécutives (1).

Je ne crois pas les compagnies détachées des
invalides, nécessaires lorsqu'on aura un militaire
aussi nombreux & aussi bien constitué que celui
que je propose d'établir ; mais je ne contrarie-
rois cependant pas le projet d'en conserver quel-

____

[1] L'ordonnance actuelle n'accorde que 80 liv.
aux soldats qui sont dans l'impossibilité de continuer
leurs services. Un homme peut-il vivre avec 4 f. 4 d.
par jour?

qu'unes dans les châteaux forts ; les invalides pensionnés serviroient à les former.

Les états de situation dont j'ai parlé au chapitre XXI. constateroient de la maniere la plus évidente , les services réels de tout militaire. Les mémoires de demandes seroient toujours présentés par le capitaine de la compagnie , au major du régiment ; celui-ci feroit la vérification des dates de service sur les contrôles du quartier-maître ; il signeroit la demande , remettroit le mémoire au colonel , qui répondroit de son exactitude , & le présenteroit à l'inspecteur , lors de la revue de résidence ; celui-ci l'enverroit au conseil de la guerre , où la vérification seroit faite de nouveau , sur les livrets qu'il auroit reçus chaque année.

Je dois arrêter ici mes lecteurs sur une réflexion que je regarde comme très-intéressante pour l'état en général , & pour le militaire en particulier ; je veux parler du rengagement des soldats & cavaliers : on dit, généralement, qu'un ancien soldat vaut mieux qu'un nouveau , & l'on part de là : croyant faire le bien, pour rengager par toutes sortes de moyens , & indifféremment, tous ceux qui approchent de leur congé ; l'intention de ces soins est louable, sans doute , mais je les regarde plus préjudiciables qu'utiles , lorsqu'ils tendent à retenir sous les drapeaux , un homme qui n'a pas toutes les qualités physiques & morales d'un excellent soldat. Un homme s'engage à 18 ou 20 ans, il devient libre à 26 ou 28 ; s'il quitte l'uniforme alors, il peut encore prendre l'état de ses peres , choisir un métier , se marier , en un mot, gagner

fa vie & s'affurer du pain ; S'il renouvelle le
fecond engagement, parvenu à l'âge de 34 ou
36 ans, il quitte fouvent, fe trouve fans état,
fans récompenfe, & ayant paffé l'âge où l'on embraffe une profeffion ; s'il paffe un troifieme
engagement, il fera néceffairement forcé au
quatrieme pour ne pas perdre le fruit de fes
travaux ; alors, voilà un foldat médiocre qui a
occupé 32 ans la place d'un meilleur, & qui
devient à charge aux finances par la penfion
qu'il eft jufte de lui faire, mais qu'il falloit ré-
ferver pour ceux qui auroient été plus propres
au métier de la guerre. Un Capitaine ne devroit
jamais rengager un homme fans la permiffion
de l'Etat-Major, qui la refuferoit toutes les fois
qu'il ne jugeroit pas le fujet digne d'être confervé. Le militaire établi fur un pied ftable, jouif-
fant d'un bon état, & ayant une retraite affurée,
ne manqueroit pas de recrues. La guerre augmentant la confommation, on pourroit fe rendre un peu moins difficile ; mais en tems de paix,
où l'on ne doit s'occuper qu'à former & inftruire un état militaire refpectable, il faut en
rejetter tout ce qui n'en eft pas digne.

J'irai plus loin, je dirai une chofe affligeante
pour l'humanité, mais vraie : c'eft que l'homme
n'a, durant fa courte exiftence, qu'un certain
nombre d'années où fon être jouiffe de la force
& de la vigueur phyfique & morale qui le rendent capable du métier des armes, quelques
exceptions que l'on pourra me citer, ne changeront rien à cette loi générale qui fait que
l'homme, à 50 ans, perd tous les jours de fon
énergie & de fa force. Il eft rare qu'un homme

de guerre fur-tout , arrive à ce terme fans infirmités. Il faut donc que l'inftitution militaire
ait le double objet de retenir fous les enfeignes
les hommes utiles , & en même tems celui de
faciliter la retraite de ceux qui peuvent être
avantageufement remplacés : car conferver pendant la paix des officiers ou foldats vétérans ,
hors d'état d'entrer en campagne , c'eft perdre
inutilement fon tems à inftruire des hommes
dont on n'attend aucuns fervices, pour négliger l'inftruction de ceux qui doivent les remplacer. Ce principe affez univerfellement avoué
du militaire , femble être oublié dans la pratique, & c'eft la faute de nos loix. Les officiers
de fortune & les foldats ne pouvant prétendre
à l'hôtel des invalides que lorfque les formes
les plus rigoureufes conftatent que l'âge & l'é-
puifement des forces les mettent dans l'impoffibilité, non feulement de continuer leurs fervices, mais encore qu'elles les rendent *impotens
au point de les priver de tous moyens de pourvoir par leur travail & leur induftrie à leur
fubfiftance, ou qu'ils ayent 70 ans révolus*; il
faut bien que chaque régiment les garde jufqu'à
cet inftant.

Il me refte à récapituler de combien les dépenfes que je propofe par le plan indiqué ci-
deffus excéderoient les fonds deftinés à cet
ufage, & quelle charge par conféquent j'impofe
fur les finances.

Je commencerai par affecter entiérement aux
invalides, la fomme provenue de la rente de
4 déniers pour livre faite fur tous les appointemens & foldes payées par le tréforier de la

guerre. Il n'y a aujourd'hui que 3 déniers accordés aux revenus de cet hôtel ; le quatrieme eſt au
bénéfice des tréſoriers ; il me paroît plus ſimple
& plus convenable de mettre ces charges à gages,
comme devroient y être toutes celles du royaume.
L'excédent néceſſaire aux dépenſes de cet établiſſement ſeroit fourni par les coffres du Roi.

CHAPITRE XXVI.

Des Ecoles militaires.

P UISQUE l'inſtruction du militaire eſt la
cauſe qui me fait écrire, tout ce qui y a rapport, doit avoir place dans cet ouvrage ; puiſſé-je,
en multipliant mes chapitres, répandre un jour
utile ſur quelques uns.

Tant que l'école royale militaire a ſubſiſté,
mon reſpect pour cet établiſſement ne m'a
pas permis l'examen de ſes défauts. *Il falloit
corriger & ne pas détruire* : voilà mon avis.
Mais aujourd'hui qu'une deſtruction totale nous
laiſſeroit plus de difficultés à rétablir le premier
plan qu'à en former un nouveau ; je vais eſ-
ſayer de mettre au jour quelques idées ſur cet
objet. Elles doivent, ſans doute, être précédées
d'une diſcuſſion ſur l'utilité de l'éducation publique, & d'un noviciat militaire. Je dis d'une
diſcuſſion, puiſque pluſieurs auteurs ont blâmé
le projet même de ce ſuperbe établiſſement de
Louis XV.

Si je n'avois à répondre qu'à l'auteur de *l'eſ-*

prit des loix de la Tactique, je n'extrairois point de son livre le chapitre où il attaque l'école militaire, il ne mérite pas d'être séparé de l'ouvrage dont il fait partie ; je laisse cette compilation informe de lieux communs, & de critiques absurdes, dans l'oubli où elle est restée ; mais un suffrage qu'il m'importe davantage d'obtenir, c'est celui d'un lutteur redoutable, qui s'est déclaré dans tous les tems l'ennemi d'un établissement qui me paroissoit aussi honorable qu'utile à ma nation.

Depuis que la guerre est un art, on a dû s'occuper de sa théorie, qui offre un champ aussi vaste que fertile à ceux qui veulent le cultiver. Les anciens comme les modernes ont recherché & développé ses principes. C'est aux écoles que le monde doit les talens qu'il a admirés dans tous les genres. Par quelle bizarrerie refuseroit-on aux écoles militaires l'avantage d'étendre les connoissances relatives au métier de la guerre, & celui de former des officiers instruits dans ses principes ? peut-on opposer comme une raison victorieuse, le nombre des élèves admis à cette éducation (dont on a exhalté les dépenses) & qui n'en ont pas profité ? Quel est le college où tous les écoliers deviennent maîtres ? Le petit nombre de sujets distingués qui s'y forment ne fut jamais une raison pour les détruire. Ces établissemens publics doivent être soutenus, parce que leur avantage incontestable est de donner au moins les élémens des sciences que l'on y enseigne, & quelques légeres que soient les connoissances d'un jeune homme, il doit toujours être préféré à l'igno-

rant, parce qu'à coup sûr, il a plus d'aptitude
que ce dernier à apprendre ce qu'il ne fait pas.
Que peut-on attendre de l'éducation particuliere
relativement au militaire? Quelles reffources un
pere peut-il avoir dans fa province, pour y
faire inftruire fon fils? A-t-il le choix des maîtres, les moyens de lui donner les meilleurs?
Non, fans doute, les grands talens font rares,
il n'y a que le Roi & le gouvernement qui
puiffent fûrement fe les procurer, en accordant la conftitution & l'intérêt. Mais je fuppofe un éleve fortant d'un de nos meilleurs
colleges de province, y aura-t-il acquis la connoiffance des devoirs militaires, & les principes de l'état qu'il embraffe? Quel raifonnement
peut nous autorifer à confier à cet enfant de 16
ans, le commandement d'une compagnie, &
la vie des hommes qu'il mène à la guerre?
On peut frémir encore avec autant de raifon,
de le voir occuper une place de juge dans un
confeil de guerre: mais, qu'on effaye de répondre à ces objections, on ne répondra pas à
celle-ci: c'eft à l'ignorance générale du militaire
qu'on doit attribuer l'enfance dans laquelle eft
réglée la partie la plus fimple de notre métier.
Je veux dire l'inftruction mécanique du foldat,
& la tactique élémentaire. De fimples notions
mathématiques auroient évité les erreurs dans
lefquelles font tombés tous les Inftructeurs qui
ont précédé MM. De Ménil-Durand, De Meze-
roy, De Keralio, De Guibert, De Silva, D'Arçon, &c. Ils font les premiers qui ayent quitté
de miférables routines pour adapter la géométrie à la tactique, & il ne nous manque pour

profiter des leçons de ces habiles maîtres, que d'avoir des écoles, où, joignant la pratique à la théorie, on puisse communiquer & étendre les lumieres qu'ils nous ont données. Si l'amour paternel veille à l'éducation privée, l'amour de la patrie doit veiller à l'éducation militaire : aussi, depuis long-tems, les Rois & leurs ministres avoient montré qu'ils sentoient la nécessité d'établir des écoles pour y former cette jeune noblesse, dont on doit toujours attendre des services & des succès proportionnés à ses talens. L'établissement des compagnies de cadets gentils-hommes dans les différentes garnisons n'étoit pas le premier essai ; Louvois, & avant lui Mazarin avoient formé des plans, qui nous montrent que ces ministres avoient été frappés de l'utilité qu'on pouvoit retirer de ces institutions, par des causes qui nous sont inconnues ; leurs projets ne furent point exécutés. Le desir du bien qui occupe toujours les citoyens zélés, devoit ramener à cette entreprise si souvent manquée. Il étoit réservé à M. Paris Du Verney d'applanir les difficultés qui sembloient s'opposer aux vœux de la nation ; ce fut en 1750 que Louis XV agréa son plan, & fit connoître ses volontés par l'édit de création du mois de janvier de l'année suivante. Depuis 26 ans, les soins des administrateurs de l'école royale militaire, & particuliérement ceux du successeur de M. Du Verney, avoient perfectionné cet établissement, & multiplié les secours que la noblesse pouvoit en tirer. En augmentant le nombre des places, ce dernier avoit appelé un plus grand nombre de familles à avoir part à cette grace. Cinq cent jeunes

gentils-hommes étoient élevés , tant à La Flèche
qu'à Paris, lorfqu'un miniftre vint détruire ce
qui faifoit l'admiration de l'Europe. Le projet de
cette deftruction étoit né dans l'hermitage de
Lauterbach. C'eft-là que des connoiffances fuperficielles fur l'adminiftration , fervirent de bafe
au fameux mémoire qui transforma un guerrier
illuftre & refpecté en un fi médiocre miniftre ;
il parut fur la fcène avec le projet, fans doute,
d'être conféquent à fes principes , & malheu-
reufement l'école militaire fut le premier objet
qui frappa fes yeux. Sa deftruction fut d'autant
plus facile qu'elle n'étoit protégée par perfonne ;
les gens de la cour la jaloufoient , parce qu'ils
n'y avoient point de place ; les colonels la haïf-
foient, parce que les éleves étoient nommés
aux emplois des régimens qu'ils commandoient,
fans aller les folliciter ; enfin, les chefs même
de cette maifon , qui auroient pu éclairer le miniftre & changer fes vues, garderent le filence ;
parce que les uns étoient fans moyens de fe
faire entendre, & que les autres, bas, intrigâns,
& envieux, facrifioient fans délicateffe le bien
général à l'efpoir particulier d'un traitement ou
d'une place meilleure que celle qu'ils occupoient.
Le miniftre n'a pas tardé à fe répentir d'une
deftruction trop précipitée. L'ordre des finances,
la fageffe de l'adminiftration , & une économie
à laquelle on ne s'attendoit pas, a été démontrée de la maniere la plus évidente, lorfque M.
Du Pont fit, en fa qualité d'intendant, fa reddition de compte entre les mains de MM. De...
& De..... Confeillers d'état, nommés pour
la recevoir : mais il n'étoit pas tems de revenir

fur fes pas. Le Roi étoit prévenu ; le détromper en avouant fa turpitude, c'eût été faire le bien, mais c'étoit rifquer de fe perdre, rifquer au moins de fe montrer inconféquent, & en pareil cas, il eft peu de miniftres qui balancent fur le parti qu'ils ont à prendre. Les fonds & les revenus de l'hôtel ont été difperfés; c'eft avec regret que je crois à l'impoffibilité de les rejoindre, & que je vais entreprendre de tracer un plan nouveau, capable de fuppléer à celui qui eft détruit.

Le premier objet d'une école militaire eft de former & inftruire les jeunes officiers dans le métier des armes.

Le fecond objet eft de procurer des fecours à la nobleffe peu riche qui habite les provinces.

Ces deux conditions doivent être remplies de maniere que tout officier foit obligé de paffer par l'école générale, comme il eft obligé de paffer aujourd'hui par l'état de cadet gentil-homme, avec cette différence qu'un nouvel établiffement militaire lui fourniroit tous les moyens d'inftruction, au lieu que celui de cadet dans nos régimens, ne lui en fournit aucuns; & je ne parle pas de tous les inconvéniens que l'on pourroit reprocher à cette éducation.

Je divife l'éducation en deux époques, la première de l'âge de dix à feize ans; la feconde de feize à dix-huit ans.

Le Roi établiroit 900 places dans les différens colléges du royaume, pour y nommer 900 jeunes gentils-hommes de l'âge de dix ans,

Là, ils feroient inftruits des principes de leur langue, de ceux de la langue Allemande & des élémens d'arithmétique & de géométrie. Ces premieres notions feroient auffi néceffaires que les preuves de quatre degrés de nobleffe, pour paffer à l'âge de 16 ans, en qualité de cadet, au corps de la gendarmerie (1).

Ici deux idées fe réuniffent. En parlant de la gendarmerie, je lui ai rendu la juftice qu'elle mérite; j'ai loué fa difcipline & fon inf- truction, qui doivent fans doute fervir de mo- dele à toute la cavalerie de France, mais je l'ai enveloppée dans l'arrêt tant de fois prononcé, & fur lequel j'ai donné ma voix pour la con- damner.

L'écrivain ne doit connoître que la vérité, tant pis fi les miniftres cédent aux anciens ufa- ges, aux confidérations, aux follicitations; c'eft

---

[1] Je fais bien que l'on m'objectera la difficulté, dont je fuis moi-même convenu un peu plus haut, de donner des maîtres d'allemand & de mathématique dans la plupart de nos petites villes de France, où les feules reffources font un college. A cela je réponds deux chofes; la premiere c'eft que la déclaration, qui excluroit abfolument du fervice tous ceux qui n'auroient pas les talens exigés, ne feroit pas plutôt rendue, que les colleges auroient un intérêt réel à fe procurer fur le champ des maîtres de langue allemande & de mathé- matique, & qu'un an après la ditte déclaration tous les colleges en feroient pourvus, puifqu'on déferteroit tous les colleges qui n'en auroient pas; fecondement, je ré- petterai ici les vœux de toute la France, qui demande depuis vingt ans que l'on donne les colleges aux corps & aux ordres qui peuvent feuls les gouverner, alors les moyens pour l'éducation primitive ne manqueront plus.

la fource de tous les défordres : il faut être partie intéreffée, pour ne pas avouer les vices de
oes différens corps à prérogatives. Je veux parler de la maifon du roi, déjà diminuée, mais
encore trop nombreufe, des gardes Françoifes,
du régiment du roi & des carabiniers, corps qui
énervent le refte de l'armée, dans laquelle ils
font choifis, & qui abforbent toutes les graces au
préjudice des régimens qui font le plus la
guerre. Que l'on compare les graces accordées
en grades, honneurs & argent aux corps que
je viens de citer, avec celles que l'on accorde
dans le refte des troupes, on verra qu'ils en
emportent moitié. Je demande à quel titre ?

Je réformerois donc la gendarmerie, pour la
recréer fur le champ, en n'y admettant que les
gendarmes ayant brevet de capitaine, & ceux
en état de faire preuve de quatre degrés de nobleffe. J'y établirois fix efcadrons, vingt-quatre
compagnies, & dans chaque compagnie j'atta-
cherois vingt-cinq cadets gentilshommes, ce qui
formeroit une école de 600 cadets, dont 300
fortiroient tous les ans pour fournir aux remplacemens des officiers dans les différens régimens de l'armée, 300 jeunes gentilshommes feroient donc nommés tous les ans pour remplacer les cadets. De ces 300, 150 feroient tirés
des colleges militaires nommés par le roi, 141
autres feroient nommés par les colonels des régimens d'infanterie & de cavalerie, 5 autres feroient nommés par le commandant de la gendarmerie, & 4 autres par les deux infpecteurs
de la gendarmerie. De 16 à 18 ans, ces cadets
feroient exercés au corps de la gendarmerie au

fervice des deux armes, à l'étude des ordonnances & des loix militaires, aux principes de
la tactique, aux mathématiques & aux différens
exercices du corps. Je prends l'âge de 16 ans
pour le terme de l'enfance & de l'éducation primitive; c'eft le moment où l'homme peut profiter de l'expérience, & former fon raifonnement, mais ce n'eft pas en lui donnant, comme
aujourd'hui, une fous-lieutenance & des hommes à commander, que je prétends l'inftruire;
c'eft, au contraire, en le réduifant pendant deux
ans encore à la feule obéiffance. Les cadets à la
nomination des colonels d'infanterie & de cavalerie françoife, ceux à la nomination du
commandant & des infpecteurs de la gendarmerie, feroient affujettis aux mêmes preuves de
quatre degrés de nobleffe; ceci donne la facilité d'exécuter ce que j'ai propofé au Chap. VII.

L'inftruction des cadets deftinés à devenir officiers, n'eft pas le feul avantage que je voudrois retirer de la gendarmerie, je voudrois encore y établir une école générale de cavalerie
pour l'inftruction de cette arme, qui eft fi éloi-
gnée du point de perfection dont elle eft fufceptible. Nos régimens à cheval manquent la
plupart de fujets capables de donner les premieres inftructions. J'effayerai de montrer dans
la feconde partie de cet ouvrage, combien nous
fommes loin de connoître la cavalerie. M. le
duc de Choifeuil a eu de grandes vues fur cet
objet; il a beaucoup fait, mais il refte beaucoup à faire. On peut, avec plus d'expérience,
éviter aujourd'hui les défauts des écoles que ce
miniftre établit en 1765. Un des plus grands,

peut - être, fut d'en avoir plufieurs à la fois ;
j'aurai l'occafion de difcuter au chapitre cavalerie, les inconvéniens qui en réfulterent. Ici
j'en propofe une feule, qui feroit compofée d'un
capitaine, un lieutenant & un fous-lieutenant,
détachés de chaque régiment à cheval, formant
120 officiers. L'établiffement de Luneville offre
toutes les aifances & toutes les reffources néceffaires à ce plan, qui ne feroit guere plus difpen-
dieux que ne l'eft le corps actuel de la gendarmerie, dont le militaire ne retire aucun avantage, mais qui le prive, au contraire, d'une efpece d'hommes dont la répartition dans nos régimens de ligne formeroit une claffe excellente
de ce que nous appelons bas-officiers.

CHAPITRE XXVII,

De l'utilité dont les troupes peuvent être en tems
de paix, en partageant l'année entre leur inf-
truction & les travaux publics.

C'EST la manie de la toilette du foldat, & les
minuties de nos écoles, qui ont fait que les colonels fe font toujours oppofés à ce qu'on em-
ployât les troupes aux travaux publics pendant
la paix. L'utilité dont elles pourroient être doit
cependant ramener un ufage dont les Romains
n'ont pas dédaigné de nous montrer l'exemple.
Leurs mains victorieufes quittoient les armes
pour prendre la bêche & la truelle : ils défri-
choient ,

choient, creufoient des canaux, bâtiffoient des
aqueducs; cette activité continuelle endurciffoit
leurs corps, & les nôtres s'affoibliffent par l'oifiveté. Si les exercices de paix doivent être l'i-
mage des occupations de la guerre, le travail
doit donc être regardé comme faifant une partie
effentielle dans l'inftitution de l'infanterie, car,
comme le remarque l'auteur de la Correfpondance, l'infanterie ne trouvera pas toujours fa
fûreté dans la fineffe des manœuvres; elle fera
quelquefois forcée d'ufer de la reffource du foible, c'eft-à-dire, de fe retrancher, & alors il
eft utile que le foldat fache manier la terre. Si
la France ne s'occupe pas des grands travaux qui
peuvent l'embellir, faciliter fon commerce, &
fortifier les barrieres qui la féparent des puiffances voifines, c'eft parce que ces plans, quoique reconnus utiles, préfentent un ouvrage immenfe, trop difproportionné aux bras & aux fommes qu'il nous refte à employer; fi nous ef-
fayons une fois de nous fervir des troupes, toutes ces difficultés difparoîtront; mais, pour que
ce projet devienne poffible & propofable, il faut
une conftitution militaire différente de celle qui
exifte. Il faut enrayer fur les manies de tenue
& d'exercices, bannir du métier des armes toutes les inutilités, déterminer l'inftruction, fixer
les tems qui doivent y être employés, & l'abré-
ger en fimplifiant fes principes. Il faut mettre fin
à ces miférables pélérinages, qui font deux fois
par an promener fans néceffité les troupes d'une
extrémité du royaume à l'autre. Il faut, en un
mot, employer le corps militaire du génie, &
faire rentrer au profit de l'état les dépenfes qu'oc-

Partie I.   V

casionne l'entretien d'une armée nombreuse. J'ai proposé de faire camper la moitié de l'infanterie tous les ans. Je crois doublement avantageux d'employer l'autre moitié aux travaux publics.

CHAPITRE XXVIII.

Des Hôpitaux militaires.

IL n'est point d'abus & de malversations qui ayent des conséquences plus fâcheuses, que celles qui peuvent régner ou s'établir dans les hôpitaux militaires. Les intérêts de l'humanité, ceux du Roi & de l'Etat prescrivent également aux Ministres, d'avoir toujours les yeux ouverts sur ces établissemens, consacrés au soulagement & à la conservation des hommes.

Dans tous les tems, il y a eu des plaintes portées contre la cupidité des administrateurs ou des entrepreneurs des hôpitaux militaires; cupidité d'autant plus infame, que la vie de l'homme est soumise à ses calculs. Toute vue d'intérêt, toute négligence même, de la part d'un administrateur des hôpitaux, devient donc le plus affreux des crimes. Le rétablissement des malades est toujours dû aux soins que l'on prend de leurs maux. Ces soins sont plus ou moins particuliers, plus ou moins exacts dans les différens hôpitaux du royaume, quoique la bonté du Roi les paye & les récompense également dans tous. Nous remarquons généralement que

les hôpitaux confiés aux foins des femmes, font
mieux fervis & mieux adminiftrés que ceux qui
font entre les mains des hommes. Je pourrois
citer celui de Nancy, comme le modèle fur lequel il feroit à fouhaiter que tous les autres fe
conformaffent. Les malades y font tenus avec
la plus grande propreté ; ils couchent feuls : dans
les cas de foule feulement on les double; mais
jamais ils ne font plus de deux dans le même
lit. La Supérieure d'une Communauté refpectable, eft l'adminiftratrice des revenus, & fon
économie n'a, & ne peut avoir d'autre objet,
que d'augmenter les aifances & la falubrité de
fa maifon, ainfi que le bien-être de fes malades.
Peut-on fe flatter qu'un entrepreneur aura les
principes de religion & de défintéreffement qui
régnent toujours dans ces Communautés reli-
gieufes ? Non, fans doute ; & c'eft pour cette
raifon que je donnerai toujours la préférence
à la régie des femmes. Mais comme les Communautés hofpitalieres ne font point affez nombreufes pour gouverner tous les hôpitaux du
royaume ; qu'il eft d'ailleurs néceffaire de former, en tems de paix, des hommes qui puiffent
faire le fervice des ambulances, pendant la
guerre, je vais entrer dans quelques détails fur
cet objet intéreffant, & je m'y livre d'autant
plus volontiers, que des gens de l'art, dignes
de la confiance du public, m'ont communiqué
leurs réflexions, dont on peut je crois tirer de
grands avantages.

L'Ordonnance de 1780, fur les hôpitaux militaires, montre des vues très-fages fur plufieurs points effentiels, mais j'ofe croire qu'elle

n'a pas tout prévu, & qu'elle eſt ſuſceptible d'un ſupplément digne de l'attention de ſes rédacteurs. Cette Ordonnance, en établiſſant un Médecin, un Chirurgien-major & un Apoticaire ſurnuméraire, dans chacun des hôpitaux militaires, au compte de Sa Majeſté, aſſure autant qu'on peut le prévoir l'exactitude du ſervice actuel, de même qu'elle fournit les moyens de remplacer dignement par la ſuite, chacun de ces officiers de ſanté en chef; mais elle enjoint expreſſément de ne plus envoyer dans les hôpitaux que les ſoldats attaqués de maladies grâves, & elle charge ſpécialement les Chirurgiens-majors des régimens, de traiter à la chambre toutes les maladies légeres. Il auroit donc été très-important que cette ordonnance s'occupât en même-tems des talens néceſſaires à ces Chirurgiens-majors, pour les fonctions médécinales qu'elle leur aſſigne. Ces fonctions exigeront à l'avenir, & plus que jamais, des connoiſſances profondes dans la médecine, & l'on ne doit point les attendre de la Chirurgie la plus éclairée, dont le but principal eſt de guérir les maladies externes, par les opérations de la main. Peut-on croire qu'il y ait entre la médecine & la chirurgie un rapport aſſez immédiat, pour que les principes de cette derniere donnent la méthode de connoître & de guérir ſurement les maladies internes, promtes ou aiguës, longues ou lentes (1)? Non, ſans doute; les dangers qui

____

[1] Les chirurgiens majors ſont encore chargés de traiter les maladies de Mrs. les Officiers du Régiment où ils ſont attachés.

réfultent tous les jours du défaut de connoiffances de ces chirurgiens, prouvent au contraire que c’eft fort mal-à-propos qu’on leur
confie généralement le foin des maladies internes, vû qu’ils ne fe font jamais fait un capital
d’étudier en médecine. En effet, que ne voit-on
pas arriver d’une faignée imprudemment faite
dans les premiers momens d’une maladie, dont
les fuites auroient été prévenues par un émétique qui étoit indiqué? Et que ne doit-on pas
craindre auffi de l’adminiftration d’un émétique
placé imprudemment dans le principe d’une maladie inflammatoire, ou d’un vomiffement fym-
patique, pris pour une dépravation d’humeurs
des premieres voies. Sans entrer dans de plus
longs détails, il eft certain que les premieres
fautes de cette efpece, décident toujours le
danger d’une maladie, & que le médecin le plus
habile, n’eft prefque jamais en état de les réparer.

La médecine & la chirurgie font aujourd’hui
le titre & l’apanage de deux perfonnes différentes, qui s’en occupent féparément. Il feroit
bien important de réunir ces deux fciences, dans
les fujets deftinés à devenir chirurgiens-majors
de nos régimens. Les plus grands médecins ont
toujours defiré cette réunion, & il n’y a que
des raifons d’intérêts particuliers, qui puiffent
s’y oppofer; mais ce que la Jurifprudence n’a
pu faire, le Miniftre de la guerre l’obtiendra
quand il le voudra (1). Il n’eft même plus per-

____

[1] Il feroit ridicule de fuppofer que la fupériorité
de la médecine fe trouvât compromife dans l’exercice

mis de douter de la poſſibilité de ce projet de réunion, puiſqu'il exiſte déjà dans le quart des régimens françois , des chirurgiens-majors de diſtinction, qui ſe ſont fait depuis pluſieurs années un capital d'étudier en médecine, & d'en mériter tous les grades dans différentes Facultés du royaume. On peut donc dire , ſans crainte de ſe tromper, ſur l'évaluation que l'on a fait, que non-ſeulement leur mérite ſurpaſſe celui des autres chirurgiens - majors , mais encore qu'ils peuvent aller de pair avec les médecins de l'Europe les plus renommés pour tous les genres de maladies. J'en appelle à la confiance & à la voix de tous les Corps auxquels ceux-ci ſont attachés.

Cependant , telle diſpoſition que puiſſe avoir un jeune chirurgien lettré pour étudier en médecine, lorſque la fortune ne répond pas à ſa bonne volonté, il ſe trouve privé des moyens de travailler dans les facultés du royaume ; c'eſt au Gouvernement , intéreſſé à la conſervation

---

de la chirurgie ; la pratique de pluſieurs médecins les plus célebres de la faculté de Paris prouve aujourd'hui le contraire. Le ſuccès de l'un de ces deux arts dépend ſouvent de l'autre, & l'expérience nous montre que la guériſon de pluſieurs maladies déſeſpérées , eſt preſque toujours due à l'intelligence & à la concorde qui ſe rencontrent entre la médecine & la chirurgie ; d'où il s'enſuit que loin de croire que la médecine ſe trouvât compromiſe dans l'exercice de la chirurgie, elle acquerroit au contraire un nouveau mérite, chaque fois que l'on trouveroit au même inſtant, & dans une ſeule perſonne, tous les ſecours capables d'améliorer la cure des différentes maladies internes ou externes qui affligent le corps humain.

des troupes, à venir à son secours : des réglemens peuvent suffire à cet effet, sans qu'il en
résulte une charge pour les finances.

*Projet de Réglement pour les études des Chirur-
giens-majors.*

ARTICLE PREMIER.

ON ne recevroit dans les hôpitaux militaires,
pour le service des malades ou blessés, que des
garçons chirurgiens instruits, & bien examinés
par le chirurgien-major, en présence du médecin ; & ils ne seront jamais admis à ces places,
qu'après avoir produit des lettres de maître-
ès-arts, en bonne forme, valablement méritées,
& obtenues dans une université du royaume.
Ceci est conforme à l'article 2 du titre 27 de
l'Ordonnance des hôpitaux militaires, du 1 janvier 1747. Cette loi n'a point été observée avec
exactitude : il faudroit donc que l'on fît dès-à-
présent dans lesdits hôpitaux, une réforme de
tous les garçons-chirurgiens qui auroient été
reçus en dérogeant à cet article, & qu'aussitôt
ils fussent remplacés par de nouveaux éleves en
chirurgie, qui eussent les qualités prescrites.

ART. II.

Les chirurgiens-majors desdits hôpitaux seroient chargés de faire tous les ans, pour les
garçons-chirurgiens, un cours d'anatomie &
d'opérations, pendant l'hiver, & un cours d'os-
téologie & de bandages pendant l'été.

Art. III.

Les garçons-chirurgiens, après avoir passé trois ans dans les hôpitaux, subiroient un examen public en présence des médecins & chirurgiens inspecteurs, qu'il plairoit à la Cour de nommer. Ceux qui se distingueroient à cet examen, & qui montreroient le plus de disposition & de volonté pour étudier en médecine, seroient envoyés à la suite des hôpitaux des villes du royaume, où il y a des facultés de médecine, comme Montpellier, Strasbourg, Besançon, Caen, Nancy, Douay, Rheims, Toulouse, Valence, &c. Là ils continueroient à faire les fonctions de garçons-chirurgiens, tandis qu'ils prendroient des inscriptions, & qu'ils suivroient lesdites Facultés pendant trois ans consécutifs. L'heure des leçons auxquelles les garçons étudians seroient obligés d'assister, ne priveroient point les malades des secours qu'ils doivent attendre du chirurgien de garde, parce que dans ces mêmes hôpitaux, il y auroit comme dans tous les autres, un ou plusieurs garçons, qui feroient leurs trois premieres années, & qui ne feroient pas du nombre des étudians.

Art. IV.

Si l'on jugeoit que la quantité des Facultés ne fût pas capable de fournir un assez grand nombre de sujets, on pourroit l'augmenter à volonté, en désignant l'Hôtel-Dieu de Paris, la Charité & les Invalides, pour remplir le projet dont il s'agit; faisant donner à chaque garçon chirurgien les mêmes appointémens qu'ils ont dans les hôpitaux militaires. Quant aux grades, les étudians iroient les prendre dans une des Facultés du royaume, vû qu'ils coûtent trop à Paris , & que les inscriptions de cette faculté font valables partout.

Outre que ces moyens suffiroient pour procurer fans fraix des hommes à talens , tels qu'il en faudroit pour remplir dignement les fonctions de médecins-chirurgiens-majors dans chaque régiment, ce feroit donner une nouvelle émulation à tous les éleves en chirurgie du royaume, qui feroient bientôt à cet égard tout ce que leur fortune pourroit leur permettre.

Le bien qui réfulteroit néceffairement de ces études & de cette pratique, fuivie pendant neuf années, mériteroit fans doute que le gouvernement fît les fraix des grades que les étudians feroient obligés de prendre; mais ceux-ci doivent à leur tour confacrer à la patrie les talens qu'ils tiennent de fes bienfaits; ils contracteroient donc l'engagement de fervir pendant 24 années, comme chirurgiens-majors, dans les régimens auxquels il plairoit à Sa Majefté de les employer, fans qu'ils puffent avant ce terme prendre une retraite différente de cette deftination (1).

---

[1] La fomme des infcriptions, thefes & grades en médecine monte affez communément dans toutes les facultés du royaume à 600 liv. Elle ne fera pas regardée comme une augmentation de charge pour les finances de la guerre, fi l'on fait attention qu'elle affurera pendant 24 années les ferviçes de chaque chirurgien. En

Le Conseil de la guerre auroit l'état de tous ceux qui auroient pris leurs grades. Il feroit accordé à ceux-ci des brevets de médecins furnuméraires à la fuite des hôpitaux, & ils continueroient à y remplir les fonctions d'aides-chirurgiens, jufqu'à ce que, vacance d'emploi arrivant dans les régimens, ils y fuffent placés à tour de rôle d'ancienneté. Ces brevets de médecins furnuméraires me paroiffent d'autant plus néceffaires, qu'ils mettroient les chirurgiens-majors à même de fuivre toutes les maladies de leurs foldats, dans les hôpitaux, conjointement avec les médecins en chef, auxquels ils feroient connoître ce qui eft le plus effentiel, touchant le tempérament, l'habitude & le caractere de la maladie de chaque foldat, qu'ils font cenfés voir & connoître mieux que perfonne.

Ces chirurgiens-majors feroient obligés d'envoyer tous les trois mois à l'infpecteur-médecin, des obfervations fur toutes les maladies épidémiques & endémiques, qu'il eft toujours néceffaire de connoître & d'approfondir dans chaque province & dans chaque garnifon.

Ces réflexions particulieres m'ont éloigné des vues plus générales & plus vaftes fur les hôpitaux; mais il étoit néceffaire d'établir avant tout la poffibilité de fe procurer des chirurgiens-majors-médecins.

---

comparant ce laps de tems avec celui de trois engagemens d'un cavalier, on verra que celui d'un habile chirurgien-major, ne coûtera que 240 liv. de plus, excedent qui fera bien réparé par l'anéantiffement des retraites, conformément à ce que j'ai propofé au chapitre XXIV.

L'établiſſement permanent des troupes dans leurs quartiers, donne toutes les facilités néceſſaires pour que chaque régiment ait ſoin de ſes malades, il ſuffira d'accorder aux capitaines les ſommes ſuffiſantes pour pourvoir aux fraix de l'établiſſement d'une infirmerie ; qui ſera ſous le gouvernement du chirurgien-major. Par l'ordonnance actuelle, cette infirmerie eſt établie pour les maladies légeres, pourquoi ne le feroit-elle pas pour les maladies plus gráves ? Comment & pourquoi transporter un homme dont le traitement eſt commencé, dans un hôpital, & ſous la conduite d'un médecin qui n'a pas vû naître ſa maladie, & qui en ignore les premiers ſymptômes. Comment établir d'ailleurs la ligne de démarcation, qui diſtingue la maladie gráve de la maladie légere ? Peut-on eſperer que le médecin & le chirurgien-major s'accorderont ſur le diagnoſtic & le pronoſtic ? Ne doit - on pas s'attendre au contraire à les trouver ſans ceſſe en oppoſition. Le chirurgien-major pourra toujours ſe diſpenſer de donner des ſoins, en caractériſant la maladie gráve, & le médecin rejettera toujours les ſuites funeſtes de ſa négligence ou de ſa turpitude, ſur ce que l'on ne conduit dans ſon hôpital que des hommes dans un état déſeſpéré. Mais comment évaluer, me dira-t-on, les fraix de ces établiſſemens auſſi multipliés ? Rien n'eſt plus ſimple. Que l'on faſſe régir pendant deux ans ces infirmeries par les Etats-majors & par les Capitaines de chaque régiment ; que l'on faſſe le relevé du nombre des malades & du prix de leurs journées dans ces infirmeries, & que, du réſultat de ces comparaifons, on déduife un traitement fixe dont on abandonnera l'adminiftration aux capitaines ; ceux-ci feront toujours les premiers & les plus intéreffés aux foins de la fanté & de la vie des hommes qui leur appartiendront.

Le Roi conferveroit feulement fous le nom d'hôpitaux militaires, ceux qui fe trouvent placés fur nos frontieres & dans nos garnifons ; c'eft dans ces hôpitaux que feroient toujours envoyés les Soldats & Cavaliers des Régimens qui habitent ces villes, & dans ces mêmes hôpitaux, auffi, où feroient envoyés les vénériens de l'armée. C'eft dans ces établiffemens que fe formeroient les infirmiers deftinés aux ambulances de la guerre.

Lorfqu'on voudroit former de ces ambulances, on choifiroit toujours les chirurgiens-majors parmi ceux des Régimens, & la préférence feroit donnée à ceux qui auroient montré le plus de zèle, de talens & de probité. Les apoticaires feroient choifis de même parmi ceux des hôpitaux militaires, & c'eft de ces pharmacies des hôpitaux que l'on tireroit tous les remedes employés à l'armée.

L'adminiftration des hôpitaux militaires, & des ambulances, ne peut être confiée à des entrepreneurs, fans courir le rifque qu'il en réfulte les inconvéniens les plus funeftes. En fuppofant que l'adminiftrateur & l'entrepreneur commettent également des malverfations, il y aura au moins cette différence, que le premier ne trompera le Roi qu'en enflant les dépenfes, au lieu que le fecond, qui ne peut avoir cette reffource, affure fes calculs & fon livre aux dépens des malades. Je ne m'étendrai pas sur les moyens d'établir l'évidence dans la reddition des comptes des administrateurs , rien de si simple que de constater le numéraire des hommes, & le nombre des journées, quant aux fraix ; après avoir essayé de toutes les précautions possibles, on en viendra à reconnoître que la plus sûre , est de ne confier les places d'administrateurs & contrôleurs qu'à des gens qui ont fait preuve de leurs mœurs & de leur honnêteté. Il faut que sur la plus légère plainte , il y ait information juridique & punition exemplaire ; que tous les officiers généraux ayent le droit d'inspecter ces hôpitaux, & qu'un membre du conseil de la guerre en fasse la tournée toutes les fois que le conseil le jugera à-propos.

Il m'auroit fallu faire un volume pour traiter ce chapitre avec toute l'étendue qu'il mérite , les vues que je n'ai qu'esquissées ici, ont trop d'analogie avec tous les autres objets de la constitution militaire, pour que je n'en fasse pas mention dans un ouvrage où je me propose des réformes & des changemens universels ; mais nous sommes trop éloignés de ce nouveau système , pour que je m'appesantisse plus particuliérement & plus longuement sur l'une de ses parties.

CHAPITRE XXIX.

Projet d'une société militaire.

C'Est en se communiquant leurs lumières, &
en se faisant mutuellement part de leurs découvertes, que les hommes ont fait des progrès dans
les sciences & dans les arts. Le goût de la
philosophie rassembloit les anciens, leurs dog-
mes & leurs opinions les classoient en différentes sectes ; toutes se rassembloient particuliérement, & c'est sans doute ces académies qui
nous ont donné le modèle de celles qui exis-
tent aujourd'hui en Europe, & dont les travaux
éclairent l'univers. L'émulation régne dans ces
sociétés ; que de découvertes ne devons nous
pas à la solution des problèmes qu'elles propo-
sent tous les ans ? Toutes les connoissances humaines sont du ressort de *l'académie royale des
sciences*, & il n'est point d'art qui n'ait des obli-
gations essentielles à cette savante société. Son
établissement a servi de modèle à une infinité
d'autres ; les travaux sont particuliérement affec-
tés à un seul art, ou à une seule science. Les
académies de chirurgie, de peinture, d'architec-
ture, de musique, de marine &c. développent
& perfectionnent tous les jours les principes
des arts qu'elles cultivent. L'ignorance aujour-
d'hui fuit devant les hommes qui l'encensoient
autrefois. Le siècle dernier nous montre encore
les traces de ce préjugé, qui nous faisoit confondre le savoir avec la pedanterie, & méprifer

tous ceux qui aspiroient par l'étude à quelque
genre de distinction. Les nobles ont été les derniers à secouer ce préjugé ; c'est ce qui est cause
sans doute que la guerre n'a été pendant des
siècles qu'un jeu de hazard & de férocité. On
s'est longtems battu sans connoître l'art d'attaquer & de se défendre , & quoique plusieurs
généraux ayent paru avec avantage sur le théâtre de la guerre, ils n'ont laissé à leur posté-
rité que des exemples sans préceptes. Fréderic II,
le modèle des princes militaires & l'admiration de l'Europe, nous a montré par des succès
aussi suivis qu'étonnans, que des principes sûrs
guidoient sa pratique : c'est lui qui a rap-
pelé aux autres nations ce que pouvoient l'art
& la discipline. Les troupes Prussiennes sont
encore aujourd'hui les modèles de celles du
monde entier. La tactique est devenue une science, qu'il a fallu cultiver sous peine d'être battu,
que dis-je cultiver, il a fallu la créer, puisque
les anciens ne nous ont laissé que peu de préceptes sur un art qu'ils ont connu, il est vrai,
mais qui, étant infiniment lié à l'encyclopédie
des connoissances humaines, a dû varier avec
elles : quoiqu'il en soit, dans un siècle aussi
éclairé que celui-ci, on a eu lieu d'être étonné
que tous les moyens mis en jeu pour l'avancement & les progrès des arts, ne soient pas employés pour perfectionner celui de la guerre.
Est-il donc le moins important de tous? Ignore-
t-on que l'art d'attaquer & de se défendre, est
l'art de conserver les hommes? Peut-on être
surpris du sujet de nos plaintes à cet égard,
quand on réfléchira que nos maîtres n'ont pu

s'accorder encore fur les élémens du métier, fur la maniere dont le foldat doit porter fon arme, & lever la jambe pour marcher! C'eft bien pis, fi l'on examine notre législation militaire, notre conftitution ou la combinaifon & l'ordre de nos manœuvres; on verra que l'incertitude tient partout la place de la vérité, que ce que l'on a cru avoir prouvé le matin, a été détruit le foir. Que de raifons pour réunir nos efforts, raffembler nos connoiffances, & travailler de concert à les déterminer & les étendre! En effet, que peut-on efpérer des travaux épars de quelques officiers inftruits? Où eft l'auditoire qui doit juger leurs ouvrages, & apprécier leurs connoiffances? Sera-ce un miniftre de la guerre, qui ira feuilleter les livres militaires qui paroîtront, pour mettre à profit les principes qui y feront réduits! C'eft s'abufer que de le croire. Faut-il le dire enfin, tant qu'une affemblée inftruite & compétante ne travaillera pas à chercher & déterminer les principes de notre art, nous perdrons notre tems dans des difputes frivoles & des effais pernis cieux (1). Mais en parlant d'affemblées, je n'entends pas renouveller ces comités d'officiers généraux, dont le choix étoit plus propre à perpétuer les erreurs qu'à les détruire, le réfultat

de

---

[1] „ Si tandis que toutes les autres fciences fe
„ perfectionnent celle de la guerre refte dans l'en-
„ fance, c'eft, dit M. de G * * *. la faute des gou-
„ vernemens, qui n'y attachent pas affez d'importan-
„ ce, qui n'en font pas un objet d'éducation publi-
„ que, qui ne dirigent pas vers cette profeffion les
„ hommes de génie „.

de ces affemblées connu de tout le militaire, me
difpenfe de m'étendre fur leur inutilité. Une
vérité utile & démontrée, un plan raifonné &
admis feroient les feuls droits à cette fociété.
Nous en avons une en France qui pourroit lui
fervir de modèle, c'eft l'académie royale de marine à Breft, établie depuis 1752 : quelles reffources ne tireroient pas nos officiers, même
les plus inftruits dans les grandes opérations de
la guerre, de voir des mémoires bien faits fur
des détails militaires qu'ils ignorent faute d'un
dépôt, où foient réunies toutes les connoiffances rélatives au métier. Que de voix vont s'é-
lever contre l'exécution d'un pareil établiffement ! Je connois ces réponfes qu'on a faites
dans tous les tems aux nouveaux projets, on
a fitôt dit *cela eft impoffible*, mais en attendant
qu'on l'ait prouvé, je continue d'inviter à ce
que je crois utile.

CHAPITRE XXX.

Réfumé de cette premiere partie.

L'Etonnement dont mes lecteurs peuvent avoir
été frappés à la premiere vue des nombreufes
réformes que je propofe, doit s'affoiblir à mefure que les défauts de notre conftitution actuelle
fe dévoileront à leurs yeux. J'ai bien penfé que
les nouveaux moyens que j'ai expofé, étant
foumis à un enchaînement réciproque, ils ne

Partie I.   X

paroîtroient fimples que quand on les auroit rapprochés & médités.

J'ai tâché de voir la machine militaire dans fon enfemble, & quiconque la regardera d'un œil auffi attentif, y appercevra des défordres d'une nature à entraîner fa deftruction totale, fi l'on n'y apporte des remèdes, c'eft-à-dire, fi l'on ne fubftitue des loix exactes, févères & actives à la place de ce recueil d'ordonnances arbitraires, dont l'exécution foible, ou incertaine, nous a conduit à la confufion.

Je dois chercher à répondre d'avance à toutes les objections qui peuvent naître de mes écrits : il en eft deux que l'on ne manqueroit pas de me faire, & leur importance m'engage à les examiner dans ce dernier chapitre.

La premiere, eft la quantité d'officiers de tous les grades qui fe trouveroient rayés du tableau du militaire actif ! Mais tous les intérêts particuliers ne doivent-ils pas céder à l'intérêt général & abfolu, d'avoir un militaire conftitué de la maniere la plus avantageufe à la profpérité des armes du Roi ? S'il y a dans chaque grade un nombre de fujets excédant les places à remplir, il en réfultera néceffairement une inaction pour la plupart de ceux qui feront pourvûs de grades, un découragement pour ceux qui, étant dans les emplois inférieurs, doivent avoir pour récompenfe la perfpective affurée de leur avancement; il en réfultera enfin une charge onéreufe pour fa Majefté, qui ne pourra fatisfaire aux promeffes de fes miniftres ; un difcrédit même de tous les honneurs militaires, puifque les grades, les décorations &

les penſions deviendront le partage de ceux
qui, pour tout mérite, auront eû l'avantage d'obtenir un brévet de capitaine ou de colonel avec
la permiſſion de ne point exercer ces emplois.
Je dis plus; il n'y a que la ſanction d'une ordonnance du ſouverain qui puiſſe aujourd'hui
arrêter ſans injuſtice la profuſion des miniſtres
de la guerre; car leur réſolution particuliere
de ſurſeoir à l'expédition des brévets qu'on
leur demande de toute part, ne peut tenir contre des ſollicitations qui ont pour titre
l'exemple du paſſé. Il n'eſt perſonne qui ne con-
vienne du ridicule de tous ces brévets d'officiers à la ſuite; on n'eſt indécis que ſur la
maniere & les ménagemens à employer pour
deſtituer tant de gentilshommes, d'un titre dont
ils croyent tenir leur exiſtence. Ces objets une
fois bien reconnus, le parti à prendre devient
moins embaraſſant.que tous les militaires, ſans
diſtinction de grade, qui par leur âge ou leurs
infirmités ſont privés de l'uſage de leurs forces,
reçoivent leur retraite; que leur retraite ſoit
proportionnelle au tarif que nous avons établi
au chapitre XIV.; que perſonne n'occupe deux
emplois à la fois, que le nombre des régimens
& celui des compagnies dans les régimens ſoient
augmentés, que la maiſon du Roi, la gendarmerie, & les écoles militaires ſoient obligés à
faire des preuves de nobleſſe; alors le roi aura
toujours environ treize à quatorze mille gentilshommes françois à ſon ſervice, &, conformément au chapitre XIV, chacun aura la certitude d'une retraite honnête à l'âge de quarante huit ans, quelque grade & quelque place

qu'il ait occupé, & tous ceux qui ferviront auront la perfpective affurée des récompenfes militaires.

La feconde objection bien importante encore à prévenir, eft l'augmentation de la dépenfe à laquelle mon plan femble conduire.

Pour éclairer fuffifamment mes lecteurs fur cet objet, il faudroit que j'euffe & que je pûffe mettre fous leurs yeux les bordereaux de toutes les dépenfes actuelles du département de la guerre, & que je fiffe la comparaifon de leur fomme avec celle de l'adminiftration & de la comptabilité que je propofe, mais je fuis privé de cette reffource. Peut-être le réfultat des dépenfes qu'entraîne mon plan excédera-t-il celui des dépenfes actuelles : peut-être auffi ce réfultat fera-t-il moindre. Dans le premier cas, on verra que fi j'emploie plus d'argent c'eft que je fais plus de chofes, en portant le numérique des troupes à 230,107 combattans au lieu de 128, 168, qui eft à peu près le nombre exiftant en ce jour.

Dans le fecond cas, c'eft-à-dire, fi avec une fomme moindre je fais plus; on ne pourra que conclure en faveur de la nouvelle adminiftration, qui feule procurera cette économie, puifque j'aurai amélioré le traitement pécuniaire de chaque individu.

La nobleffe françoife ne peut que gagner à l'adoption de mon plan, puifqu'aucun ne peut lui être plus favorable que celui qui lui accorde exclufivement tous les emplois militaires, dont le nombre monte à environ treize à quatorze mille places, fans compter les officiers retirés,

qui jouiront comme je l'ai démontré d'un traitement auſſi aſſuré qu'honorable.

Ces réflexions terminent la premiere partie
de cet ouvrage. Je ne me flatte pas d'avoir
tout prévû , mais les omiſſions que je peux
avoir fait feront facilement apperçues par ceux
de mes lecteurs qui ont eû quelque part dans
l'adminiſtration de la guerre. C'eſt à eux à porter la lumiere fur les objets qui nous font
inconnus : c'eſt à eux à relever les erreurs dans
leſquelles l'ignorance a pû m'entraîner. Enfin , de quelque part que puiſſent s'élever des
critiques & des contradictions , je les lirai avec
reconnoiſſance , puiſqu'elles me donneront la
gloire d'avoir provoqué des diſcuſſions d'autant
plus utiles , que les objets fur leſquels elles por-
teront font encore des problêmes dans la ſcience
du gouvernement.

Fin de la Partie premier.

Page 4. Ligne 15, dispofition : *lifez* pofition.
---- 21. derniere ligne & de l'inftitution : *lifez* inftruction.
---- 29. ---- 13, deux-cent vingt-fix : *lifez* huit cent vingt-
fix.
---- 47. ---- 23, en fonctions : *lifez* aux fonctions.
---- 57. ---- 8, & recruter toute l'Infanterie : *lifez* & recruter comme toute l'Infanterie.
---- 58. ---- 11, *note*, après le produire il faut un point. La.
---- 66. ---- 28, qui ne coute pas plus au roi : *lifez* fecondement qui ne coute pas plus au roi.
---- 69. ---- 1, pour le recevoir : *lifez* pour la recevoir.
---- 71. ---- 4, confume : *lifez* confomme.
---- 71. ---- 5, puifqu'elle : *lifez* puifqu'il.
----73. ----17, entre cuiffes & peau : *lifez* entre cuiffes en peau.
---- 76. ---- 14, défilez : *lifez* défiler.
---- 83. ---- 15, démontrer : *lifez* démonter.
---- 85. ---- 15, La fonte eft attachée à la partie antérieure
de la bande droite & le porte bout du
moufqueton à la bande gauche ainfi que
l'outil : *lifez* la fonte eft attachée à la partie
antérieure de la bande droite, ainfi que le
porte bout du moufqueton. A la bande
gauche, &c.
---- 91. ---- 1, tels d'abord : *lifez* tels font d'abord.
---- 91. ---- 21, furoncles : *lifez* foroncles.
---- 92. ---- 7, & dans le vrai ils ont été : *lifez* & dans le
vrai. Ils ont été.
---- 98. ---- 26, en dépendant : *lifez* en dépendent.
---- 99. ---- 9 & 10 de la note.) le double & le tridle :
lifez le double & le triple.
---- 105. ---- 4, les cas ordinaires : *lifez* les cas extraordinaires.
---- 105. ---- 5, l'expérience de douze : *lifez* l'expérience
des douze.
---- 116. ---- 18, & les ordonnances de 1762, qui lui affuroient la paye entiere : *lifez* & les ordonnances de 1772 qui lui affuroient la paye
entiere.
---- 130. ---- 14, fur l'ancienne difcipline : *lifez* l'ancienne
indifcipline.
---- 135. ---- 2, pour le lot de la réforme : *lifez* pour le taux
de la réforme.
---- 141. derniere ligne, dernier mot) comparé à al quantité :
lifez comparé à la quantité.

Page 183. ligne 25, dans les deux armées : *lisez* dans les deux armes.

---- 187. ---- 29, toute son armée : *lisez* toute son arme.

---- 189. ---- 5, On ne pourroit point être : *lisez* On ne pourroit être.

---- 196. ---- 17, à tel ou tel de prédilection : *lisez* à tel ou tel corps de prédilection.

---- 198. ---- 7, 15 années : *lisez* 25 années.

---- 205. ---- 26, quand on le heurte : *lisez* quand on la heurte.

---- 208. ---- 26, les formaliser : *lisez* les familiariser.

---- 216. ---- 14, M. le Comte Devaux : *lisez* M. le Comte de Vaux.

---- 224. ---- 17, par la durée : *lisez* par la dureté.

---- 229. ---- 1, ou curant sa capture : *lisez* ou procurant sa capture.

---- 243. ---- 26, dans toute l'année : *lisez* dans toute l'armée.

---- 247. derniere ligne) Relativement à l'inspection qui leur est faite de : *lisez* Relativement à l'injonction qui leur est faite de.

---- 251. derniere ligne) il faudroit de grandes : *lisez* il faut de grandes.

---- 253. --- 7, pour chef homme : *lisez* pour chef un homme.

---- 253. --- 29, sa nombreuse cohorte combien ne coutent-ils : *lisez* sa nombreuse cohorte ne coutent-ils.

--- 254. avant-dernière ligne] au lieu d'une seule d'inspection : *lisez* au lieu d'une seule inspection.

---- 260. --- 7, esprit de fraude : *lisez* esprit de fronde.

---- 268. --- 21, Septembre : *lisez* Octobre.

---- 269. --- 20, finissant jour le : *lisez* finissant le jour.

---- 274. --- 24, à compter sur l'Etat major : *lisez* à composer son état major.

---- 288. ---- 9, 2000 soldats à 1 liv. 7 s. : *lisez* 2000 soldats à 1 liv. 1 s.

---- 297. --- 11, constitution : *lisez* considération.

---- 297. --- 24, est reglé : *lisez* est resté.

---- 298. --- 19, institutions par : *lisez* institutions. Par.

---- 299. derniere ligne] mais il n'étoit pas tems : *lisez* mais il n'étoit plus tems.

---- 302. --- 27, De ces 300, 50 seroient : *lisez* De ces 300, 150 seroient.

---- 310. avant-dernière ligne de la note] capable d'améliorer : *lisez* capable d'accélérer.

---- 317. --- 22, où je me propose : *lisez* où je propose.

---- 320. --- 21, notre tem dans des : *lisez* notre tems dans des.

---- 323. --- 19, moins embarrassant que tout : *lisez* moins embarrassant. Que tout.

www.ingramcontent.com/pod-product-compliance
Lightning Source LLC
LaVergne TN
LVHW050142030726
842520LV00002B/281